In A Da Da Da Vida 2

Hollow Skai

In A Da Da Da Vida 2

Haarsträubende, heftige & hinterhältige
Geschichten zu Pop-Songs

hannibal

Für Jutta und Jenny Wübbe

In memoriam Joey Ramone

Deutsche Erstausgabe 2002
Verlagsgruppe Koch GmbH/Hannibal, A-6600 Höfen

Lektorat: Manfred Gillig-Degrave
Umschlag: mit freundlicher Genehmigung der Mast Jägermeister AG
Buchdesign: Michael Bergmeister
Druck: Artpress Druckerei GmbH, A-6600 Höfen
ISBN 3-85445-208-X

Inhalt

Intro

„Einen guten Song erkennst du innerhalb von dreißig Sekunden. Wenn ein Song dich in dreißig Sekunden nicht erreicht, erreicht er dich nie."

Jeff Healey

„Es ist sehr viel einfacher, einen Song zu schreiben, der eine echte Story als Grundlage hat. Aber zuerst kommt immer die Musik. Und die schreiben wir meistens erst dann, wenn wir ein paar Joints geraucht haben."

Hugh Angel Diaz Morgan, Fun Lovin' Criminals

„Nimm einen Song nie öfter als zweimal auf, dann bleibst du bei der Wahrheit, und deine Stimme bleibt frisch."

John Lee Hooker

„Songs zu schreiben ist wie Würste herstellen. Man hat mehr davon, wenn man nicht genau weiß, wie sie eigentlich zustande kommen."

Bono Vox, U2

„Mit der Politik verhält es sich wie mit einem duften Pop-Song: Die Botschaft muss so nivelliert sein, dass sie – wie beim Pop-Song – von Millionen Leuten gekauft wird. Sobald aus diesem nivellierten Ansatz ein individualisierter wird, schrumpft der Markt, und es wird für den Politiker wie für den Künstler schwierig. Beim Künstler ist das in Ordnung. Der kann eckig und unangepasst sein. Der Politiker hat diese Chance nicht."

Dieter Gorny, Viva TV

„Ich bin mir nicht sicher, ob man überhaupt etwas Intelligentes über einen Pop-Song sagen kann."

Rivers Cuomo, Weezer

Magical Mystery Tour, Part Two

„Mein Großvater verarbeitet Müll zu Kunst. Ich denke, so ähnlich mache ich das auch."

Beck

Über Resonanz auf den ersten Band von *In A Da Da Da Vida* kann ich mich nicht beklagen. Vom *stern* über die *Süddeutsche* bis zum *Hanfblatt,* vom Männermagazin *FHM* über *konkret* bis zu Online-Magazinen wie *wellbuilt.net* reicht die Liste der Rezensionen, die unter der Internetadresse www.skai channel.de dokumentiert sind. Der *musikexpress* verglich die „magischen, mythischen & mysteriösen Geschichten" mit einem guten Pop-Song: „Klasse Intro, kompakt im Aufbau, allenfalls drei Minuten lang und immer mit einem netten kleinen Widerhaken versehen, der dich entweder schmunzeln, die Stirn runzeln oder gar lauthals losprusten lässt." Den *Superstar*-Kritiker erinnerte der Band an das Aufklärungsbuch *Die Spinne in der Yucca-Palme,* und das österreichische *A-Klasse-Magazin* an Anton Kuhs *Metaphysik und Würstel.* Die *Financial Times Deutschland* empfahl ihn als unverzichtbares Nachschlagewerk. Die *neue musikzeitung* lobte das Buch als „Leckerbissen für jeden Pop-Fan" über den grünen Klee. Und die *Junge Welt* bezeichnete *In A Da Da Da Vida* als „Chronik der Wild Side", wie es sie so nicht mehr gebe.

Irrtum, Euer Gnaden, die gibt es nach wie vor! Denn ein nicht unbeträchtlicher Teil des hiemit nun vorliegenden zweiten Bandes dreht sich um Songs aus den vergangenen zwei, drei Jahren, aus einer Zeit also, in der, so Martin Büsser in der *Jungen Welt,* angeblich „jeder Mythos rund um Pop" verloren gegangen sei und die Musik deshalb überaus nüchtern und langweilig daherkomme.

Mal davon abgesehen, dass Büssers Annahme, die Popmusik sei längst ihrer Magie und ihrer Mythen beraubt, sich nicht belegen lässt, erweist er sich auch noch als Anhänger der guten alten Widerspiegelungstheorie, die bereits in den Siebzigerjahren des vergangenen Jahrhunderts Pop nicht zu erklären vermochte. Die kecke These, Popmusik verkörpere lediglich die herrschende Ideologie, wird aber auch nicht dadurch wahrer, dass man mir fälschlicherweise unterstellt, ich würde mich nur für Klatsch interessieren und sogar die Macho-Gebärden von Rammstein bewundern. Ausbeutung? Klassenkampf? Zensur? Alles nur Boulevard-Themen?

Zugegeben, an pseudoakademischen Diskursen über den „Mainstream der Minderheiten“ oder „Rockismus“ habe ich mich mit dieser Sammlung von Pop-Märchen nicht beteiligt. Aus gutem Grund: All diese Debatten, wie sie einst in *Spex* geführt wurden und anderswo nun nachgebetet werden, krankten daran, dass sie mit der Wirklichkeit nicht allzu viel zu tun hatten. Und die kommt bekanntlich, das wissen wir seit DAF, durch die Küchentür.

Auch für Band 2 von *In A Da Da Da Vida* gilt deshalb: Es ist kein Enthüllungsbuch, auch wenn viele Fakten und Zusammenhänge dem Leser neu oder unbekannt sein dürften. Diese Sammlung erhebt (noch) keinen Anspruch auf Vollständigkeit. Und sie richtet sich auch nicht an vermeintliche Besserwisser, sondern an Fans, denen ein Märchen der Gebrüder Grimm mehr zusagt als eine staubtrockene Analyse von Songstrukturen. Die darin vor dem Schlafengehen, auf dem Klo oder in der U-Bahn schmökern, sich so ihre tägliche Dosis „Spaß und/oder Erbauung“ *(Notes)* holen und, hoffentlich, animiert werden, sich mal wieder den einen oder anderen Song anzuhören. So, wie man das eine Zeit lang bei der Musiktauschbörse Napster tun konnte, die wegen Verletzung des Urheberrechts verklagt wurde, weil … aber lest doch selbst!

Für die mir gewährte Hilfe und Unterstützung möchte ich mich in erster Linie beim Doktor bedanken, der nicht nur die Website zum Buch gestaltet, sondern mir auch in Zeiten des Zweifels und der Verzweiflung immer wieder beigestanden hat. Mit Hubertus Bengsch, Richard Geres deutschem Synchronsprecher, den ich in einer zweistündigen Radio-Eins-Sendung über *In A Da Da Da Vida* kennen und schätzen gelernt habe, verbindet mich seit einer Lesung in Aachen nicht nur der Wunsch, einzelne Geschichten als Hörbuch zu veröffentlichen. Und spezielle Grüße gehen an: Bela-Farin-Rod, Campino, Violetta Cyrol, die Dissidenten, das *Drift Magazine,* Aldona & Brian Farrugia, Niko Gelpke, Regina Herbst, Jessica Link, Kay Schlasse, Angelica Weihs und Michael Roemer (dessen Geschmack und Hilfe auch diesmal wieder eine sichere Bank waren).

Des Weiteren danke ich Françoise und Manfred Gillig-Degrave, Michael Bergmeister und Christian E. Fock vom Hannibal Verlag für die gute und angenehm unbürokratische Zusammenarbeit, Manfred Goldbeck und Hilke Rosenboom für ihre kollegiale Hilfe, Bernd Hocke und Nico Walser dafür, dass sie mich auf einen Fehler in Band 1 aufmerksam gemacht haben (keine Ahnung, wie das passieren konnte: Natürlich heißt Bruce Springsteens Manager Jon Landau und nicht John Landis, das ist der Filmregisseur), und nicht zuletzt allen, die mir für dieses Buch Auskunft gegeben haben auf die Frage: „Welcher Song hat dein Leben verändert?"

Macht euch das Vergnügen, und denkt selbst mal drüber nach.

Hamburg, im Januar 2002

KAPITEL 1

Napster Blues

Sechzig Millionen Musikpiraten

„Gerade die reichsten Stars machen den größten Stunk, wenn sie ihren Fans nicht den letzten Penny aus der Tasche ziehen können“, empörte sich im Oktober 2000 Dunstan Bruce, Sänger der englischen Anarcho-Popband Chumbawamba, über Kollegen, die den digitalen Musiktauschdienst Napster auf Schadenersatz verklagt hatten. Aus Solidarität mit der Suchmaschine, die es Fans ermöglichte, sich von den Festplatten anderer Fans kostenlos Musik zu kopieren, stellten Chumbawamba sogar den Song „Pass It Along“ ins Netz, für den sie unerlaubterweise Samples der Napster-Gegner Metallica, Eminem und Dr. Dre benutzten. Doch ihre Hilfe kam zu spät. Nur ein paar Tage später postierten sich der Napster-Erfinder Shawn Fanning, 19, und der Vorstandsvorsitzende der Bertelsmann AG, Dr. Thomas Middelhoff, 47, in New York vor den Kameras und verkündeten stolz, dass sie nun nicht mehr Feinde, sondern Freunde seien. Damit schien das Ende der Napster-Welt, wie wir sie kannten, besiegelt.

Als Fanning die Tauschbörse 1999 ins Netz stellte, hatte er keinen Gedanken daran verschwendet, dass sich der smarte Tauschdienst schon bald zur am schnellsten wachsenden Gemeinschaft in der Geschichte des Internets entwickeln könnte. Fanning, der einst wegen seiner wuscheligen Haare immer so aussah, als habe er gerade ein Nickerchen (englisch: *nap*) gemacht, und deshalb *napster* genannt wurde, ging es damals nicht ums große Geld. Er wollte lediglich sich und seinen Kumpels eine Freude machen und das Runterladen von Musik vereinfachen und beschleunigen.

Umso überraschter war er, als schon kurz darauf zweihunderttausend Musikfans sein Programm installiert hatten und wahre Schätze zum Tausch anboten. Rare Liveaufnahmen und unveröffentlichte Studio-Outtakes ebenso wie obskure B-Seiten und Alben, die auf irgendeinem Indie-Label erschienen waren, das schon kurz darauf pleite ging. Songs, über die du irgendwann mal was gelesen hattest, die du aber in keinem Plattengeschäft mehr auftreiben konntest. Und natürlich jede Menge Hits, aus denen du dir deine eigenen Sampler zusammenstellen konntest.

Mit zeitweise mehr als siebenhunderttausend Titeln und sechzig Millionen Nutzern, die sich zwölftausend Songs pro Sekunde kopierten, mutierte Napster binnen kürzester Zeit zur größten Musikbibliothek auf Erden, und das Schöne war: Auf dem „größten Schulhof der Welt" (Farin Urlaub) hatten nicht die Dummschwätzer und die Schönredner das Sagen – in der Napster-Community bestimmten die Fans selbst, was abging.

Die Musikindustrie fühlte sich von dem kostenlosen Tauschdienst natürlich schon bald in ihrer Existenz bedroht und verklagte Napster wegen Verletzung des Urheberrechts. Die Band Metallica mahnte 335 435 Nutzer ab, die sich ihre Songs kopiert hatten, und ließ die Titel von Napster sperren. Und die Plattenfirma Sony zeichnete gar heimlich die Online-Aktivitäten von Napster-Usern auf, die angeblich gegen das Urheberrecht verstoßen hatten und sich vor Gericht dafür verantworten sollten.

Gescheitere Musiker als der Metallica-Drummer Lars Ulrich solidarisierten sich daraufhin öffentlich mit der unter Beschuss geratenen Website. Für Chuck D von Public Enemy war sie „nichts anderes als eine neue Form des Radios". Madonna lästerte, dass nur diejenigen Künstler Napster fürchten müssten, deren Alben zum größten Teil aus Füllern bestehen. Colin Greenwood spekulierte, dass seine Band Radiohead vielleicht dreizehn statt zwölf Millionen Alben von *OK Computer* verkauft hätte, wenn sie sich wie „Internet-Nazis" verhalten und ihre Fans, wie Metallica, gerichtlich verfolgt hätte. Und Prince veröffentlichte seine Single „The Work – Part 1" bei Napster und rechnete rigoros mit den Plattenfirmen ab, denen es nur darum ginge, „dass die Menschen kaufen, was immer sie herausbringen, ob es musikalisch gut oder schlecht ist". Wenn die einzige Möglichkeit, ein paar gute Songs aus den Siebzigern zu bekommen, darin bestehe, überteuerte Sampler mit einem hässlichen Cover und jeder Menge schlechter Songs zu erwerben, sollte sich niemand wundern, dass die Fans sich via Napster kostenlos mit Musik versorgten.

Unterstützung erhielt Napster auch von der Punkband The Offspring, die 1998 ihren Song „Pretty Fly" ins Netz gestellt hatte, der in nur zehn Wochen sage und schreibe zweiundzwanzig Millionen Mal runtergeladen wurde. Dexter Holland von The Offspring: „Das Runterladen bedeutet nicht etwa Verlust, sondern Zugewinn, weil es einem breiteren Publikum den Zugang ermöglicht und so mehr Interesse weckt." Selbst eine lausige Band wie 'N Sync habe ihr neues Album drei Wochen vor dem offiziellen Erscheinen ins Netz gestellt. „Und? Hat es ihren Verkäufen etwa geschadet?"

Wohl kaum. Trotz einer Milliarde Downloads waren die Plattenverkäufe 1999 in den USA in die Höhe geschnellt, weshalb die Sängerin

Alanis Morissette vor dem Rechtsausschuss des amerikanischen Senats die Musikindustrie der gezielten Falschinformation bezichtigte: „Mein ursprünglicher Widerstand gegen die neuen Online-Dienste beruhte darauf, dass die Labels sie als Musikpiraten bezeichneten.“ Letztlich sei sie aber zu der Ansicht gelangt, dass sich diese Art der Piraterie für die Mehrzahl der Künstler zu deren Vorteil ausgewirkt habe.

Während deutsche Medien gebetsmühlenartig die Behauptung der Musikindustrie, Napster verletze das Urheberrecht, übernahmen, bewahrte Gerhard Beckmann vom Schweizer *Tages-Anzeiger* einen kühlen Kopf und fragte: „Wie frei ist der einzelne Bürger, geistiges Eigentum, das er erworben hat, weiterzuvermitteln und weiterzuverbreiten?“ Kein Verlag, Plattenproduzent oder CD-Hersteller könne verbieten, „dass wir uns gegenseitig unsere Lieblingsbücher, -platten oder -CDs ausleihen“. Im Gegenteil: Über diese Art der Mundpropaganda hätten sich Autoren, Komponisten und Sänger bislang immer gefreut, trage sie doch dazu bei, dass ihre Werke sich einer größeren Bekanntheit und Popularität erfreuten – und sich somit auch besser verkauften.

Beckmann wollte nicht recht einsehen, warum diese Praxis plötzlich illegal sein solle, nur weil ihr eine neue Technologie neue technische Möglichkeiten eröffnet habe, und warf seinen Kollegen vor, sie hätten einfach nur unkritisch die Auffassung der amerikanischen Musikindustrie übernommen: „Die RIAA sieht es so, dass die über Napster laufenden Musiktitel ein massiver Verkaufsvorgang sind. De facto handelt es sich jedoch um Millionen von unkoordinierten privaten Einzelvorgängen.“

Wie nicht anders zu erwarten, teilte die Bezirksrichterin Marilyn Hall Patel jedoch die Sichtweise der RIAA (Recording Industry Association of America) und ordnete an, den Zugang zu sämtlichen Dateien zu sperren, deren kostenlose Übertragung gegen das Urheberrecht verstoße. Napster löschte daraufhin per Filtersystem dreihundertelftausend Titel und reduzierte so die Anzahl der Dateien, auf denen Fans aus aller Welt Songs zum Runterladen anboten, um 1,7 Millionen.

Darum bemüht, die anderen Plattenfirmen mit ihren Katalogen im Boot zu behalten, weil nur so ein kostenpflichtiger Abo-Dienst kommerziellen Erfolg versprach, bot der neue Napster-Partner Bertelsmann daraufhin den Musik-Multis eine Milliarde Mark an Tantiemen an. Doch das war denen immer noch zu wenig, zumal sie längst an eigenen Abo-Systemen bastelten. Die Zukunft von Napster stand somit erneut in den Sternen.

Vor dem Justizausschuss des US-Senats ging der Streit zwischen der Plattenindustrie und der trotz Bertelsmann-Beteiligung immer noch smarten Tauschbörse in die nächste Runde. Prominente Rockstars wie Alanis Morissette, Chuck D und Don Henley von den Eagles ergriffen bei der Anhörung im Capitol offen Partei für Napster und beklagten, dass die Meinung der Künstler nicht gebührend berücksichtigt werde. An der U-Bahn-Station Union Subway in Washington trafen sich am 3. April 2001 Fans, um für den Erhalt „ihrer" Tauschbörse zu demonstrieren. Und der Napster-Geschäftsführer Hank Barry forderte eine „obligatorische Lizenz" für Musikangebote im Internet, wie sie der Rundfunk und das Fernsehen in den USA besitzen, die für ihre Aufführungen lediglich pauschale Gebühren bezahlen. (Was allerdings viele Künstler auch nicht so schön finden, weil ihnen dadurch Tantiemen entgehen, die sie zum Beispiel nach europäischen Rechtsnormen, wie sie die GEMA vertritt, erhalten.)

Barrys Vorwurf, die unwillige Haltung der Musikindustrie bremse die Verbreitung digitaler Musik, war für die RIAA-Geschäftsführerin Hilary Rosen jedoch „Schnee von gestern". Hatten AOL-Time-Warner, EMI und Bertelsmann sich doch am Tag vor der Anhörung zum Musikportal MusicNet zusammengeschlossen und Sony Music und Vivendi-Universal kurz zuvor den Online-Vertrieb Duet gegründet.

„Napster, wie wir es kannten", könne so nicht fortgesetzt werden, weinte denn auch Senator Orrin Hatch, der republikanische Vorsitzende des US-Justizausschusses, dicke Krokodilstränen. Und zitierte zum Abschluss sogar Don Henley: „It's The End Of The Innocence".

Napster hatte vielleicht seine Unschuld verloren, war aber noch immer nicht am Ende. Obwohl die Firma inzwischen mit einer Filter-Software arbeitete, die verhindern sollte, dass urheberrechtlich geschützte Titel kopiert werden können, verzeichnete man in der Woche vor der Anhörung im Capitol mit fünfhundertdreiundneunzig Millionen Downloads einen Zuwachs von satten fünfundzwanzig Prozent. Für Matt Bailey, Analyst des Marktforschungsunternehmens Webnoize, belegten die ermittelten Zahlen, was manch einer bereits vermutet oder befürchtet hatte: „Die Napster-User kommen mit den Filtermechanismen offensichtlich gut zurecht."

Das Internet, führte Niklaus Hablützel in der *taz* aus, hatte ein Medium erzeugt, „das von den Empfängern beherrscht wird, nicht von den Sendern". Wenn Plattenfirmen es nutzen wollten, müssten auch sie sich deren Gesetzen unterwerfen. Für Hablützel stand das Ergebnis somit schon am 15. Februar 2001 fest: „Selbst wenn die Firma Napster geschlossen wird, lässt sich das Urheberrecht, das die Kläger jetzt noch verteidigen, nicht mehr lange halten." Eine Zeit lang würden noch leicht bedienbare, aber kostenpflichtige Abo-Dienste und eher sperrige, dafür aber kostenlose Hackernetze friedlich koexistieren, bevor das Urheberrecht revidiert wird. „Fangruppen werden ihre eigenen Stars finanzieren, und kein Verleger wird seinen Kunden dann noch vorschreiben können, was sie mit seinen Büchern, Filmen oder Musikwerken tun und lassen sollen. Sie werden sie nie mehr einfach nur konsumieren, sondern immer auch an möglichst viele andere weitergeben." Und darin, so Hablützels kühne Utopie, habe schließlich schon immer „der tiefere Sinn jeder Kultur" bestanden.

So weit hatte Shawn Fanning natürlich nicht vorausgeschaut, als er seinen Tauschdienst 1999 ins Netz stellte. Ihm ging es, wie gesagt, nur darum, seinen Kumpels eine Freude zu machen. Und das zumindest ist ihm gelungen. Sechzig Millionen Napster-Fans können sich schließlich nicht irren.

Legal, illegal, scheißegal

Kräftig „die Fresse polieren" wollte der Skandal-Rapper Eminem demjenigen, der sein neues Album via Napster ins Netz gestellt hatte, bevor es überhaupt erschienen war. Die Managerin Caresse Norman beschwerte sich, dass Madonnas Single „Music" im Napster-Universum kursierte, und zog kurzerhand den Veröffentlichungstermin vor, um den Schaden möglichst gering zu halten. Und die Plattenfirma Sony Music drohte mit einer Klage, wenn die Gratis-Tauschbörse nicht unverzüglich den Zugang zu den Songs „So Why So Sad" und „Found That Soul" der Manic Street Preachers sperre und so den Handel mit bis dahin unveröffentlichtem Material unterbinde.

Geschadet haben die vorzeitigen Veröffentlichungen weder Eminem noch Madonna, deren Platten trotzdem zu Bestsellern wurden, und den Manic Street Preachers war es gar peinlich, dass ihre Fans von Sony Music wie Kleinkriminelle behandelt wurden. Schließlich habe Napster nur das Kaufinteresse neuer Kunden geweckt, weshalb Sony Music die Copyright-Verletzung eigentlich hätte begrüßen müssen, statt sie zu verdammen.

Enttäuscht wurden allerdings auch zahlreiche Fans der Backstreet Boys, die sich einen Titel runterluden, bei dem es sich angeblich um brandneues Material handelte, das die Boygroup im Sommer 2000 in Schweden aufgenommen hätte. Beim Abhören des Songs „Girl You Know It's True" mussten sie dann allerdings feststellen, dass der keineswegs von den Backstreet Boys stammte, sondern dass sich jemand einen Jux erlaubt und einen alten Hit von Milli Vanilli ins Netz gestellt hatte.

... und Die Ärzte hatten doch Recht!

Napster kämpfte noch vor Gericht ums Überleben, da sorgte der niedersächsische Verfassungsschutz im Dezember 2000 für weitere Aufregung. Nach seinen Erkenntnissen hatte sich die Musikbörse zu einer zentralen Plattform für den Tausch rechtsradikaler Musik im Internet entwickelt, weshalb man nun im NDR Alarm schlug. Wurden das „Horst-Wessel-Lied" oder Songs der Zillertaler Türkenjäger bislang eher konspirativ vertrieben, so habe Napster dafür gesorgt, dass man nun in Deutschland verbotene Lieder, die das Volk verhetzen und zum Rassenhass aufrufen, ungestört verbreiten könne.

Natürlich distanzierte sich der Geschäftsführer der Bertelsmann eCommerce Group, Andreas Schmidt, der den Deal mit Napster eingefädelt hatte, postwendend „von diesem Missbrauch der Musik als demagogisches Instrument zur Verbreitung von Gewalt und Hass". Es dauerte allerdings noch ein paar Monate, bis das Bundeskriminalamt die Wohnungen von einhundertsechs Anbietern rechtsextremen Liedguts durchsuchte und CDs, Disketten, Festplatten und sogar ganze Rechner beschlagnahmte. Den Beschuldigten drohten Freiheitsstrafen bis zu drei Jahren.

Wes Geistes Kind Neonazis mitunter sind, hatte das Magazin *FHM* bereits in seiner Dezember-Ausgabe 2000 recherchiert. So boten Napster-User nicht nur Lieder wie „Soldat Kamerad" von Leibstandarte SS oder „Party Mix 99 (Nazi Techno)" von X Adolf Hitler auf ihrer Festplatte zum Runterladen an, sondern auch Aimee Manns „Save Me", Glenn Millers „In The Mood" oder „Roxanne" von Police. Die Ärzte hatten eben doch Recht, als sie in ihrem Song „Schrei nach Liebe" 1993 sangen: „Zwischen Störkraft und den Onkelz steht 'ne Kuschelrock-LP."

KAPITEL 2

Born In The USA

Eminem gegen den Rest der Welt

Es ist schon ein paar Jahre her, dass der weiße Rapper Marshall Mathers von einem Auftritt nachhause kam und seiner Mutter gestand: „Mom, je böser ich bin auf der Bühne, desto mehr jubeln die Leute. Du musst dich benehmen wie ein Arschloch, dann hören sie dir zu." Damals dachte sich Debbie Mathers-Briggs nichts dabei, doch dann schlüpfte ihr Sohn, der sich nun Eminem nannte, 1997 in die Rolle des „Slim Shady" und schuf so ein weißes Gegenmodell zum schwarzen Gangsta-Rap. Seine Mutter denunzierte er öffentlich als „drogensüchtige Hure", und seine Familie bezeichnete er als „Ausbund weißen Drecks", woraufhin sich Dr. Dre seiner annahm und mit ihm *The Slim Shady L.P.* produzierte, die allein in den USA ein paar Millionen Kopien verkaufte und Eminem in den Charts nach oben spülte.

Zwei Jahre lang ließ sich Debbie Mathers-Briggs von ihrem Sohn verhöhnen und als Alkoholikerin abstempeln. Als sie dann aber auch noch von einer Horde wild gewordener Eminem-Fans beleidigt, geschubst und bespuckt wurde, riss ihr der Geduldsfaden. Sie verklagte ihren Sohn auf zehntausend Dollar Schmerzensgeld für die erlittenen Qualen und produzierte gemeinsam mit dem HipHop-Duo ID-X die CD *Set The Record Straight,* auf der sie zurückrappte: „Marshall, wir haben ein Problem / Du bist wirklich zu weit gegangen / Die Lügen müssen aufhören / Die Leute müssen die Wahrheit erfahren."

Für Debbie Mathers war Eminem keineswegs „der hirnlose Prolet, den er auf der Bühne spielt", sondern ein Opfer seines neuen Umfelds und des Produzenten Dr. Dre. „Er ist einfach zu schnell berühmt geworden, nun hat er keine Kontrolle mehr über sein Leben", spekulierte sie im *stern.* Und Jeromie Frost von ID-X hoffte, dass ihr Song dazu beitrage, Eminem Manieren beizubringen: „Niemand sollte so über seine Mutter reden."

Seine Mom war indes nicht die Einzige, die Eminem disste. Im Song „Bonnie And Clyde '97" brachte er seine Frau Kimberley vor den Augen seiner Tochter Hailie um, woraufhin die sich die Pulsadern aufschnitt. Und nachdem Everlast auf dem Track „Ear Drum Pops (Remix)" der L. A.-HipHop-Gruppe Dialeted Peoples gesungen hatte „I pump a .380 on those who act shady", rappte Eminem auf der B-Seite einer Single der Detroit-Crew D-12 zurück: „There once was a man who liked to jump around / But he got too old to jump up and down / Now nobody wants to hear your old ass sing no more." Im Übrigen sei eine .380 was für Mädchen: „Wenn du jemanden erschießen willst, benutze eine richtige Waffe."

Everlast forderte ihn daraufhin zum Faustkampf heraus und machte sich im Song „Whitey's Revenge" über ihn lustig. Eminem wiederum stachelte mit dem Track „Quitter" seine Fans an, Everlast zu verprügeln. Was die schließlich auch versuchten: In der St. Andrews Hall von Detroit stürmten Eminem-Fans die Bühne und zerschlugen sein Equipment.

„Ich hatte gehofft, man nimmt es als das, was es ist: ordinärer Humor", versuchte Eminem die Angelegenheit runterzuspielen. Doch dazu waren die von ihm so massiv Geschmähten nicht mehr bereit. Kimberley Mathers ließ sich von ihm scheiden, und seine Mutter schrieb ihm einen „offenen Brief", in dem sie prophezeite: „Eines Tages wirst du auf die Nase fallen, und ich hoffe, dass ich dann da sein kann, um dir zu helfen."

Gelegenheiten, ihrem Sohn zur Seite zu stehen, gab es reichlich. Anlässlich der Verleihung der Brit Awards 2000 demonstrierte in London eine kleine Gruppe von Schwulen mit rosa Fähnchen gegen die weiße Rap-Hoffnung und forderte lautstark: „Keine Belohnung für Homophobie." Bei einem Konzert in Manchester durfte Eminem – aus Sicherheitsgründen – seine Kettensäge nicht benutzen, um eine Szene aus dem Film *Texas Chainsaw Massacre* nachzustellen. Und als der Schwulenhasser ausgerechnet mit Elton John bei der Grammy-Verleihung seinen neuen Hit „Stan" sang, schlugen die Wellen der Empörung erneut hoch. Dem Sprecher einer schwulen Aktionsgruppe kam diese Allianz gar so kurios vor wie ein Duett zwischen einem Juden und einem bekennenden Nazi.

Dass Eminem keineswegs der Typ ist, der er vorgibt zu sein, machte sein ehemaliger Bodyguard Byron Williams deutlich, als er aus dem Nähkästchen plauderte: „Er nimmt bis zu vierzehn Drogen am Tag, nur um mit dem Alltag klarzukommen. Er lebt in ständiger Angst davor, umgebracht zu werden. Er ist ein völlig unsicherer Mensch und lässt sogar beim Schlafen das Licht an." Im glatten Gegensatz zu seinem Image sei Eminem „ein total kaputter Typ".

Madonna hielt dagegen, dass „die Sprache von George W. Bush viel anstößiger" sei als Eminems aggressive Texte, und Britney Spears fühlte sich gar geschmeichelt, weil „The Real Slim Shady" auch über sie hergefallen war: „Ich mag Eminem, ich finde ihn klasse!"

Ein Einsehen mit dem Rapper hatte schließlich auch Derek Hodgson von der kanadischen Einwanderungsbehörde, die Eminem die Einreise nach Kanada verwehren sollte. Wenn man allen Leuten, die schlechte Musik machen, die Einreise verweigert hätte, scherzte Hodgson, hätte man den Siegeszug der Diskomusik aufhalten können. Allein der Basketball-Profi Charles Barkley verstand die Welt nicht mehr. Sie „muss aus den Fugen geraten sein", sinnierte er angesichts der Erfolge von Eminem und Tiger Woods, „wenn der beste Rapper ein Weißer ist und der beste Golfer ein Schwarzer."

Dabei kann Eminem durchaus auch charmant sein. Als ein englisches Promi-Magazin das Ergebnis einer Umfrage zum Valentinstag veröffentlichte, wonach sich die meisten britischen Frauen ein Rendezvous mit dem rappenden Rüpel wünschten, der sogar den Schauspieler Brad Pitt und den Fußballer David Beckham auf die Plätze verwies, bedankte er sich brav für das Votum und fügte hinzu, er sei mit Sicherheit der am besten küssende Mann der Welt.

Der beste Song über Amerika

Der amerikanische Folksänger Woody Guthrie wird von Bob Dylan, der ihm einst am Krankenbett Lieder vorsang, ebenso verehrt wie von Beck oder Billy Bragg, dem 1998 die Ehre zuteil wurde, Guthries unvollendete Songs zu vollenden. Aufgewachsen zur Zeit des Ölbooms in Okemah, Oklahoma, wo man sich seiner noch immer nur widerwillig erinnert und nahezu nichts darauf hindeutet, dass Guthrie hier 1912 geboren wurde, war der mit der Kommunistischen Partei Amerikas sympathisierende Liedermacher viel herumgekommen und hatte mehr als 1000 Songs geschrieben, bevor er 1954 an einem Nervenleiden, das seine Mutter ihm vererbt hatte, erkrankte und nach jahrelangem Leiden schließlich 1967 starb.

Man könne nur darüber schreiben, was man selbst gesehen habe, lautete sein Credo als Songwriter. Und Guthrie sah in seinem Leben viel. Ständig unterwegs, immer auf Achse, schrieb der Wandersänger Balladen über die Dust Bowl, Protestsongs gegen die Ausbeutung des Proletariats und Lieder voller Verzweiflung über das unwürdige Dasein und die Not der Erntearbeiter. Woody Guthrie, der auch dann noch zu Stalin hielt, als der mit Hitler paktierte, konnte eben nicht wegsehen.

Oder weghören: Als Irving Berlin mit „God Blessed America“, einer unsäglich banalen Hymne auf das fromme Amerika, an den Patriotismus seiner Landsleute appellierte, antwortete Guthrie ihm postwendend mit dem Folksong „This Land Is Your Land“. Die Retourkutsche, in der Guthrie die USA für die Arbeiterschaft reklamierte, ist laut Bruce Springsteen „der beste Song, der je über Amerika geschrieben wurde“.

Obwohl er jahrelang mit seiner Klampfe (Aufschrift: „This machine kills fascists“) durch Oklahoma getingelt war und dem weißen Landproletariat seine politischen Ansichten vorgesungen hatte, beschränkte sich sein Blickwinkel keineswegs nur auf die soziale Lage der Entrechteten und Unterdrückten. Guthrie verfasste Liebeserklärungen an Ingrid Bergman, ebenso wie er Songs über die Baseball-Legende Joe Di Maggio und fliegende Untertassen komponierte oder in einem sechsundzwanzigteiligen Zyklus, der Auftragsarbeit einer staatlichen Baufirma, die Wunder der modernen Technik pries. Selbst vor „handfester Pornografie“ *(Der*

Spiegel) schreckte er nicht zurück, wie Billy Bragg beim Sichten seines Nachlasses feststellte: „In einem Song haben ein Schwuler und eine Lesbe Sex miteinander. In acht Versen schildert Guthrie sehr detailliert, wie sie es treiben, und am Ende erklärt er beide für ‚geheilt'."

Einige seiner besten Lieder schrieb Guthrie, dessen Lebenswandel in krassem Widerspruch zu seinem Image stand, allerdings erst, nachdem er die Verfilmung von John Steinbecks Roman *Früchte des Zorns* im Kino gesehen hatte.

Heute ist „This Land Is Your Land" längst Bestandteil des amerikanischen Liedguts. Als Guthrie mit seiner Familie nach New York übersiedelt war und seine Kinder Nora und Jody eine neue Schule besuchten, waren die jedoch zugleich erstaunt und beschämt. Erstaunt, weil ihre Schulkameraden das Lied anstelle der amerikanischen Nationalhymne sangen. Und beschämt, weil sie offensichtlich die Einzigen waren, die den Text nicht kannten.

Joe Hills Vermächtnis

Seit ihrem zehnten Lebensjahr hat die Folksängerin Joan Baez nur einen Wunsch: „Dass die Leute aufhören, sich gegenseitig das Gehirn aus dem Schädel zu blasen." Sie weigerte sich, Steuern zu zahlen, weil die für Bomben und Panzer ausgegeben würden, überwies lange Zeit die Hälfte ihrer Konzerteinnahmen an pazifistische Organisationen, demonstrierte friedlich gegen die Rassentrennung in Alabama oder den Krieg in Vietnam und gründete im kalifornischen Palo Alto ein Institut zum Studium der Gewaltlosigkeit. Umso mehr wunderte man sich, als ausgerechnet sie 1969 in Woodstock ein Loblied auf den Gewerkschafter „Joe Hill" sang, der zeit seines Lebens nie bereit war, auch noch die andere Wange hinzuhalten, wenn man ihn schlug.

Joe Hill, 1879 in Schweden unter dem Namen Joel Hagglund geboren, war 1902 nach Amerika gekommen und hatte sich als Wanderarbeiter verdingt, bevor es ihn 1910 nach Los Angeles verschlug. Aus Solidarität mit den streikenden Eisenbahnern der Southern Pacific Railway schloss er sich schon bald der Gewerkschaft Industrial Workers of the World (IWW) an und begann Lieder zu schreiben, die Generationen von Arbeitern und Studenten beeinflussten und von inhaftierten Genossen im Knast gesungen wurden. Hill avancierte zum Troubadour der Wobblies, wie die IWW-Mitglieder auch genannt wurden, und verpasste populären Melodien wie „In The Sweet By-And-By" neue Texte, die ins *Little Red Song Book* aufgenommen wurden. Mit seinen Liedern wollte Hill, der von einem sozialistischen Amerika träumte, Öl ins Feuer der Unzufriedenheit gießen, musste aber 1913 Los Angeles Hals über Kopf verlassen, weil er von der Polizei gesucht wurde. Auf dem Weg nach Chicago blieb er jedoch in Utah hängen, wo er verhaftet und angeklagt wurde, bei einem Einbruch zwei Leute erschossen zu haben.

Vor Gericht konnte ihn keiner der Zeugen identifizieren, es gab weder ein Motiv, noch wurde eine Waffe bei ihm gefunden. Als einer seiner Freunde schwor, er sei in der Tatnacht mit ihm zusammen gewesen, wurde der des Landes verwiesen. Obwohl Hill beteuerte, unschuldig zu sein, wurde er zum Tode verurteilt.

Aufgrund internationaler Proteste gegen das skandalöse Urteil versuchte US-Präsident Woodrow Wilson Utahs Gouverneur William Spry dazu zu bewegen, das Verfahren wieder aufzunehmen. Der verbat sich jedoch jegliche Einmischung von oberster Stelle. Vor die Wahl gestellt, gehängt oder erschossen zu werden, entschied sich Joe Hill für Letzteres. An einen Stuhl gefesselt und mit einer papierenen Zielscheibe über dem Herzen gab er am 19. November 1915 dem Erschießungskommando selbst den Befehl, auf ihn zu feuern.

Am 1. Mai des darauf folgenden Jahres wurde sein letzter Wille erfüllt. Gewerkschafter verstreuten seine Asche in allen Bundesstaaten der USA, mit Ausnahme von Utah. Und 1925 machten Alfred Hayes und Earl Robinsons ihn mit der Ballade von „Joe Hill" unsterblich: „I dreamed I saw Joe Hill last night, alive as you and me. Says I, ‚But Joe, you're ten years dead.' – ‚I never died', says he. And standing there, as big as life, and smiling with his eyes, Joe says, ‚What they forgot to kill went on to organize.'"

Aktenzeichen XY ungelöst

Der Mann hiess Stack-a-lee, Stacker Lee, Stagolee oder Stagger Lee und hatte nach einem Karten- oder Würfelspiel einen gewissen Billy Lyons, Billy The Lion oder Billy The Liar erschossen oder erstochen. Der Streit mit tödlichem Ausgang fand 1880 in St. Louis, um 1900 in Memphis oder 1920 in New Orleans statt, und Billys Mörder war entweder ein Weißer oder ein Schwarzer.

So sehr die Fakten in den Geschichten variieren, die man sich entlang des Mississippis erzählt(e), so unterschiedlich sind auch die Songs, in denen die Legende von Stagger Lee besungen wurde. Frank Westphal And His Regal Novelty Orchestra waren wahrscheinlich die Ersten, die ihn aufnahmen – als Foxtrott. Ma Rainey machte 1925 daraus den „Stack O' Lee Blues". Dank Duke Ellington und Cab Calloway sprach sich die Geschichte in der Jazzszene rum, Woody Guthrie klampfte sie den Folkfans vor, und Jerry Lee Lewis verwandelte Stagger Lee in einen Rock 'n' Roller. Der Song hielt Einzug in beinahe jedes Genre, von Soul bis Punk. James Brown, Ike & Tina Turner, die Isley Brothers und Wilson Pickett nahmen sich seiner ebenso an wie The Grateful Dead, Bob Dylan, Taj Mahal, PJ Proby, Dion, Tommy Roe, Nick Cave oder The Clash. Und Dr. John kann ihn angeblich eine halbe Stunde lang singen, ohne eine Zeile zu wiederholen.

Wie Tom Dooley (Tom Dula), John Henry, Casey Jones oder Railroad Bill war auch Stagger Lee einst eine reale Person. Patrick Thomas ging 1974 für seinen Freund Greil Marcus der Sache nach und fand heraus, dass von 1847 bis 1890 tatsächlich ein Samuel Stacker Lee in Memphis gelebt hat, der allem Anschein nach ein Sohn von James Lee war, dem konföderierten Kriegshelden, Ku-Klux-Klan-Gründer und Besitzer einer Dampfbootlinie, die zwischen St. Louis und New Orleans verkehrte. Samuel Stacker Lee galt als Spieler, Draufgänger und Frauenheld und hatte möglicherweise zwei Söhne – einen weißen, der später nach Westen ging, und einen schwarzen von einer Mulattin, mit der er befreundet war.

Cecil Brown hingegen machte 1996 für das englische *Mojo*-Magazin einen Lee Shelton in St. Louis ausfindig, auf den die Beschreibung ebenso gut passte. Danach war Shelton alias Stag Lee der Führer einer örtlichen politischen Gruppe, die sich der moralischen und körperlichen Ertüchtigung junger Schwarzer verschrieben hatte und „The Stags“ genannt wurde, weil Lee als Besitzer des *Modern Horse Shoe Club* auch mit Prostitution zu tun hatte. Am 25. Dezember 1895 soll es im Saloon von Billy Curtis zwischen Lee Shelton, der mit den Demokraten sympathisierte, und William Lyons, der aufseiten der Republikaner stand, zum Disput gekommen sein. In dessen Verlauf attackierte Lyons seinen Widersacher mit einem Messer, worauf Shelton ihn schließlich aus nächster Nähe mit seiner .44 Smith & Wesson erschoss. Nachdem man Shelton zunächst freigesprochen hatte, gab es im Juni 1897 eine erneute Verhandlung. Shelton wurde inhaftiert, erkrankte an Tuberkulose und kam vorzeitig frei, nachdem sich namhafte Mitglieder der Gesellschaft von St. Louis für ihn eingesetzt hatten. Zwei Jahre später saß er allerdings erneut ein – diesmal wegen Diebstahls.

Möglicherweise war aber auch alles ganz anders, und die Ballade von Stagger Lee basiert – ebenso wie Robert Johnsons „Cross Road Blues“ – auf einer alten afrikanischen Legende, die einst von Sklaven importiert und von einer Generation an die andere weitergegeben wurde. Ihr zufolge ist Stagger Lee der personifizierte Teufel, der bereits seit Jahrhunderten mit seinem Gegenspieler, Billy Lyons, kämpft.

Tabubruch

Es war nicht ihr größter Hit, aber jedes Mal, wenn Billie Holiday „Strange Fruit" sang, wurde es mucksmäuschenstill im Saal. In Klubs wie dem New-Yorker *Café Society* („the wrong place for the right people"), in dem vorwiegend weiße Liberale verkehrten, oder im Apollo Theater in Harlem, das fast ausschließlich von Schwarzen frequentiert wurde, erloschen dann die Lichter bis auf einen Spot, der auf ihr Gesicht gerichtet war, und die Kellner hörten auf zu servieren, damit kein Gläserklirren den Vortrag störte. Billie Holiday sang den von dem jüdischen Dichter Lewis Allen geschriebenen Song, der das Lynchen von Schwarzen in den Südstaaten der USA anprangerte, so intensiv, als hätte man sie selbst gerade gelyncht. Und wenn sie anschließend abging, ohne sich noch einmal zu verbeugen oder eine Zugabe zu singen, seufzte das Publikum, als hätte es gerade die Schläge am eigenen Leibe gespürt.

Jedes Mal, wenn sie „Strange Fruit" sang, verzerrte sich ihr Gesicht vor Schmerz, und monatelang war sie schlicht nicht in der Lage, den Song aufzunehmen. Als sie sich schließlich dazu imstande sah, wollte ihre Plattenfirma CBS den Titel nicht veröffentlichen, erlaubte ihr aber immerhin, „Strange Fruit" für ein kleines Jazz-Label aufzunehmen, das einem Plattenladen angeschlossen war. Obwohl zahlreiche Radiostationen den Song auf den Index setzten, wurde er auf Platz sechzehn der US-Charts notiert.

„Strange Fruit" markierte Billie Holidays Übergang von der Jazz- und Bluessängerin zu einer der bemerkenswertesten Künstlerinnen, die Amerika je hervorgebracht hat, sorgte aber auch dafür, dass die landesweiten Zeitschriften mit einem Tabu brachen. Bis dahin hatten sie nie, nicht mal von Opernsängerinnen, Fotos veröffentlicht, auf denen Schwarze zu sehen waren. Nachdem Billie Holiday 1939 erstmals diese „Todesfuge der Gelynchten" *(taz)* gesungen hatte, publizierte *Time/Life* aber den gesamten Text von „Strange Fruit" und illustrierte ihn mit einem Foto der schwarzen Ikone.

Stonehenge in Texas

Der Helium-Millionär Stanley Marsh III ist bekannt für seine „Practical Jokes", seitdem er in den Sechzigerjahren auf die „Liste der ausgemachten Feinde des Weißen Hauses" gesetzt wurde, weil er in einem Museum moderner Dekadenz auch die Garderobe der First Lady Pat Nixon ausstellen wollte. Seine Ranch benannte er nach dem Kinderbuch *Toad Hall,* seinem Hausschwein ließ er Flügel auftätowieren, und den Gastank des Anwesens ließ er bemalen – als überdimensionale Campbell-Suppendose, mit der er Andy Warhol Tribut zollte. Marsh trägt Anzüge im gescheckten Muster seines Bürostuhls, lässt bei Konferenzen den Lunch schon mal auf einem Bärenfell statt auf einer Tischdecke servieren und definierte sein Kunstverständnis einmal so: „Alle meine Projekte dienen der Theorie, dass die beste Kunst gut und völlig wertlos ist. Man sollte einen Kunstgegenstand weder verkaufen noch bewegen können. Er sollte einfach da sein."

So wie die Cadillac Ranch in der Nähe von Amarillo, Texas. Die von ihm finanzierte Installation auf freiem Feld besteht aus verschiedenen Cadillac-Typen der Jahre 1949 bis 1963, deren Schnauzen halb in der Erde begraben sind und deren Heckflossen in den Himmel ragen. „Der Cadillac repräsentiert mehr als jedes andere amerikanische Auto Freiheit, Geld und Sex. Er ist ein Teil des Traums vom Erwachsenwerden: Eine gut aussehende Blondine, ein Cadillac und auf der Route 66 an die Strände Kaliforniens – das war unsere Idee von der großen Flucht in die Freiheit. Auf diese Weise sind der Cadillac und der alte Highway 66 zu Monumenten des amerikanischen Traums geworden. Die Cadillac Ranch ist unser Stonehenge", begründete Stanley Marsh III sein künstlerisches Engagement. „Was Amerika zum besten Land in der Welt macht, ist das Auto. In Deutschland, Afrika, China oder Russland wachsen die Kids mit der Vorstellung auf, dass sie eines Tages ein Haus haben werden. Amerikanische Kids träumen dagegen von einem Auto."

Die ungewöhnliche Installation wurde schon bald zum Anziehungspunkt von Touristen und inspirierte Bruce Springsteen, einen Song darüber zu schreiben: „I am gonna pack my car, and I'm gonna pack my aunt, I'm gonna take them down to the Cadillac Ranch."

Orden, Preise, Doktorhüte

Spätestens seit Queen Elizabeth II. die Beatles zu „Members of the Britisch Empire" ernannt hat, werden Popstars mit Auszeichnungen nur so überhäuft. Die Queen bedachte Eric Clapton ebenso mit einem Orden wie den Beatles-Produzenten George Martin. Nach Bob Geldof wurden auch Ravi Shankar und – posthum – George Harrison zum Ritter geschlagen. Elton John ist Ehrenmitglied der Royal Academy of Music, bei der auch Paul McCartney ehrenhalber doziert, während es Mick Jagger nur zum Ehrenpräsidenten der Londoner School of Economics gebracht hat, an der er einst studierte. Ray Charles, Joe Cocker, Phil Collins, Peter Gabriel, Jon Bongiovi, John Mellencamp und der Radio-DJ John Peel erhielten von Universitäten in Indiana, New Jersey, Ohio, Sheffield, Princeton, London oder Liverpool Doktorhüte, die sich bei Stevie Wonder bereits stapeln: Der blinde Sänger erhielt diese Ehrung bislang viermal. Damit kann Cyndi Lauper nicht aufwarten; immerhin bekam sie aber nachträglich ihr Schuldiplom ausgehändigt.

Der Orden-Fimmel ist beileibe kein angloamerikanisches Problem, sondern grassiert weltweit. So wurde Bob Dylan 1990 zum „Commandeur des Arts et des Lettres" befördert; diesen höchsten französischen Kulturorden ließ man fünf Jahre später auch Johnny Halliday zukommen. Der Jazzsaxofonist Jan Garbarek wurde für seine „Verdienste um das norwegische Musikleben" zum „Ritter erster Klasse des Sankt-Olav-Ordens" geschlagen. Bob Marley durfte sich „The Honorable Robert Nesta" nennen. Und Dieter Bohlen avancierte gar zum „Helden der russischen Jugend".

Udo Lindenberg, dem eine Gehwegplatte auf der Hamburger Reeperbahn gewidmet ist, erhielt das Bundesverdienstkreuz ebenso umgehängt wie Wolfgang Niedecken, zugleich Ehrenmitglied im Motorradklub Bosozoku, und Klaus Doldinger, der bereits seit 1960 „Ehrenbürger von New Orleans" ist und außerdem, wie auch Peter Maffay, den Paul-Lincke-Ring der Stadt Goslar erhielt. Chris Isaak bekam von seiner Heimatstadt Stockton einen „Stadtschlüssel", Elton John wurde diese Ehre in Sydney zuteil, und TLC erhielten einen Schlüsselbund für Atlanta. Doch was ist das schon im Vergleich mit Isaac Hayes, der es mit seiner Musik sogar zum

„König von Ghana“ gebracht hat und sich auch Nene Katey Ocansey I. nennen darf?

Zum König, allerdings nur zum Weinkönig von Bordeaux, wurde auch der Schweizer Pop-Chansonnier Stephan Eicher ausgerufen, während Madonna einen „Broccoli Award“ einheimste, die Fluggesellschaft Lauda Air eine Boeing 737 auf den Namen „Falco“ taufte und Marius Müller-Westernhagen für seinen feinen Zwirn wenigstens einen Preis des italienischen Modeverbands Ente Moda Italia (EMI) einsacken konnte. Für Carlos Santana errichtete man in seinem mexikanischen Geburtsort Autlan de Navarro eigens ein Denkmal; nach der aus Akron, Ohio, stammenden New-Wave-Band Devo wurde eine Ölquelle in Texas benannt, nach AC/DC und den Scorpions jeweils eine Straße in Leganes, einem Vorort von Madrid, und die New-Yorker Wohlfahrtsorganisation Fresh Air Fund, die Stadtkindern zu Ferien auf dem Land verhilft, taufte ihr Kinderlager in „Camp Mariah“ um, nachdem Mariah Carey ihr eine Million Dollar gespendet hatte.

Nachhelfen musste dagegen James Brown, nach dem kurioserweise eine Brücke in Steamboat Springs, Colorado, benannt ist, damit in seiner Heimatstadt Augusta, Georgia, die Broad Street in James Brown Square umgetauft wird. Weil er nicht länger warten wollte, bis der Stadtrat auf diese Idee kam, reichte er im November 2000 selbst einen entsprechenden Antrag ein – obwohl es in Augusta bereits einen James Brown Boulevard gibt.

Solche Peinlichkeiten ersparten sich andere Popstars. Weil sie „Dublin als attraktives Ziel auf der Landkarte junger Musikfans platziert“ haben, „die sonst niemals Irland besucht hätten“, wurden U2 mit dem Orden „Freiheit für Dublin“ ausgezeichnet. U2-Sänger Bono Vox wurde im Dezember 2001 von der Zeitschrift *European Weekly* außerdem zum „Europäer des Jahres“ gewählt, weil er sich dafür einsetzte, Entwicklungsländern die Schulden zu erlassen. Nach den Beatles John, Paul, George und Ringo wurden nicht nur vier Straßen in Liverpool benannt, sondern auch der dortige Flughafen (John-Lennon-Airport) und vier Asteroiden – eine Ehre, die auch Frank Zappa zuteil wurde. Und amerikanische Archäologen, die auf Madagaskar Knochen eines rund siebzig Millionen Jahre alten Dinosauriers fanden, tauften das Fossil auf den Namen „Masiakasaurus Knopfleri“, weil sie bei den Ausgrabungen immer dann fündig geworden waren, wenn sie Musik von Mark Knopflers Band Dire Straits gehört hatten.

So kurios die Manie, Künstler mit Orden und Doktorhüten zu dekorieren, aber auch ist – mitunter stecken doch ernsthafte Anliegen dahinter. So erhielt Billy Joel eine Auszeichnung für seine Verdienste um die Völkerverständigung und Quincy Jones, weil er eine Stiftung finanzierte, die sich für Menschenrechte einsetzt. Die Riot-Grrl-Band L7 wurde zum „Feminist of the Year" gewählt, Stevie Wonder erhielt den „Peace Award" der polnischen Gewerkschaftsbewegung Solidarność, und Yoko Ono wurde „für ihr Bemühen um mehr Verständnis von globalen Problemen" geehrt – den Preis überreichte ihr die „Gesellschaft für eine bessere Welt".

Hoch dekoriert ist auch Sting, den der spanische König zum Ehrenmitglied des Europäischen Rates ernannte und dessen Einsatz für die Menschenrechte im Januar 2001mit einem nach der chilenischen Literaturnobelpreisträgerin Gabriela Mistral benannten Orden gewürdigt wurde. Sting hatte in den Achtzigerjahren den Song „They Dance Alone" all jenen Frauen gewidmet, die während der siebzehn Jahre dauernden Diktatur Augusto Pinochets ihre Ehemänner im Kampf gegen das Militärregime verloren haben. Damit habe er „für die Welt und unser Land einen sehr bedeutsamen Beitrag geleistet", hob der chilenische Außenminister Soledad Alvear in seiner Laudatio hervor.

Eher bescheiden gab sich dagegen der Boss, Bruce Springsteen, als ihm die afroamerikanische Bürgerrechtsbewegung NAACP einen Preis für seinen humanistischen Einsatz verlieh: „Humanismus ist ein zu großes Wort für das, was ich leiste. Ich möchte nur, dass meine Musik einige Ideale transportiert."

Im Song „American Skin (41 Shots)" hatte Springsteen über den Tod des Westafrikaners Amadou Diallo gesungen: „Ist das deine Brieftasche, oder ist das dein Leben? Du kannst getötet werden nur für deine amerikanische Haut." Polizisten hatten Diallo bei einer Routinekontrolle in New York erschossen, als er seinen Ausweis aus der Tasche zog, den die Bullen für eine Waffe hielten. Springsteen fiel daraufhin bei den Cops in Ungnade, wurde als „Schwarzenfreund" gebrandmarkt und sogar aufgefordert, den Protestsong gegen polizeiliche Willkür bei einem Konzert im New-Yorker Madison Square Garden „lieber nicht" zu singen. Aus Protest gegen den Protest gaben zahlreiche Polizeibeamte gar ihre Eintrittskarten zurück, nachdem die örtliche Polizeigewerkschaft dazu aufgerufen hatte. Doch es nützte alles nichts: Der Boss ließ sich nicht einschüchtern und prangerte den Rassismus der New-Yorker „Ordnungshüter", die einundvierzig Schüsse auf Diallo abgefeuert hatten, erneut an.

Da verstand sich Elvis Presley schon wesentlich besser mit der Staatsgewalt. Der King of Rock 'n' Roll war nicht nur ein Waffennarr, sondern er sammelte auch Sheriffsterne wie andere Leute Briefmarken und wurde von US-Präsident Richard Nixon sogar zum „Agenten der Rauschgift-Fahndungsbehörde“ ernannt. Und auch Joan Jett hat ein ungebrochenes Verhältnis zur Polizei. Als sie zum Deputy Sheriff von Nashville ernannt wurde, freute sie sich: „Jetzt kann ich endlich ganz legal Leibesvisitationen durchführen.“

KAPITEL 3

Lieder, die die Welt nicht braucht

Es fährt ein Zug nach Birmingham

Für Guildo Horn ging ein Kindheitstraum in Erfüllung. Schon als Junge hatte er sich immer gewünscht, einmal auf die Torwand des ZDF-Sportstudios schießen zu dürfen. Im Dezember 1997 war es endlich so weit. In der TV-Sendung *Menschen '97* trat Horn, der Meister im Recycling des deutschen Schlagers, gegen Lothar Matthäus vom deutschen Fußballmeister Bayern München an. Gleich den ersten Schuss versenkte er fulminant im Torrund. Dann ballerte Horn einige Male voll über die Latte, ließ sich aber auch vom Ausgleich durch den Rekord-Nationalspieler nicht irritieren. Bevor er zum letzten Schuss antrat, zog er sich noch schnell den Schuh aus und krempelte sich das Hosenbein hoch. Barfuß erzielte er das entscheidende Tor zum 2:1. Während Matthäus die Niederlage angestrengt grinsend runterwürgte, fiel Horn auf die Knie und küsste den Boden, als hätte er gerade auf dem heiligen Rasen des Londoner Wembleystadions den Siegtreffer im Pokalfinale geschossen.

Es war der bis dahin größte Coup des Trierer Edel-Schmalziers, der sein Diplom in Pädagogik mit einer Arbeit über „die Befreiung des Menschen von seiner Vernunft" gemacht hatte, bevor ihn Anfang der Neunzigerjahre der Geist Roy Blacks durchflutete und er im Kölner *Luxor,* einem Livemusikklub, in dem normalerweise der Rock 'n' Roll immer wieder neu erfunden wird, Sonntag für Sonntag Blacks Gedankengut predigte: „Vertragt euch, seid lieb zueinander, und gebt euch die Hände." Die angeblich von Deutschländer-Würstchen gesponserte Show des Schlagerpapsts traf überraschenderweise den Nerv von Jugendlichen, die sich in seinen Konzerten mit leuchtenden Augen an all die Schnulzen erinnern konnten, die ihre Mütter immer geträllert hatten, als sie noch klein waren – und dem deutschen Schlager schutzlos ausgeliefert: „Schön ist es auf der Welt zu sein."

Es dauerte nicht lange, da bekannten sich auch außerhalb der Domstadt die Kids zu jener Obsession, für die sich ihre Eltern noch heute schämen. Und Guildo Horn, der aussieht wie der Chorleiter Gotthilf Fischer nach einer durchzechten Woche, wurde zum Guru einer Szene, die die Siebzigerjahre nur vom Hörensagen kennt. Der deutsche Schlager, auf der

Werteskala von Jugendlichen bis dahin ganz unten angesiedelt, avancierte zum allseits beliebten Freizeitspaß. Auf so genannten „Bad Taste"-Partys huldigte man, in altmodische Schlaghosen gezwängt und einen Haifischkragen am Hals, schon bald dem schlechten Geschmack der Siebzigerjahre. Bands wie Roy Brenningmeyers Hitexpress oder Dieter Dillenberg und seine Original-Dillenberger verneigten sich scheinbar ehrfürchtig vor Trash-Idolen wie Johnny Hill („Teddybär 04"), Walter Scheel („Hoch auf dem gelben Wagen") oder Fips Asmussen („Ein Korn im Feldbett"). Mark Oh landete mit seiner Techno-Version von Michael Holms „Tränen lügen nicht" einen kapitalen Hit. Der Viva-Moderator Stefan Raab trat gemeinsam mit dem eigens reaktivierten Jürgen Drews vor die Fernsehkameras. Und „die singende Fönwelle" Dieter Thomas Kuhn mimte den Jungen mit der Mundharmonika, klebte sich ein Haartoupet auf die offen zur Schau gestellte Brust und ließ den sozialdemokratischen Schlager wieder hochleben: „Griechischer Wein und die altvertrauten Lieder, schenk noch mal ein, denn ich fühl die Sehnsucht wieder, in dieser Stadt werd ich immer nur ein Fremder sein – und allein."

Das alles war natürlich nicht so ernst gemeint, wie die neuen Schlagerprotagonisten und ihre Fans stets treuherzig behaupteten. In dem Kult um den schmuddeligen Guildo Horn oder den Saubermann Dieter Thomas Kuhn kam jedoch ein Bedürfnis nach eingängigen Melodien und zweiminütigen Romanzen zum Ausdruck, das weder Rock- noch Popmusik stillen konnte: eine Sehnsucht nach deutschen Texten, die ans Herz gehen und die man mitsingen kann. Nach Liedern, wie sie einst Bernd Clüver gesungen hat. Oder Marianne Rosenberg. Oder Peter Maffay. Für manch einen hörte da der Spaß jedoch auf. Nachdem auf dem Hamburger „Schlager-Move", einer Art „Love Parade" der Fans von Udo Jürgens und Rex Gildo, dreißigtausend Teilnehmer im Herbst 1997 „die kulturelle Auferstehung von unverwüstlichen Brüllern" bejubelt hatten, sorgte sich beispielsweise ein notorisch schlecht gelauntes Hamburger Nachrichtenmagazin: „Vom Muff zum Move – hat die Aufklärungsarbeit der Achtundsechziger denn gar nichts genützt?" Die Ironie einer neuen Generation von Schlagerfans erschien dem stets selbst um Ironie bemühten *Spiegel* so unheimlich, dass sein Redakteur Nikolaus von Festenberg, die eigene Verunsicherung hinter einem Kalauer verbergend, die neuen Freunde des alten Schlagers gar in die Nähe von Neonazis rückte: „Der Schoß ist warm noch, aus dem es schnulzt."

Die deutsche Jugend – auf dem Weg in die falschen Fuffziger? So was las sich ganz flott, auch wenn es sich schlecht belegen ließ. Die Fakten legten jedenfalls einen ganz anderen Schluss nahe: Der deutsche Schlager war so tot wie nie zuvor. Unter den hundert erfolgreichsten Longplayern des Jahres 1997 befanden sich gerade mal achtzehn deutschsprachige Titel, in den Top Hundred der Singles-Charts sogar nur dreizehn. Den Löwenanteil hieran hatten die Pseudo-Rapperinnen von Tic Tac Toe, die Brachialrocker von Rammstein, dazu Blümchen und die Schlümpfe mit ihrem Deppen-Techno sowie der penetrant auf der Kinderschiene fahrende Rolf Zuckowski mit seinen kleinen Freunden. Klassische deutsche Schlager? Vom Spätachtundsechziger der Schlagerszene, Wolfgang Petry, einmal abgesehen, nahezu Fehlanzeige. Das lange Zeit verhasste Genre brachte es 1996 lediglich auf 6,8 Prozent Marktanteil beim Umsatz von Tonträgern, 1992 waren es immerhin noch 9,1 Prozent gewesen. Zum Vergleich: Der Pop-Anteil lag bei über vierzig Prozent, Rock hielt 16,6, Dance 13,2 Prozent, und sogar Klassik-CDs schlugen mit 7,8 Prozent höher zu Buche.

Vorbei die Zeiten, da Matthias Reim von „Verdammt, ich lieb dich" neunhunderttausend Singles verkaufte. Anfang 1998 konnte die Göttinger Eintagsfliege froh sein, wenn die Reim'schen Reime überhaupt in die Hitparade kamen. In den meisten Privatradios fand Schlager gar nicht mehr statt, weil der mit Roland Kaiser ergraute Fan, der auch tagsüber von „Santa Maria" träumte, als nicht besonders empfänglich für die Botschaften der Werbeindustrie galt. Und unter den hundert im Jahr 1997 am häufigsten gesendeten Songs waren nur noch drei deutschsprachige Lieder – zwei von Tic Tac Toe und eins von der Stuttgarter HipHop-Gruppe Freundeskreis.

Wie sehr der deutsche Schlager am Boden lag, ließ sich auch an den Ergebnissen des Grand Prix d'Eurovision de la Chanson ablesen. 1995 erhielt der deutsche Beitrag gerade mal einen (Mitleids-)Punkt von Malta und landete auf dem letzten Platz. Ein Jahr später legte eine international besetzte Jury gar ihr Veto ein und verwehrte Deutschland so die Teilnahme an dem Wettbewerb, den ohnehin kaum noch jemand sehen wollte.

1998 sollte jedoch alles anders und die deutsche Vorausscheidung zum Grand Prix in Birmingham wieder zur „innovativen Leistungsshow der deutschen Musikszene" werden. Mit dem Verzicht auf traditionelle Schlagersternchen und der Einbeziehung von Parodisten wollte man das „Woodstock der Schwulenbewegung" wieder aufwerten und entstauben. Und „die maßgeblichen deutschen Plattenfirmen" versprachen, ihre „interessantesten neuen Talente" (O-Ton NDR) ins Rennen zu schicken. Da kam der Mann, der Lothar Matthäus besiegt hatte, gerade wie gerufen.

Guildo Horn wollte „Europa zeigen, dass man in Deutschland auch lachen kann“, und bereitete sich generalstabsmäßig auf den „Countdown Grand Prix“ vor. Im Verbund mit Deutschlands größter Boulevardzeitung, der *Bild,* entfachte Horns Manager Johannes Kram einen „Schlager-Krieg“, der die Nation in Anhänger und Gegner des „schmerbäuchigen Schwitzbolds“ *(Der Spiegel)* spaltete. „Darf dieser Mann für Deutschland singen?“, fragte *Bild* rhetorisch und rührte drei Wochen lang die Werbetrommel für den „Retter der Zärtlichkeit“. Mal veröffentlichte *Bild* das Rezept von Mutter Lottis Nussecken, die Horn in seinen Konzerten ans Publikum verteilte – woraufhin Bäckereien in ganz Deutschland das Naschwerk anboten. Mal wurde der Leser informiert, dass Horn kein Toupet trage, sondern „jedes seiner wenigen Haare“ echt sei – „wenn auch manchmal fettig“. Und am Tag der Entscheidung wartete das Blatt mit der Schlagzeile „Notarzt! Klinik!“ auf – bei den Proben zur „Schlager-Schlacht“ hatte sich der Meister angeblich aus Versehen Rheumasalbe ins Gesicht geschmiert.

Obwohl der Topstar Wolfgang Petry schäumte – „Da krieg ich Pickel. Leute wie er machen sich auf unsere Kosten lustig“ – und obwohl Howard Carpendale lästerte, dann könne ja auch Inge Meysel in *Baywatch* mitspielen, war der Wettbewerb somit bereits entschieden, bevor er überhaupt stattgefunden hatte. Zumal sich auch noch der Viva-Moderator Stefan Raab am Vorabend als Komponist des Horn-Titels „Piep, piep, piep, Guildo hat euch lieb“ zu erkennen gegeben und die Zuschauer dazu aufgerufen hatte, per Handy an der TED-Umfrage teilzunehmen und für den Meister zu stimmen.

Auf Grand-Prix-Partys in ganz Deutschland zeigte sich der Meister unmittelbar vor der Übertragung der Vorausscheidung in einem vorher aufgezeichneten Video siegesgewiss: „Leute, der Zug wird nicht nach nirgendwo fahren, sondern direkt nach Birmingham!“ Das Ergebnis – zweiundsechzig Prozent der sechshundertneunzigtausend Anrufer stimmten für Horn – übertraf jedoch die kühnsten Erwartungen. Fast acht Millionen Zuschauer hatten die Sendung vor dem Bildschirm verfolgt. Der rheinland-pfälzische Ministerpräsident Kurt Beck telegrafierte ihm, dass Politiker von solch einem Resultat nur träumen könnten. Der Musikverleger Hans R. Beierlein adelte Horn zum „Apostel“ einer neuen „Kulturrevolution“. Und der Ästhetik-Professor Bazon Brock stellte ihn gar in eine Reihe mit Till Eulenspiegel, Friedrich Nietzsche und dem braven Soldaten Schwejk.

Lediglich der Komponist Ralph Siegel, der seit Ende der Siebzigerjahre mit seinen Kompositionen fast jede Vorausscheidung und mit Nicoles „Ein bisschen Frieden" 1982 sogar den Grand Prix gewonnen hatte, maulte, dass alle anderen Kandidaten gegen Horns Medienverbund keine Chance gehabt hätten. Und der *taz*-Kolumnist Elmar Kraushaar beklagte, dass „der homosexuelle Mann" einer Domäne beraubt worden sei, die jahrelang Heimstatt war für aufgestaute Gefühle und ästhetische Gewissheiten: Mit Guildo Horn, der bei einer Umfrage nur auf Platz einhundertacht der erotischsten Männer kam, zwei Plätze hinter Bundeskanzler Helmut Kohl, habe nicht nur ein Mann gewonnen, „dessen optische Erscheinung mit keiner Geschmacksfrage zurechtgerückt werden kann", mit seinem Sieg habe auch die heterosexuelle Lebensweise ihre Vormachtstellung behauptet.

Den Niedergang des klassischen deutschen Schlagers vermochte aber auch der Matthäus- und Siegel-Bezwinger Horn nicht zu stoppen. Beim Grand Prix in Birmingham erreichte er mit dem siebten Platz einen Achtungserfolg, die Firma Ergee nahm ihn und seine Band, die Orthopädischen Strümpfe, für eine Sockenkollektion unter Vertrag, und die Zeitschrift *Playgirl* bot ihm Geld für Nacktfotos – der von Stefan Raab unter dem Pseudonym Alf Igel komponierte Siegertitel „Guildo hat euch lieb" erwies sich allerdings nicht als großer Knaller. Im Gegenteil: Ein Essener Landwirt berichtete, dass seine neunzig Kühe nach viertägiger Beschallung mit Guildo Horns Schlagermusik dreißig Liter Milch weniger gegeben hätten.

Opas Schlager ist tot

Als der Viva-Moderator Stefan Raab von der Fußball-Weltmeisterschaft 1994 aus den USA zurückkehrte, über die er jeweils in der Halbzeitpause berichtet hatte, fand er zahlreiche Angebote von Plattenfirmen vor, die alle seinen Song „Böörti Böörti Vogts“ produzieren wollten. Raab entschied sich für eine Firma, die die Hymne des Pausenclowns „am schnellsten in die Läden stellen konnte“, nur zehn Tage nach seiner Rückkehr aus Amerika. Die Rechnung ging auf: Kurz darauf stand Raab mit dem respektlosen Song auf den deutschen Bundestrainer, für den er während der WM jeden Tag eine neue Strophe getextet hatte, schon auf Platz vier der Charts.

Raab war ohne Akkreditierung in die USA gereist und hatte sich den Gassenhauer einfallen lassen, um die Sendung etwas aufzupeppen. Mal jammte er gemeinsam mit Schwarzen in einem Burger-Shop, mal hielt er den Länderspiel-Kommentator Heribert Faßbender vom Essen ab. Dann wieder versuchte er vergeblich, Berti Vogts in ein Gespräch zu verwickeln, und schließlich küsste er auch noch dem Kaiser die Füße – woraufhin Beckenbauer ihm das Du anbot.

Zwei Tage, nachdem Viva TV die inoffizielle Hymne dieser aus deutscher Sicht verkorksten WM zum ersten Mal gesendet hatte, sangen Zuschauer das Lied bereits in der U-Bahn. Und als die Fans zum Spiel gegen Spanien anreisten, kannten sie schon die komplette Nummer: „Wer ist der schönste Trainer der Stadt? Böörti Böörti Vogts. Und wer schleppt die geilsten Weiber ab? Böörti Böörti Vogts.“ Um den Text mitgrölen zu können, bedurfte es keiner klassischen Gesangsausbildung.

Raab scheute sich nicht, in der *ZDF-Hitparade* aufzutreten, wo ihn das Publikum ausbuhte, er die Abstimmung per TED aber gleich zweimal und haushoch gewann. Notgedrungen musste Dieter Thomas Heck ihn daraufhin in *Die goldene Stimmgabel* einladen, doch Raab machte sich einen Spaß daraus und bewegte einfach seine Lippen nicht zum Voll-Playback, sodass jeder Zuschauer erkennen konnte, dass in der Sendung keiner selbst sang. Schnellsprecher Heck war darüber so erzürnt, dass er ihm die Gage verweigerte, mit der sinnigen Begründung, „die zu erbringende Leistung“ sei „bei Raabs Auftritt nicht zum Tragen“ gekommen.

Doch das war nur der Anfang einer steilen Karriere. Wenig später produzierte Raab bereits Lieder für Hape Kerkeling („Hurz"), einen neuen Titelsong für *Die Sendung mit der Maus* („Hier kommt die Maus") und einen Grand-Prix-Beitrag für Guildo Horn („Guildo hat euch lieb"). Und im November 1999 stand er mit dem Cowboylied „Maschen-Draht-Zaun", das er in Windeseile mit den deutschen Countryrockern Truck Stop aufgenommen hatte, unangefochten auf Platz eins der Hitparade.

Den Anlass zum Lied hatte ihm eine Fernsehserie geliefert, in der eine TV-Richterin über eingesandte Fälle ihr Urteil fällt. Als Raab, auf der Suche nach unfreiwilliger Komik für seine Sendung *TV total,* hörte, wie eine arbeitslose Sekretärin aus dem sächsischen Auerbach sich über den Knallerbsenstrauch ihres Nachbarn beschwerte, der ihren „Maschendrahtzaun" zum Rosten bringe, kam ihm die zündende Idee. „I was the sexiest man in the whole big town, before I ripped my balls on the Maschendrahtzaun", dichtete Raab und trug das Lied stückchenweise in seiner Sendung vor. Als er es dann, mit Genehmigung der Besitzerin des Maschendrahtzauns, Regina Zindler, die für ihren Wortbeitrag zehn Pfennig pro CD erhielt, kurz darauf veröffentlichte, waren rasend schnell eine Million Exemplare weg.

Am Zaun selbst trugen sich schon bald filmreife Szenen zu. Raab-Fans feierten dort nachts Partys, schnitten sich ein Stück aus dem Zaun als Souvenir raus und feierten Regina Zindler als neue Kultfigur des TV-Trash. Stefan Raab riet ihr, Fernsehstudios möglichst zu meiden, doch für sie war das „'ne super Möglichkeit, Herrn Jauch mal persönlich kennen zu lernen". Als der Privatsender Sat 1 Regina Zindler auch noch mit dem Besitzer des Knallerbsenstrauchs versöhnen wollte, die arme Frau vom Konkurrenzsender RTL aber „in Schutzhaft" *(FAZ)* genommen und nach Paris ausgeflogen wurde, kam es zum TV-Krieg: Sat 1 und RTL schoben sich gegenseitig die Schuld für die Eskalation in die Schuhe.

Das neue Jahrtausend war kaum angebrochen, da wurde der umstrittene Zaun zugunsten von amnesty international versteigert und durch einen neuen ersetzt. Der Nachbar der „Zaunkönigin" war von dem Trubel vor seinem Haus so genervt, dass er seinen Knallerbsenstrauch endlich umpflanzte. Frau Zindler forderte jedoch, nun auch auf einer eigenen CD, weiterhin „endlich Frieden am Zaun", was wiederum den Wuppertaler Roy Schreck animierte, mit seiner Band, den Nussecken, einen „Anti-Zindler-Song" aufzunehmen, in dem er pöbelte: „Du da mit dem Koddermaul, 'nen Hintern wie ein Ackergaul …"

Fast schien es so, dass Stefan Raab die Geister nicht mehr loswurde, die er beschworen hatte. „Diese Form der Boulevard-Unterhaltung ist nicht in meinem Sinne“, stellte er lammfromm klar und rief seine Fans, als Zeichen seiner Buße, auf, den Maschendrahtzaun in Ruhe zu lassen und stattdessen lieber das *RTL-Nachtjournal* mit Heiner Bremer zu gucken. Die nahmen ihn prompt beim Wort und verschafften der Nachrichtensendung eine Einschaltquote, die zehn Prozent höher lag als gewöhnlich. Raab konnte dem Countdown zum Grand Prix d'Eurovision de la Chanson, für den er sich mit dem Lied „Wadde hadde dudde da“ angemeldet hatte, getrost entgegensehen. Sein Publikum würde schon zum Handy greifen, wenn es drauf ankommt.

In der Tat erhielt Raab bei der deutschen Vorentscheidung im Februar 2000 satte 57,4 Prozent der abgegebenen Stimmen, und am 13. Mai in Stockholm kam er in der Wertung immerhin auf einen respektablen fünften Platz. Wovon sein Erzfeind Dieter Thomas Heck nicht gerade erbaut war, hatte der doch gehofft, das Lied werde „im Maschendrahtzaun des guten Geschmacks der Zuschauer“ hängen bleiben. Opas Schlager war endgültig tot.

Aufstieg und Fall des Zlatko Trpkovski

Wenn es darum geht, Napster oder der Schulhof-Piraterie den Kampf anzusagen, rücken sich die Geschäftsführer der Plattenfirmen stets gern ins rechte Licht und stellen sich als Bewahrer einer Kultur dar, die durch das kostenlose CD-Brennen massiv bedroht sei. Dass es ihnen letztlich gar nicht um die Erhaltung einer wie auch immer gearteten Kultur, sondern einzig und allein um den größtmöglichen Profit geht, offenbarte die Reality-TV-Serie *Big Brother.*

Der bekennende Wolfgang-Petry-Fan Zlatko „The Brain" Trpkovski hatte kaum den Container verlassen müssen, da zerrte ihn auch schon die Bertelsmann Music Group (BMG) ins Studio, damit er „in nur sieben Stunden zehn Titel in Grund und Boden" singen konnte *(Der Spiegel).* Ähnlich wie Verona Feldbusch, so sein Manager Harald Stoffels, erfüllte Zladdi angeblich „ein gesellschaftliches Grundbedürfnis nach unverfälschter Authentizität". Seine Single „Ich vermiss' Dich (wie die Hölle)" schnellte auf Platz eins der Charts; das nur wenig später veröffentlichte Album *Ich bleibe wer ich bin* landete ebenfalls ganz oben in der Gunst des Publikums, und auch das Duett mit Container-Kumpel Jürgen, „Großer Bruder", verkaufte sich wie geschnitten Brot.

Um den Markt nicht vorschnell abzuschöpfen und auch „langfristige Konzepte" durchsetzen zu können, hatten die Bertelsmänner allerdings auf einen Exklusivvertrag mit den *Big Brother*-Produzenten Endemol verzichtet, sodass auch für andere Plattenfirmen ein paar Brosamen übrig blieben. Die Polydor schickte Zlatkos Gegenspieler Alex Jolig ins Rennen, der von einer Harley Davidson aus radebrechte: „Liebe ist alles, ist Sehnsucht, ist Trieb. Ich liebe sie maßlos, denn ich bin ein Dieb." Und wer auch nur ein paar Stunden im *Big Brother*-Container verbracht hatte, durfte ebenfalls eine CD aufnehmen.

Verglichen damit hörten sich sogar Karaoke-Versuche betrunkener Japaner wie Engelsgesänge an. Und Jenni Zylka fragte sich in der *taz:* „Wenn Fußballer einen Song herausbringen, kann man noch sagen: ‚Okay, aber Fußball spielen können sie.' Allein: Was kann die *Big Brother*-Bagage? Außer ein schlimmes Lied nach dem anderen zu veröffentlichen?"

Dass musikalischer Erfolg, obwohl von Plattenfirmen immer bestritten, durchaus planbar ist, zeigte kurz darauf eine andere RTL-Reality-Show: *Popstars*. Wochenlang konnte der Zuschauer mit ansehen, wie zunächst viertausend Bewerberinnen vor laufenden Kameras gecastet und dann fünf von ihnen für die Retorten-Band No Angels rausgefiltert und auf Popstar getrimmt wurden. Mit dem Resultat, dass die Debütsingle der No Angels, „Daylight", allein in der ersten Woche nach Veröffentlichung fünfhunderttausend Kopien verkaufte.

Wie sehr unverdienter Ruhm einem ehemaligen Container-Bewohner zu Kopf steigen kann, wurde spätestens am 2. März 2001 auch dem letzten *Big Brother*-Fan bewusst. An jenem Tag schickte die Plattenfirma ihren Zlatko ins Rennen um die Teilnahme am European Song Contest, wo er erstmals live singen musste. Wer den musikalischen Müll bis dahin als Ausdruck einer neuen deutschen Spaßkultur empfunden hatte, dem blieb das Lachen spätestens jetzt im Hals stecken. Zlatko traf nicht einen einzigen Ton und wurde vom Publikum in der hannoverschen Expo-Arena gnadenlos ausgepfiffen.

Beknackte Väter

Was Rudolph Moshammer und Zlatko Trpkovski nicht können, nämlich singen, das kann ich auch, dachte sich der TV-Grapscher Thomas Gottschalk – und bot in seiner ZDF-Wettshow als Saalwette einen Auftritt bei der deutschen Vorausscheidung zum European Song Contest an. Die Anmeldungsfrist war da zwar längst abgelaufen, doch der NDR, der die Grand-Prix-Show für die ARD ausrichtete, machte für den Fünfziger mit dem Lausbubencharme gern eine Ausnahme, und die beteiligten Plattenfirmen hatten auch nichts dagegen, sondern rieben sich angesichts der zu erwartenden Einschaltquote schon mal vorsorglich die Hände.

So einfach, wie sich der ewige Strahlemann Gottschalk das Leben vorstellt, ist es aber manchmal nicht. Schon bald wurde gemunkelt, bei *Wetten, dass ..?* sei es nicht mit rechten Dingen zugegangen; angeblich wurden vierzig Zuschauer, die Gottschalk helfen wollten, seine Saalwette zu gewinnen, wieder nachhause geschickt, damit er verlieren und beim Grand Prix auftreten konnte.

Entnervt verzichtete Gottschalk daraufhin auf seine Teilnahme. Von dem Vorhaben, „die Nation um einen echten Hit zu bereichern" und „die Wurzeln echten Rocks" offen zu legen, ließ er aber nicht ab. In nur zwei Tagen nahm er mit seiner Band, den Besorgten Vätern, die Single „What Happened To Rock'n'Roll" samt dazugehörigem Video auf. Den Text hatte der besorgte Vater sogar selbst gedichtet: „Ich hab die Schnauze voll / Öder Techno, blöder Rap / dazu tanzt ein gepiercter Depp / Ich brauch Gitarrensound / und den alten Underground."

Was wollte uns der Protestsänger Thomas Gottschalk damit sagen? Dass er ein alter Sack ist? Und wen meinte die Supernase im Guns-N'-Roses-T-Shirt mit Underground? Smokie? The Tremeloes? David Garrick? Von wegen. Gottschalk outete sich auf CD überraschend als Fan von Deep Purple, den Doors, Queen, Led Zeppelin und den Stones. Die Platte war jedenfalls kaum in den Läden, da sorgte sie bereits für Aufsehen. In der MTV-Sendung *Unter Ulmen* zerbrach der Moderator gleich mehrere Gottschalk-CDs und begründete das äußerst treffend: „Das sind satanische Verse."

Mamy Blue und Papa kalt

CLAUDIA, MAGGIE UND SUSANNE sangen nicht unbedingt besser als irgendwelche anderen Mädchen. Und die drei Typen, die die Instrumente bedienen durften, versprühten den Charme von Fernmeldetechnikern. Doch wenn Die fabulösen Thekenschlampen auf der Bühne standen und ihre respektlos eingedeutschten Coverversionen angloamerikanischer Hits zum Besten gaben, herrschte in den Klubs um Köln Partystimmung pur.

Mit diesem, sagen wir mal: Konzept, sattsam bekannte Hits nahezu wortwörtlich zu übersetzen, kam man früher noch nicht mal am Pförtner einer Plattenfirma vorbei. Doch dann erreichten im Zuge des Comedy-Booms Mitte der Neunzigerjahre Die Doofen mit „Liedern, die die Welt nicht braucht" Platz eins der Hitparade, und seitdem darf kein Auge mehr trocken bleiben.

„Yes, Sir, I Can Boogie" von Baccara übersetzten die Thekenschlampen mit „Ja, Herr, ich kann Boogie", Frank Farians „Mamy Blue" verpassten sie den Spezialtext „Papa kalt", und aus Sonny & Chers Klassiker „I've Got You Babe" machten sie ein fetenkompatibles „Ich hab' dich, Freund". Statt über die Ungerechtigkeit der Welt zu grübeln, vergossen sie ihre Tränen lieber in flotte Drei-Minuten-Pop-Terrinen und stellten sich zusammen mit dem Fußballer Toni Polster auf die Bühne: „Toni, lass es polstern".

Nur einer Gruppe verschrieben hat sich dagegen der Kerzenwachszieher Klaus Beyer, der in Berlin als der fünfte Beatle verehrt wird. Seit 1980 übersetzt Beyer bereits die Songs der Fab Four ins Deutsche, damit auch seine Mutter sie versteht. So wurde aus „Can't Buy Me Love" das Lied „Gibt nicht zu kaufen", der „Fool On The Hill" wurde zum „Narr auf den Höhen", und aus „When I'm 64" machte er „Wenn ich 70 bin" – weil es sonst nicht passe. Vier Beatles-Alben hat er bereits vollständig verfilmt, fast ausschließlich in seinem Zimmer und im Super-Acht-Format. Ein Kleinverlag veröffentlichte seine Übersetzungen in Buchform, ein Fanklub und das n.Ur-Kult-Label brachten sie auf CD raus, und sein Manager von der Avantgarde-Gruppe Mutter vertreibt Videos, T-Shirts, Postkarten und allen möglichen Schnickschnack von ihm.

Angefangen hatte der Hype 1995 mit einem Artikel in der Februar-Ausgabe von *Spex:* „Mutters Fab One“. Im Dezember darauf nahmen sich *Die Woche* und die *taz* seiner an. Weitere sechs Monate später entdeckte auch der *Rolling Stone* den „King of the Schmalfilm“. Nur der *Musikexpress* moserte im Februar 2000, anlässlich des Erscheinens von Beyers CD *Die Glatze,* dass sich seine Beatles-Lieder „mehr nach Mülltonne als nach Wohnzimmer“ anhörten, und nahm den „größten Beatles-Fan auf der Welt“ ernst: „Herr Beyer hat einen totalen Sockenschuss und ein gewaltiges Problem. Er braucht Hilfe. Wirklich.“

Die letzte unzeitgemäße Schlagersängerin

Wenn die Schlagersängerin Marianne Rosenberg gefragt wird, warum ausgerechnet sie Mitte der Siebzigerjahre in der Schwulenszene zur Kultfigur wurde, weicht sie meistens aus. „Natürlich habe ich mich auch gefragt, was in meiner Musik ist, das mich gerade in dieser Szene populär macht", sagt sie dann. Oder: „Es ist ein Phänomen. Ich kann's mir nicht erklären."

Dabei liegt die Antwort auf der Hand. Die im Philly-Sound produzierten Schlager waren damals der stimmungsvolle Höhepunkt einer jeden Gay-Party, weil ein jeder, der eben erst sein Coming-out erlebt hatte, sich mit Liedern wie „Er gehört zu mir" oder „Ich bin wie Du" identifizieren konnte. Marianne Rosenberg artikulierte wie niemand anders die Sehnsucht schwuler Männer nach der großen Liebe, und ihre Konzerte wurden zu Treffen der erwachenden Schwulenbewegung, wie sie der Cartoonist Ralf König in seinem Männer-Comic *Beach Boys* verewigt hat.

Ihren Erfolg erklärte der *taz*-Journalist Jan Feddersen einmal damit, dass sie „eine der letzten, schon unzeitgemäßen" Schlagersängerinnen gewesen sei. Genau deshalb habe sie all jene angezogen, die von ihrer Zeit auch nicht gerade hofiert wurden: „Friseusen, Verkäuferinnen und schwule Männer." Kein Wunder also, dass die vom Teenie-Star zur Glamour-Queen mutierte Marianne Rosenberg sich ihren Erfolg nicht erklären mag. Wer möchte auch schon mit Friseusen, Verkäuferinnen und schwulen Männern in einen Topf geworfen werden, deren Lieblingssendungen im Fernsehen der Eurovisions-Song-Contest und die Eiskunstlauf-WM sind?

Exportschlager aus der DDR

Als der westdeutsche Musikverleger und -produzent Peter Schimmelpfennig auf der Transitstrecke nach Berlin im Radio ein noch nicht auf Platte veröffentlichtes Lied der Ost-Rock-Band City hörte, war er sich sicher: Das wird ein Hit. Die volkseigene Plattenfirma Amiga war da zwar anderer Meinung, überließ ihm aber die Aufnahme zur Veröffentlichung im westlichen Ausland.

Schimmelpfennig behielt Recht. Die Single „Am Fenster" verkaufte in der Bundesrepublik mehr als einhunderttausend Exemplare, und das gleichnamige Album, das eine achtzehnminütige Version des Liedes enthielt, wurde 1981 sogar als erste und einzige Ost-Rock-LP im Westen vergoldet – in Griechenland.

Sieben Jahre nach dem Fall der Mauer erinnerte man sich in der Ex-DDR wieder an den Song mit dem wilden Geigensolo. Bei einer Umfrage von Radio Energy Sachsen kam heraus, dass das Lied noch immer zu den zehn beliebtesten Songs der Ostdeutschen zählt. Auf nostalgischen Ost-Rock-Partys war eine siebenminütige Fassung von „Am Fenster" der absolute Hit. „Wenn wir eine kürzere Version auflegen", bemerkte der „Schallplattenunterhalter" Udo Lüttger, „buhen die Leute." Und auch City-Sänger Toni Krahl fand sich schließlich damit ab, dass die Fans weniger an neuen City-Liedern interessiert sind als an dem Mitte der Siebzigerjahre entstandenen Oldie: „Wir haben mal versucht, ein Konzert ohne ‚Am Fenster' zu geben, aber das ging nicht."

Die Nacht der Schande

Die zweite Halbzeit des Spitzenspiels der zweiten Fußball-Bundesliga zwischen dem 1. FC Köln und Borussia Mönchengladbach konnte im Frühjahr 2000 erst mit Verspätung angepfiffen werden. Schuld an der Verzögerung war der Österreicher Gerry Friedle, der unter dem Namen DJ Ötzi mit dem Après-Ski-Schlager „Anton aus Tirol" in den Charts ganz oben stand und den Gassenhauer in der Halbzeitpause gesungen hatte. Die zweiundvierzigtausend Fußballfans im Müngersdorfer Stadion kriegten sich daraufhin nicht mehr ein und grölten den Skihütten-Hit so lautstark und lange, dass der Schiedsrichter sich gezwungen sah, die Partie später als geplant wieder anzupfeifen.

Das Lied vom „Anton aus Tirol" war bereits elf oder zwölf Jahre alt und von unterschiedlichen Interpreten mehr als ein Dutzend Mal aufgenommen worden, bevor sich DJ Ötzi seiner annahm. Hatte er sich anfangs noch dagegen gewehrt, weil er lieber einen auf Westernhagen machen wollte, statt seine „gigaschlanken Wadln" zu besingen, so verlor er spätestens dann alle Vorbehalte, als er den Alpen-Dudler seiner Großmutter vorspielte und die dabei „auszuckte".

Der „tanzbare Schenkelklopfer" *(stern)* wurde erstmals im Sommer 1999 in der österreichischen Hitparade notiert. Der unerwartet große Erfolg stellte sich aber erst in der darauf folgenden Skisaison ein, als deutsche und niederländische Wintersportler den volkstümlichen Tanzboden-Knaller zum ersten Mal hörten und den Refrain im Jagatee-Rausch begeistert mitsangen: „Ich bin so stoak, und auch so wild, ich treib es heiß und eisgekühlt." Friedle, der sich bis dahin eher an Janis Joplin orientierte und privat Pink Floyd oder Moby hörte, avancierte zum „Ballermann der Berge", und sein „Anton aus Tirol" verkaufte sagenhafte zwei Millionen Kopien.

Zu eher traurigem Ruhm gelangte DJ Ötzi im Juni darauf. Nachdem die deutsche Fußball-Nationalmannschaft bei der Europameisterschaft in Holland und Belgien gegen die B-Elf Portugals 0:3 verloren hatte und sang- und klanglos schon in der Vorrunde ausgeschieden war, feierten „die Versager" *(Bild)* im Mannschaftshotel *Kasteel Vaalsbroek* bis in den frühen Morgen. Statt sich für ihren peinlichen Auftritt bei der EM zu schämen, wie das ihre Fans auf Transparenten gefordert hatten („Wir sind Deutsche und ihr nicht!"), zechten die Kicker bis zum Morgengrauen und sangen lauthals Gerry Friedles Ohrwurm mit: „Ich bin so schön, ich bin so toll, ich bin der Anton aus Tirol."

Warum die als charakterlos geschmähten Spieler ausgerechnet den Pisten-Hit in der „Nacht der Schande" mitgrölten, liegt auf der Hand. „Ich will", hatte DJ Ötzi kurz zuvor erklärt, „dass die Leute den Alltagsfrust vergessen – und wenn es nur für drei Minuten ist, in denen sie Glücksgefühle erleben."

Fuck Jaques Chirac

Bis in die Sechzigerjahre hinein war es in Deutschland geradezu üblich, dass man englische, französische oder amerikanische Hits übersetzte und parallel zur Originalfassung veröffentlichte. Selbst die Beatles nahmen ihre ersten Singles in zwei Sprachen auf: Statt „She Loves You" hieß es „Sie liebt dich", und widerwillig sangen sie „Komm gib mir deine Hand" statt „I Want To Hold Your Hand".

In der Regel wurden die deutschen Versionen jedoch auch von Deutschen gesungen. Peter Kraus schluchzte Paul Ankas „Lonely Boy": „Ich bin ja so allein, um mich ist's leer, hab keine Freunde, man liebt mich nicht mehr." Dieter Thomas Heck verdeutschte Elvis Presleys „Surrender" zu „Erinnerungen an Sorrento". Und Mama Betty's Band nahm sich des Beach-Boys-Songs „Fun Fun Fun" an und dichtete: „Eine Reise nach New York, ja, das würde uns beiden so liegen. Nur ein paar Stunden von hier landen wir, wenn wir heute noch fliegen. Ich führ so gerne mit dir, und das Visum könnt ich heute noch kriegen. Das wäre fein, fein, fein, aber leider hab ich dafür kein Geld."

Später machte Juliane Werding aus Robbie Robertsons Hymne auf den Südstaaten-Rebellen Virgil Caine, „The Night They Drove Ol' Dixie Down", den Anti-Drogen-Song „Am Tag, als Conny Kramer starb". Jürgen Drews übersetzte „Let Your Love Flow" von den Bellamy Brothers erfolgreich mit „Ein Bett im Kornfeld". Und Cindy & Bert wagten sich sogar an Black Sabbath ran: Aus „Paranoid" wurde so „Der Hund von Baskerville".

Je mehr Künstler jedoch ihre Songs selbst komponierten und auf Tantiemen und GEMA-Erlöse aus Deutschland nicht mehr verzichten wollten und je mehr sich vor allem Deutschland wieder der Welt öffnete, desto mehr kam auch das Nachsingen aus der Mode.

Marianne Rosenberg trällerte noch die Blondie-Hits „Call Me" („Ruf an") und „Heart Of Glass" („Herz aus Glas"). Und 1989 probierte es noch einmal die Erste Allgemeine Verunsicherung, als sie unter dem Namen Ossi Ostborn dem Klassiker „The House Of The Rising Sun" einen deutschen Text verpasste: „Es steht ein Haus in Ostberlin". Kritische Töne waren im Jahr der Wiedervereinigung jedoch nicht gefragt, und irgendwie war die Luft auch raus.

Mehr Erfolg hatte erst wieder Peter Maffay, als er sich 1996 von Jule Neigel Michel Polnareffs Sechzigerjahre-Hit „La poupée qui fait non" übersetzen ließ. „Siehst du die Sonne" landete immerhin auf Platz siebenundzwanzig der Singles-Charts. Den Vogel schoss allerdings die Gruppe Prollhead! ab. Aus Protest gegen die französischen Atomtests in der Südsee veröffentlichte sie eine deutschsprachige Version von Plastic Bertrands Punk-Klassiker „Ça plane pour moi" – „Fuck Jaques Chirac" (wobei sie Chiracs Vornamen bewusst falsch schrieb). Der dazugehörige Videoclip zeigte die Proll-Punks, wie sie sich, wild in alle Richtungen rudernd, zum Mururoa-Atoll aufmachten, um sich der von Zeitungsverlegern, Radiostationen und Fernsehsendern zusammengestellten Flotte anzuschließen, die ähnlich planlos durch den Pazifik schipperte. In einer „Protest-Message" drohten sie, wenn auch vergebens: „Chirac, du Froschfresser! Schluss mit den Tests, sonst gibt's auf die Backen!"

Nackt im Wind

Im Januar 1985 erschien in der Zeitschrift *Musik Szene,* die später der Verleger Jürg Marquardt aufkaufte und dem hauseigenen *Musik Express/Sounds* einverleibte, erstmals eine Kolumne, in der ein gewisser „Rumble Fish" drohte, künftig an dieser Stelle keine Platten zu besprechen, sondern sie höchstens zu verreißen oder auf seine Weise zu würdigen. „Sein einziges Kriterium dabei wird sein, ob diese Platten etwas mit der Wirklichkeit zu tun haben – sei es auch nur für die Dauer einer Minute", versprachen die unbekannten Autoren, die ihr Pseudonym von Francis Ford Coppola geklaut hatten: Coppola zufolge handelt es sich bei einem Rumble Fish um einen aggressiven Kampffisch, der in Gefangenschaft seine Artgenossen und deshalb auch sein eigenes Spiegelbild, also sich selbst, angreift.

Rumble Fish ignorierte vermeintlich „objektive" Kriterien, und ihm war es egal, wie viele oder wie wenige Exemplare von einer Platte verkauft werden. „Weil er kein Prophet ist", hieß es in der ersten Kolumne, „mag er keine Musik – er akzeptiert sie jedoch als seinen Soundtrack zum Leben."

Einen Monat später polemisierte Rumble Fish an gleicher Stelle unter dem Titel „Feedback To Africa" gegen Benefiz-Platten für die Äthiopien-Hungerhilfe – ohne zu wissen, dass Herbert Grönemeyer und Wolfgang Niedecken bereits gemeinsam die Hunger-Hymne „Nackt im Wind" komponiert und mit Ulla Meinecke, Hans Hartz und anderen Betroffenheitsaposteln aufgenommen hatten. Und ohne zu ahnen, dass die Redaktion der *Musik Szene* im selben Heft einen Artikel eines gewissen „H. Unger" veröffentlichen würde, der sich ähnlich kritisch mit der doch nur gut gemeinten Gemeinschaftsproduktion befasste. Jim Rakete, der damalige Nena-Manager und Initiator der deutschen Pop-Hilfe, titulierte H. Unger und Rumble Fish prompt als „Dreckschmeißer": „Jeder, der bei so einer Sache opponiert, hat Hungertote in Äthiopien auf dem Gewissen." Der verantwortliche Redakteur wies daraufhin seine Mitarbeiter an, sich „bestimmte persönliche Angriffe auf eine bestimmte Klientel" künftig zu verkneifen, und appellierte an Rumble Fish, die Ironie in Zukunft so zu halten, „dass niemand ernsthaft attackiert wird".

Rumble Fish mochte ihm den Wunsch allerdings nicht erfüllen, bestand doch der Sinn der Kolumne genau darin. Er kündigte die Zusammenarbeit auf und hängte sich einen vergrößerten *Spex*-Kommentar übers Bett: „Satire hat es schwer in der BRD, vor allem, wenn sie sich gegen Menschen richtet, die so von der richtigen Moral ihrer Sache überzeugt sind. Bleibt erstens nur anzumerken, dass Musik, Text und Präsentation (von ‚Nackt im Wind') dem Niveau der beteiligten Musiker entsprechen, und zweitens ist es kaum einsehbar und unnötig, über den Umweg von Schwachsinn auf Vinyl für die Hungernden in Äthiopien zu spenden. Die Spendenkonten der Welthungerhilfe dürften bekannt sein!"

Zum angedrohten Anzeigenboykott kam es dann doch nicht, Herausgeber Jürgen Wigginghaus war rechtzeitig eingeknickt: „Es mag feige sein, aber wenn du eine Zeitung herausgibst, brauchst du einfach das Geld von den Plattenfirmen. Wenn man kein Löwe ist, kann man den Kampf nicht aufnehmen."

Dass Skepsis in Bezug auf Bob Geldofs Band-Aid-Projekt und seine deutschen Nacheiferer durchaus angebracht war, zeigte sich Jahre später, als sich Francis Rossi an den Live-Aid-Auftritt von Status Quo erinnerte: „Wir waren als erste Band dran, und mittags waren wir schon total jenseits von Gut und Böse. Danach waren wir die meiste Zeit mit haufenweise Kokain auf dem Klo. Wir haben nicht viel an die hungernden Kinder in Äthiopien gedacht."

One-Hit-Wonder

Wenn es darum geht, bei Jungwählern Eindruck zu schinden, kennen Politiker kein Erbarmen. So ließ sich der Vorsitzende der SPD-Bundestagsfraktion, Rudolf Scharping, nachdem er vergebens für das Amt des Bundeskanzlers kandidiert, gegen Helmut Kohl aber haushoch verloren hatte, 1996 nicht nur den Bart abnehmen, sondern rappte auch noch: „Rudolf Scharping jetzt ohne Bart / dafür hier am Reimapparat / macht nicht nur Politik / sondern auch Reime / der bartlose Rapper / ihr wisst, was ich meine."

Keine Gnade kannte allerdings auch Stefan Raab, als er in seiner Sendung *TV total* einen Song von DJ Bundeskanzler vorstellte, in dem Scharpings Parteigenosse Gerhard Schröder den (musik)historischen Satz rappt: „Ho' mir mal 'ne Flasche Bier, sonst streik ich hier."

Die Idee, aus einem einzigen Satz gleich einen ganzen Song zu basteln, war Raab beim Sichten von Filmmaterial gekommen, das den Bundeskanzler bei einer Autogrammstunde in den neuen Bundesländern zeigte. Als er des Kanzlers Drohung näher sezierte, fiel ihm auf, dass sich der Satz nicht nur reimte, sondern dass beide Satzteile auch den gleichen Rhythmus hatten und sich sehr gut für eine Polka eigneten. Im Text, kalauerte Raab, stecke aber auch sehr viel sozialdemokratisches Gedankengut: „Schröder spricht sich dafür aus, dass sich der Arbeitnehmer auch während der Arbeit einen hinter die Binde gießen darf."

Nachdem sich innerhalb nur einer Woche siebenhunderttausend Leute das Lied von Raabs Homepage runtergeladen hatten, veröffentlichte der singende Moderator einen „Funky Parteitag Mix" und eine Karaoke-Version davon auch auf CD. Drei Tage nach Erscheinen waren davon zweihundertfünfzigtausend Stück verkauft, und die Platte avancierte zum Wies'n-Hit auf dem Münchner Oktoberfest. Ein Novum auch für die Hitparade – erstmals tauchte ein deutscher Bundeskanzler in den Charts auf.

Als „Förderer der Sozialdemokratie" wollte der politisch unbedarfte Metzgerssohn Raab allerdings nicht gelten. Er beteiligte den unfreiwilligen Rapper zwar mit dreißig Pfennig an jeder verkauften Single, riet ihm aber, die Tantiemen sinnvoll zu investieren: „Mit der Kohle kann er die Öko-Steuer zurücknehmen." Das One-Hit-Wonder Schröder ging darauf jedoch gar nicht erst ein, bezeichnete sein Missgeschick, das ihn zur Lachnummer der Nation gemacht hatte, als „Berufsrisiko“ und stieß in der Berliner Kleingartenkolonie „Togo“ mit Laubenpiepern auf den ersten Kanzler-Hit an: „Prost auf Stefan Raab!“

Dass sich der unter Rechten als „Negermusik“ verschriene HipHop sehr gut eignet, um politische Botschaften zu transportieren, das erkannte dagegen ausgerechnet der Kärntner Landeshauptmann und frühere Vorsitzende der Freiheitlichen Partei Österreichs (FPÖ), Jörg Haider. In seinem Lied „Kärnten hat ein Herz“ rappte Haider recht hölzern über die Schönheit seiner Heimat, die er von Ausländern und Asyl Suchenden bedroht sieht.

Besser singen konnte da schon Abdalá Bucaram, den man 1996 mit vierundfünfzig Prozent der Stimmen zum Präsidenten von Ecuador wählte, später aber aus dem Amt jagte. Um seinem Spitznamen „El Loco“ – der Verrückte – gerecht zu werden, forderte „der als Frauenheld bekannte Politiker“ *(Der Spiegel)* einmal Arbeiter auf, sich „diese großen, wunderbaren Schenkel“ seiner Stellvertreterin Rosalia Arteaga anzuschauen (woraufhin er oder sie – darüber sind sich die Berichterstatter nicht einig – angeblich ihren Rock lüftete). Und begleitet von der aus Uruguay stammenden Gruppe Los Iracundos präsentierte sich „El Loco“ sogar als Rocksänger. Titel der Präsidenten-CD: *A Crazy Man In Love*.

Der Eichel-Song

Die Berliner Amateur-Rockband Dezibel dachte sich nichts weiter dabei, als sie einen ihrer Songs zu Ehren des Gastgebers umdichtete. Das hatte sie in den zwanzig Jahren ihres Bestehens schließlich schon des Öfteren so gehandhabt, wenn sie für eine Hochzeits- oder Geburtstagsfeier gebucht war. Und für Jürgen Flemnitz von der Öffentlichkeitsabteilung des Finanzministeriums, der die Gruppe auf dem Müllerstraßenfest im roten Wedding entdeckt und für einen Tag der offenen Tür seines Ministeriums engagiert hatte, war es „nur ein einmaliger Gag", sie über seinen Chef singen zu lassen. Doch als das ZDF den „Eichel-Song", mit dem Flemnitz das dröge Image des Sparmeisters der Nation aufbessern wollte, zur besten Sendezeit vorstellte, wurden sie die Medien nicht mehr los, die sie gerufen hatten.

Die *Süddeutsche Zeitung* fühlte sich von der plumpen PR-Aktion an „die Lobpreisungen kommunistischer Diktatoren-Dichter" erinnert. Der CSU-Abgeordnete Peter Ramsauer nahm ebenfalls einen Song auf, um dem in höchsten Tönen gepriesenen Finanzminister Paroli zu bieten. Und die PDS stellte eine „kleine Anfrage" im Bundestag.

Der Eichel-Song „Er – wer sonst?!" war zwar „nicht repräsentativ für die Musik", die Dezibel machen, gleichwohl beschimpfte man sie als „Handlanger der Regierung", die ihre Seele auch noch viel zu billig, für schlappe fünfhundert Mark nämlich, verkauft hätten. Ihr Telefon stand nicht mehr still, und sogar CNN und die BBC berichteten über den Song, von dem sich der Bundesfinanzminister gebauchpinselt fühlte, weil es darin heißt: „Er bringt die Wirtschaft schon auf Trab, damit die Jugend eine Zukunft hat."

Dass der Eichel-Song zu einem Politikum werden könnte, hatte die Kreuzberger Hinterhofband nicht bedacht. „Wir sind keine politische Band", entschuldigte ihre Sängerin Manuela „Geppi" Gebhardt das holprige Hohelied auf den schmalen Hans; sie seien da eben reingestolpert, ohne sich groß was dabei zu denken. Und wenn der liebestolle Verteidigungsminister Rudolf Scharping sich nicht von der *Bunten* dabei hätte fotografieren lassen, wie er mit seiner Gräfin im Swimmingpool auf Mallorca turtelt, während sich seine Truppe auf ihren Einsatz in Mazedonien vorbereitete, hätte vielleicht auch niemand daran Anstoß genommen. So aber nahmen die Medien den Eichel-Song zum Anlass, um über das fehlende Taktgefühl sozialdemokratischer Minister und die Verschwendung von Steuergeldern ausgerechnet durch den Bundesfinanzminister zu lamentieren.

Der Traum der Amateur-Rockband Dezibel, einmal über das Müllerstraßenfest im Wedding hinauszukommen, zerplatzte folglich wie eine Seifenblase, und ihr Schlagzeuger Jörg musste enttäuscht feststellen: „Für unsere Musik hat sich keiner interessiert.“

KAPITEL 4

Keep On Rockin' In A Free World

Ebusuku obungowele

Das Naschen von Süßigkeiten macht nicht nur dick, sondern kann auch lebensgefährlich sein. Das musste ein zweiundsechzigjähriger krebskranker und schwerbehinderter Mann im kalifornischen Santa Ana erkennen, der den Schokoladen-Osterhasen seiner Frau aufgegessen hatte, weshalb sie ihn anzündete. Der halbseitig gelähmte und an den Rollstuhl gefesselte Schokoladen-Fan wurde mit Verbrennungen dritten Grades in eine Klinik eingeliefert, nachdem seine neun Jahre ältere Gattin ihn sechs Stunden lang leiden ließ, bevor sie medizinische Hilfe holte.

June C. hatte sich bereits des Öfteren darüber geärgert, dass ihr Mann stets alle Süßigkeiten auffutterte. Also übergoss sie ihn mit einem alkoholischen Einreibmittel, warf ein brennendes Streichholz nach ihm – und ging dann erst einmal einkaufen.

Nicht mehr anders zu helfen wusste sich offenbar auch eine fünfundfünfzigjährige Frau im niederländischen Oostzaan, die mit einem Messer auf ihren Mann einstach, nachdem der stundenlang das Weihnachtslied „Stille Nacht, heilige Nacht" gesungen hatte.

Das ewige Lied, so der Titel eines TV-Melodrams von Franz Xaver Bogner, wird in mehr als einhundert Sprachen gesungen – als „Shizukeki majonaka" in Japan, als „Ebusuku obungowele" von den Zulu oder als „Usiku litca thola" in Simbabwe. Gottfried Wilhelm Fink nahm die „tyrolische Volksweise" 1843 in seinen *Musikalischen Hausschatz der Deutschen* auf. Bing Crosby und Simon & Garfunkel sangen das Lied, von dem mehr als fünftausend Versionen auf Schallplatten gepresst wurden, ebenso wie die Punkband The Dickies, die Krautrocker von Can oder Die drei Tenöre Pavarotti, Carreras und Domingo. Nur die Urheberschaft ist noch immer nicht zweifelsfrei geklärt.

Entgegen der verbreiteten Darstellung, wonach der Dorfschullehrer Franz Xaver Gruber (1787–1863) das Lied komponiert und der Hilfspfarrer Joseph Mohr (1792–1848) den Text dazu geschrieben habe, behauptet Regisseur Bogner, der Weihnachtsklassiker sei ein „spiegelverkehrter Alpenjodler" aus vorchristlicher Zeit, der von Almhirten oder Salzachschiffern stamme. Auch bezweifelt er, dass, so die „offizielle" Legende,

Hilfspriester Mohr am 23. Dezember 1818 im verschneiten Oberndorf bei Salzburg den Text verfasst und Dorflehrer Gruber noch in der Nacht die Melodie dazu auf der Gitarre komponiert habe, weil Mäuse den Blasebalg der Orgel von St. Nicola zerfressen hatten, man bei der Christmette aber nicht auf Musik verzichten wollte. Gruber, Vater von zwölf Kindern, sei im Kinderzeugen „erfolgreicher als im Notensetzen" gewesen und habe „nie ein Lied mit ähnlich wohlklingender Tonfolge" geschrieben. Und Mohr war laut Bogner das uneheliche Kind einer Näherin in Salzburg, die auf den Strich gegangen sei, und wurde angeblich von Franz Wohlgemuth, dem letzten Henker von Salzburg, adoptiert, der insgesamt dreiundachtzig Menschen ins Jenseits befördert habe.

Wer auch immer das berühmteste deutschsprachige Lied geschrieben hat – fest steht jedenfalls, so Josef Standl, der Schriftführer der „Stille-Nacht"-Gesellschaft, dass es im Ersten Weltkrieg auch in den Schützengräben gesungen wurde – „als Weltfriedenslied".

In The Midnight Hour

Am 25. April 1974 traf sich eine Gruppe von Offizieren kurz vor Mitternacht in einer Kaserne in Santarém, siebzig Kilometer nordöstlich von Lissabon, um gemeinsam die Sendung *Limite* des privaten katholischen Senders Rádio Renascença zu hören. In der Abendzeitung *República* hatten sie am Tag zuvor gelesen, dass man die Sendung „wegen der Qualität ihrer Nachrichten und ihrer Musikauswahl" unbedingt einschalten sollte. Doch die Offiziere waren nicht wirklich an dem Insiderprogramm für Intellektuelle interessiert. Sie warteten lediglich auf ein altes Lied aus dem Alentejo, in dem der Sänger José Afonso von Gleichheit, Freiheit und Brüderlichkeit sang. Als das Lied „Grandola, vila morena" endlich erklang, weckten sie ihre Mannschaften zu einem „Routinemanöver". Kurz darauf rasten die ersten Panzer der Kavallerieschule von Santarém nach Lissabon, wo sie die Innenstadt besetzten. So begann der Putsch der „Bewegung der Hauptleute", der Portugal vom Faschismus befreite.

Der Fado, den man wörtlich mit „Schicksal" übersetzen könnte, entstand Mitte des neunzehnten Jahrhunderts in der Altstadt von Lissabon, dem Matrosenviertel Alfama, wo sich afrikanische Rhythmen und brasilianische Melodien, maurische Klänge und Fischerlieder mit der „Saudade", der typisch portugiesischen Melancholie, zu einem mediterranen Blues vermengten, der voller Wehmut Geschichten von Eifersucht und Rache erzählte, zugleich aber auch sehr subtil die Obrigkeit kritisierte.

Äußerst subtil ging auch jener Moderator von Radio Free Grenada zu Werke, der gerade Dienst hatte, als stalinistische Hardliner den beim Volk beliebten sozialistischen Premierminister Maurice Bishop liquidierten. Obwohl der Sender bereits seit dem Morgen des 19. Oktober 1983 von den Putschisten besetzt war, fiel keinem auf, dass er mit Bonnie Tylers „Total Eclipse Of The Heart" die Nachricht von Bishops Tod kommentierte. Besser hörten da schon die Gegner des neuen Regierungschefs Bernard Coard zu – sechs Tage später landeten amerikanische Truppen am Strand von Grand Anse, um ein zweites Kuba zu verhindern.

Lied vom Himmlischen Frieden

Die Funktionäre waren empört, als Cui Jian auf dem ersten chinesischen Rockfestival 1985 sang: „Mein Sehnen will ich dir geben und auch meine Freiheit, doch du lachst mich nur aus dafür, dass ich rein gar nichts habe.“ „Y I Wu Suo You“ – ich habe nichts, hieß das eher harmlose Liebeslied, doch sein privater Charakter genügte, um es als „verderbt“ und „gefährlich“ einzustufen.

Vier Jahre später wurde Cui Jians Song über eine Frau, die von ihm nichts wissen will, zur Hymne des Widerstands der Studenten auf dem Platz des Himmlischen Friedens in Peking. Wie Chinas bekanntester Rockstar jene Dame anflehte, ihn doch zu erhören, so klagten sie den Staat und die Partei an, nicht mit ihnen reden zu wollen. Am 4. Juni 1989 sangen die Demonstranten auf dem Tiananmenplatz das Lied zum letzten Mal – bevor sie von Panzern überrollt wurden. Cui Jian musste vorübergehend untertauchen und wurde mit jahrelangem Auftrittsverbot belegt.

Erst als der Text von „Y I Wu Suo You“ 1997 von der kommunistischen Kulturbürokratie literarisch geweiht und in das von der Universität Peking herausgegebene Kompendium *Hundert Jahre chinesische Literatur* aufgenommen wurde, verbesserte sich Cui Jians Lage wieder. Gemeinsam mit den chinesischen Scorpions, der Heavy-Metal-Band Tang-Dynasty, durfte der chinesische Bob Dylan im Arbeiterstadion von Peking auftreten. Cui Jian begegnete solchen Ansätzen einer chinesischen Perestroika aber weiterhin mit Skepsis. In seinem Lied über „Von der Roten Fahne gelegte Eier“ hieß es: „Die Revolution ist noch im Gange, die Alten haben noch mehr Macht.“

Hongkong is coming home

Anlässlich der Rückgabe der britischen Kronkolonie Hongkong an China traten Kanton-Popstars wie Jacky Cheung, Aaron Kwok oder Sally Yeh zusammen mit einem Kinderchor auf und sangen ein Lied, das Betty Tung, die Gattin von Tung Chee-Hwa, dem Verwaltungschef der neuen wirtschaftlichen Sonderzone, eigens für diesen Anlass komponiert hatte. „Homecoming", so der Titel, sei aber trotzdem kein politischer Schachzug, versicherte Betty Tungs Koautor, der professionelle Songwriter Goh King-Man. Es drücke lediglich die Gefühle eines Kindes aus, das in den Schoß der Mutter zurückkehre.

Ursprünglich sollte auch Elton John im Rahmen der feierlichen Übergabezeremonie auftreten. Die erwarteten vierzigtausend Zuschauer sollten seine Botschaft indes nur per Kopfhörer empfangen können und Handschuhe tragen, weil begeistertes Klatschen die Anwohner in ihrer Ruhe stören könnte. Als Elton John davon erfuhr, sagte er die geplanten Konzerte kurzerhand ab.

Jizchak Rabins letztes Lied

Mit seinem Hit „Kein Platz“ zeichnete der Popsänger Aviv Geffen, dessen Onkel Mosche Dajan nach dem Sechstagekrieg Israels gegen seine arabischen Nachbarn als Kriegsheld verehrt wurde und der mit dem israelischen Staatspräsidenten Eser Weizman verwandt ist, 1995 ein düsteres Bild seines Heimatlandes. Bereits die Kinder griffen dort zu den Waffen, Katzen würden verbrannt und Mädchen von ihren Vätern vergewaltigt. „Und wer torkelt da betrunken rum?“, fragte das schwarze Schaf der hoch angesehenen Familie, um die Antwort gleich mitzuliefern: „Der Ministerpräsident.“

Empörte Parteifreunde des wegen seiner Vorliebe für Whisky geschmähten Politikers forderten daraufhin den staatlichen Rundfunk auf, das Lied nicht mehr zu spielen, doch der ehemalige Armeegeneral und Generalstabschef Jizchak Rabin drückte, so der *Spiegel,* den Kriegsdienstverweigerer statt dessen an die Brust, um so die verdrossene Jugend, die Geffen repräsentierte, für seine Friedensbewegung zu gewinnen. Am 4. November 1995 ließ sich der „rotzige Rebell“ am Ende einer großen Demonstration für den Frieden zwischen Juden und Arabern sogar von Rabin auf offener Bühne umarmen, um dann, „einem spontanen Gefühl folgend“, ein sentimentales Liedchen anzustimmen: „Ich weine um dich“. Aviv Geffen war der letzte Mensch, den Rabin an sich drückte. Die Verstärker von Geffens Band The Mistakes fiepten noch, als der Ministerpräsident einem Attentat zum Opfer fiel.

„Ich weine um dich“ wurde daraufhin rund um die Uhr im Radio gespielt, und Geffen, der bis dahin im Macho-Land Israel stets „die Fahne der Schwäche“ hochgehalten hatte, bekannte kämpferisch: „Ich will den Krieg gewinnen, den Rabin begonnen hat. Der Krieg für Frieden ist auch mein Krieg.“ Als er später orthodoxen Juden vorwarf, Israel in Iran zu verwandeln, und ihren Gott als „Gott des Blutes“ bezeichnete, wurde der pazifistische Popstar mit Messern, Flaschen und Steinen attackiert und musste ins Exil nach Großbritannien flüchten.

Diplomatische Noten

So viel Zeit muss sein, dachte sich Carne Ross, der britische Vertreter im Sicherheitsrat der UNO, und unterbreitete seinen Kollegen einen Vorschlag, den sie nicht ablehnen konnten. Jeweils zu Beginn einer Debatte über die Aufhebung der Sanktionen gegen den Irak, so seine Idee, könnte ja ein Mitglied des Sicherheitsrats seinen Kollegen fünf Minuten lang einen in seiner Heimat populären Song vorspielen, um die Arbeitsatmosphäre zu entspannen.

Den Anfang machte Ross mit einem Song von Paul Weller, anschließend bekamen die fünfzehn Ratsmitglieder traditionelle Musik aus China zu hören, die als „sehr schön und entspannend“ empfunden wurde. Während der französische Diplomat Fabrice Mauries sich für ein Duett von Serge Gainsbourg und Brigitte Bardot entschied, irritierte die Norwegerin Laila Stenseng ihre Landsleute jedoch, indem sie sich nicht etwa für norwegische Interpreten wie A-ha oder Madrugada entschied, sondern dem Song „Mamma Mia“ der schwedischen Popgruppe ABBA den Vorzug gab.

Allein der tunesische UNO-Botschafter Nureddine Medschdub fand das „nicht lustig“. Der einzige arabische Vertreter im Sicherheitsrat kritisierte den „Mangel an Respekt gegenüber einer Bevölkerung, die seit elf Jahren leidet“.

Lange Leitung

DAS ZENTRALORGAN der Studienräte, *Die Zeit,* benötigt manchmal zweiundzwanzig Druckzeilen, um eine Randbemerkung zu kapieren: „Aber nein, *stern-TV-Magazin,* junges, schnittiges! Was behauptest Du da? Der alte Pop-Hit von Bob Geldof ‚I Don't Like Mondays' sei ‚die Hymne aller abhängig Beschäftigten?' Sinkst Du auch schon so tief wie diese neuen Radio-Moderatoren: Falls sie die Platten überhaupt ansagen, knüpfen sie einfach an den Titel an, mit einem Scherzchen, das dem Text garantiert widerspricht. Geldofs Song ist doch der Geschichte einer amoklaufenden Schülerin nachempfunden, die eines Morgens mit einem Gewehr herumballerte; als man sie später nach ihrem Motiv befragte, sagte sie: ‚Ich hasse Montage.' Das hat uns damals eine Moderatorin erzählt, das wissen wir noch genau. Das sind Reminiszenzen! Oder willst Du sagen, wir abhängig beschäftigten Kritzler sollten uns endlich mal den Weg nach draußen freischießen? Mit dieser Schreibmaschine hier? Tack-tack? Rattatatatatatatata?"

Linda hätte Feuer gelegt

„Wenn die Schlachthöfe Wände aus Glas hätten, wäre jeder längst Vegetarier", begründete Paul McCartney einmal seinen Entschluss, kein Fleisch mehr zu essen. Morrissey erkannte schon vor Jahren: „Meat is murder." Und Fred Schneider von den B-52's „widert" es einfach an, „wenn Menschen Tiere lebend in kochendes Wasser schmeißen" – wie es alljährlich beim Maine Lobster Festival geschieht, wo man 1999 einen Weltrekord der besonderen Art aufstellte, als acht Tonnen Hummer in nur einem, dafür aber wirklich riesigen Topf gekocht wurden.

Die Klampfenelse Melissa Etheridge hatte gleich ein doppeltes Coming-out, als sie und ihre Lebensgefährtin Julie Cypher sich für eine Anti-Pelz-Kampagne der Tierschutzorganisation PETA (People for the Ethical Treatment of Animals) nackt ablichten ließen und bekannten: „Wir würden eher nackt rumlaufen, als einen Pelz zu tragen." Prince wurde von der PETA-Konkurrenz The Ark Trust mit einem „Genesis Award" ausgezeichnet, weil sein Album *Rave Un2 The Joy Fantastic* Botschaften im Sinne des Tierschutzes enthielt. Und Chrissie Hynde von den Pretenders ging für die „illegal und grausam geschlachteten" indischen Kühe, aus denen der Klamottenkonzern Gap angeblich seine Lederbekleidung fertigte, sogar in den Knast – sie wurde am 9. März 2000 in New York festgenommen, als sie in der New-Yorker Gap-Filiale dagegen protestierte und Klamotten im Wert von eintausend Dollar aufschlitzte.

Zu dieser Aktion hatte Gap die militante Tierschützerin selbst inspiriert, nachdem ein ahnungsloser Gap-Mitarbeiter bei ihr ganz förmlich angefragt hatte, ob man den Pretenders-Song „Stop Your Sobbing" in Werbespots für die Gap-Kampagne „Everybody in leather" einsetzen dürfe.

Dass Chrissie Hynde eine Fleischverächterin ist, weiß man spätestens, seit sie einst – scherzhaft – damit gedroht hat, *McDonald's*-Restaurants abzufackeln und seit sie sich für die mit einer halben Million Mitgliedern größte Tierschutzorganisation der Welt, PETA, engagiert.

Wie kaum eine andere Bürgerinitiative verstand es der erst 1980 gegründete und in den USA als gemeinnützig anerkannte Verein, mit spektakulären Aktionen auf das Elend der Tiere – und auf sich selbst – aufmerksam zu machen.

Mal rückten PETA-Aktivisten Ted Nugent auf die Pelle, als der Jagd-Befürworter sich ausgerechnet in einem Geschäft einkleiden wollte, das gerade von Tierschützern belagert wurde. Mal protestierten sie vor dem Gerichtsgebäude, in dem sich Puff Daddy wegen unerlaubten Waffenbesitzes und Körperverletzung verantworten musste, gegen den „Pelz-Zuhälter" und seine Modekollektion Sean John, die den Tierschützern mit ihren überdimensionierten Fellwesten und schweren Leder- und Nerzmänteln ein Dorn im Auge war. Und als bereits zum zweiten Mal in einem Madonna-Video Szenen eines Stierkampfs zu sehen waren, erinnerte PETA sie an den Stalker Robert Hoskins, der gedroht hatte, ihr die Kehle durchzuschneiden, und der dafür hinter Gitter kam: „Da du nicht länger in Gefahr eines Messerattentats lebst, könntest du Tieren endlich den gleichen Luxus gönnen."

Wer Tiere liebe, verstehe mehr von der Liebe, behauptete PETA denn auch frech – und rief zur Wahl des „Sexiest vegetarian alive" auf. Während in den USA Shania Twain das Rennen machte, die weder Fleisch noch Fisch, noch Eier isst, sondern schwarze Bohnen vorzugsweise mit Soja-Drinks runterspült, sorgte das Ergebnis der Umfrage in Deutschland doch für Stirnrunzeln. Konnte sich bei den Frauen Blümchen vor Pamela Anderson und Drew Barrymore platzieren, so wurde bei den Männern ausgerechnet der Fleischklops Dirk „Lukas" Bach zum „heißesten Veggie" gekürt – vor Thomas D von den Fantastischen Vier und Richard Gere!

Wie wenig das Anliegen fanatischer Tierschützer trotz (oder wegen) solcher Aktionen ernst genommen wird, erzählte Chrissie Hynde 1999 der *Woche*. Im Anschluss an eine Benefizgala zu Ehren der im Jahr zuvor gestorbenen Linda McCartney hatte man auch sie noch zu einer After-Show-Party eingeladen. „Es war unglaublich: Wir kommen in einen Klub, den man zu Ehren der Tierschützerin Linda McCartney gemietet hatte, und die Wände hängen voll mit abgeschlagenen Hirsch- und Wildschweinköpfen – dieser entsetzliche British-Empire-Schrott." Hynde machte auf dem Absatz kehrt und nahm beim Rausgehen noch einen Elefantenfuß mit, den man zum Schirmständer umfunktioniert hatte. „Linda", erregte sich die Gitarristin, „hätte da Feuer gelegt."

Robby, der Kampf geht weiter!

Fast zehn Jahre lang saß der Maler Francis Barraud auf einem Bild, das eher zufällig entstanden war. Barraud hatte gerade ein Gemälde beendet und zur Feier des Tages seinen Phonographen angeschmissen, als er seinen Hund Nipper dabei beobachtete, wie er die Ohren aufstellte und neugierig in den Trichter starrte, aus dem eine ihm unbekannte Stimme ertönte. Bei nächster Gelegenheit ließ er Nipper fotografieren, wie er der Stimme seines ihm noch neuen Herrchens lauschte, und verewigte ihn anschließend in Öl.

Erst als Barraud den klobigen Phonographen 1899 durch ein elegantes Grammofon ersetzte, gelang es ihm jedoch, das Bild auch zu verkaufen. Für hundert englische Pfund erwarb es die im Jahr zuvor gegründete Gramophone Company, die ihr neues Markenzeichen schon bald unter dem Namen „His Master's Voice“ registrieren ließ. Die Gramophone Company fusionierte 1931 mit der Columbia Graphophone Company zur EMI (Electric & Musical Industries), doch Nipper überlebte und ist heute so bekannt wie Lassie oder Kommissar Rex – obwohl die wenigsten seinen Namen kennen.

Vom technologischen Fortschritt profitiert auch der Schlagersänger Frank Zander. „Nur du“ heißt ein von ihm komponiertes Lied, das Vierbeiner in individualisierter Version bei ihrem Namen nennt. Ob sie nun Igor, Sally oder Fedya heißen – jeder Name ist denkbar, denn Zander produziert den Song nur auf Anfrage. Anders als bei den „persönlichen Geburtstagsliedchen“, von denen Zander zuvor bereits über eintausend Versionen mit jeweils anderen Namen aufgenommen hat, singt er die Hunde-Dedikationen aber nicht selbst, sondern schanzte diesen Job dem weniger bekannten Kollegen Peter Petrel zu.

Vom Schlagerstar zum Protestsänger wandelte sich hingegen Eric Silvester, der in grauer Vorzeit sogar mal zusammen mit den Beatles im Hamburger *Star Club* aufgetreten ist. Als das Kölner Amtsgericht 1997 entschied, dass sein Dackel Robby nur noch eine halbe Stunde pro Tag und maximal zehn Minuten am Stück kläffen dürfe, nahm Silvester aus Protest gegen das skandalöse Urteil eine CD auf: „Robby's Melodie – Hunde müssen bellen dürfen“.

KAPITEL 5

Listen To The Banned

„Fickt euch, Terroristen!"

NACH DEN Terroranschlägen auf New York und Washington war auch in der Musikszene nichts mehr so, wie es war. Die Britpop-Band Primal Scream, die in der Vergangenheit wiederholt die Rolle der USA als Weltpolizist angeprangert und vor einiger Zeit per Song sogar dazu aufgerufen hatte, das Pentagon zu bombardieren, befürchtete, dafür gelyncht zu werden. Dabei war es auch ihr „verdammt nahe" gegangen, „dass so viele unschuldige Menschen sterben mussten". Die Post-Grunge-Band Bush änderte flugs den Titel eines ihrer Songs – aus „Speed Kills" wurde so „The People That We Love". Der Hype der Saison, The Strokes, ersetzte schnell den Song „New York City Cops" auf ihrem Album *Is This It* durch den unverfänglicheren „When It Started", um nicht als pietätlos zu gelten. Und die beiden Rapper von The Coup mussten sich für das noch nicht ausgelieferte Album *Party Music,* das sie vor einem brennenden World Trade Center zeigte, über Nacht ein neues Cover einfallen lassen. Dass aus der provokativ gemeinten Idee schon bald blutiger Ernst werden könnte, damit hatten selbst die rappenden Globalisierungsgegner nicht gerechnet.

Untermalte Enyas Sphärengesang „Only Time" noch kurz zuvor die Romanze zwischen Keanu Reeves und Charlize Theron im Film *Sweet November,* so avancierte ein mit Statements von Augenzeugen, O-Tönen aus dem Fernsehen und Bush-Zitaten versehener Remix davon nach den Anschlägen zur inoffiziellen Trauerhymne New-Yorker Radiosender. Die Plattenfirma Arista veröffentlichte schnell Whitney Houstons Liveversion der amerikanischen Nationalhymne „The Star-Spangled Banner", die sie 1991, zur Zeit des Golfkriegs, bei der Football-Super-Bowl gesungen hatte; der Erlös der Trost spendenden Hymne kam den Hinterbliebenen der toten Feuerwehrleute und Polizisten zugute. Und Nile Rodgers wollte den zwanzig Jahre alten Sister-Sledge-Hit „We Are Family" erneut aufnehmen – gemeinsam mit Diana Ross, Sheryl Crow, Cyndi Lauper und Charlotte Church, aber auch mit Andre Agassi, John McEnroe, dem Baseballteam der New York Knicks und Angehörigen von Feuerwehr und Polizei.

In Zeiten wie diesen standen eben alle zusammen. Die Hardrocker von Aerosmith, die stolz darauf waren, eine amerikanische Band zu sein, ebenso wie die Liedermacherin Tori Amos, die dazu aufrief, jetzt füreinander da zu sein. Bruce Springsteen, der „unseren gefallenen Brüdern und Schwestern" den Song „My City Of Ruins" widmete, ebenso wie Neil Young, der für die Benefiz-TV-Show *Tribute To Heroes* John Lennons „Imagine" sang, oder Mariah Carey, die erstmals seit ihrem Nervenzusammenbruch wieder auftrat.

Michael Jackson fehlte zwar, weil man befürchtete, dass er die Spendengala zur Selbstdarstellung nutzen könnte, erwies sich aber schon bald als musikalischer Wunderheiler. Gemeinsam mit Britney Spears, Destiny's Child, 'N Sync und den Backstreet Boys (die ganz „erschöpft vom Trauern" waren, weil sich ihr Bühnentechniker an Bord einer der Maschinen befunden hatte, die in das World Trade Center gekracht waren) nahm er den Song „What More Can I Give" auf. Die musikalische Band-Hilfe sollte die gemarterten Seelen berühren, hundert Millionen Mark für die Hinterbliebenen der Terroropfer einspielen und ein „Gemeinschaftsgefühl gegen blinde Gewalt und Massenmord entwickeln".

Die Solidarität mit den Opfern der Terroranschläge war so grenzenlos wie die von den USA geforderte Gerechtigkeit. Paul McCartney organisierte im Oktober ein Konzert für die Familien der bei ihrem Einsatz gestorbenen Feuerwehrmänner und schrieb den Song „Freedom", in dem er versprach: „We're gonna fight for our right to live in freedom." Der Deutsch-Rapper Curse reimte gegen Gleichgültigkeit und Intoleranz. Das Berliner Dancefloor-Trio And One bot im Internet den Track „Amerika brennt!" allen, die „die Tanzfläche als ein Medium der Hoffnung verstehen", zum kostenlosen Runterladen an. Und Farin Urlaub (Die Ärzte) nahm in der *Bravo* – „trotz Trauer, Wut und natürlich auch Angst" – kein Blatt vor den Mund: „Fickt euch, Terroristen!"

Allein die üblichen Betroffenen, die in der Vergangenheit auf keinem Soli-Sampler gegen Ausländerhass fehlen durften, die Wolfgang Niedeckens und Ulla Meineckes dieser Welt, meldeten sich nicht zu Wort. Dass die überwältigende Mehrheit der Amerikaner hinter ihrem Präsidenten stand, der auf Rache und Vergeltung sann, machte es ihnen offenbar unmöglich, sich mit den Opfern der Anschläge solidarisch zu erklären und den Terrorismus musikalisch zu ächten. Geradezu peinlich war auch die formal korrekte Feststellung der Plattenfirma WEA, dass es sich bei Enyas Trauerhymne, die sich der Radiosender SWR3 aus New York besorgt hatte, um einen „eindeutigen Verstoß gegen das Urheberrecht" handele. Immerhin bekam man aber doch noch die Kurve und beteuerte eilfertig, dass man „in dieser Situation“ natürlich nichts gegen den ungenehmigten Remix unternehmen wolle. Warum auch? Sorgte doch der Remix dafür, dass Enyas Original und ihr Album *A Day Without Rain,* das bereits Staub angesetzt hatte, Nummer eins in Deutschland wurden.

In den USA setzte MTV derweil das Foo-Fighters-Video *Learning To Fly* auf den Index. Und unter Radiomachern kursierte eine Liste mit Songtiteln, die man vorübergehend tunlichst nicht spielen sollte, weil sie sensible Gemüter verletzen könnten. Zwar dementierte der Clear Channel, mit mehr als einhundertzehn Millionen Hörern das größte Radio-Network der USA, dass er Songs von Louis Armstrong („What A Wonderful World“), Frank Sinatra („New York, New York“) und Van Halen („Jump“), von Jerry Lee Lewis („Great Balls Of Fire“), Led Zeppelin („Stairway To Heaven“) oder den Rolling Stones („Ruby Tuesday“) aus dem Programm gestrichen habe. Die Stücke, die einer freiwilligen Zensur zum Opfer fielen, weil sie als unpassend empfunden werden, darunter Leonard Cohens „First We Take Manhattan“, Geri Halliwells „It’s Raining Men“ oder „I Would Die For You“ von Prince, zeigten jedoch, wie sehr die Terroranschläge die Radiomacher verstörten.

So verwunderte es auch nicht, dass selbst der Schock-Rocker Marilyn Manson den Opfern des Anschlags Respekt zollte. „Natürlich würden wir alle gern noch mehr Freiheit haben“, appellierte er an seine Fans, „aber lasst uns nicht vergessen, wie viel wir bereits haben.“

Was tun, wenn es brennt?

In der Silvesternacht 1976 trat die Patti Smith Group im New-Yorker *Palladium* auf. Das Konzert sollte ursprünglich vom Radiosender WNEW-FM live übertragen werden, doch der weigerte sich plötzlich, es auszustrahlen, weil Patti Smith ein paar Wochen vorher in einem Interview das Wort „fuck" gebraucht hatte. Ihrem zweiten Album, *Radio Ethiopia,* ließ sie daraufhin ein Manifest beilegen, in dem sie der „fetten und römischen Befriedigung" den Kampf erklärte: „You can't say ‚fuck' in Radio Free America."

Patti Smith glaubte an die totale Freiheit der Kommunikation und wollte keine Kompromisse eingehen. Die Zensur von Worten erschien ihr genauso schändlich wie die Zensur von Noten, und sie wollte beide nicht akzeptieren. Denn „Freiheit heißt genau das: Keine Grenzen, Schranken ..."

Patti Smith war beileibe nicht die Einzige, deren Songs Radiosender nicht spielten, weil darin ein „four-letter word" vorkam. Aber nicht alle, deren Musik der Zensur zum Opfer fiel, setzten sich auch so kompromisslos für die Meinungsfreiheit ein wie sie.

So änderten die Rolling Stones 1973 den Titel „Starfucker" in „Star Star" um, nachdem sich ihre Plattenfirma Atlantic monatelang geweigert hatte, ihr Album *Goat's Head Soup* zu veröffentlichen. Mick Jagger war entsetzt, weil er nur beschrieben hatte, was er bei Konzerten immer wieder erlebte: „Wenn Mädchen so was tun können, kann ich doch wohl noch darüber schreiben." Es nützte alles nichts – die BBC setzte den Song trotzdem auf den Index.

Klein bei gab ebenfalls Joan Jett, die „Star Star" zehn Jahre später als Bonus-Track für eine Cassette aufnahm. Als daraufhin spießige Eltern um die Moral ihrer Kinder fürchteten, ließ sie den Matratzen-Hit, der eine weitere Dekade später R.E.M. zum Song „Star Me Kitten" inspirierte, wieder entfernen.

Beinhart blieb dagegen die britische Girlgroup All Saints, als TV-Produzenten ihren Song „All Hooked Up" zensieren wollten, weil die Textzeile „I know you want a piece of my ass" zu anrüchig sei für die junge Zielgruppe des Senders. Die Mädels kamen der Bitte nicht nach, weil die umstrittene Passage „ein integraler Bestandteil“ ihres Songs sei, und verzichteten lieber auf den Fernsehauftritt.

Opfer der Zensur wurde auch immer mal wieder Prince. So boykottierten amerikanische Sender 1991 seine Single „Get Off“, weil er darin vom Sex auf dem Küchenboden sang, und im Jahr darauf überblendete der WDR seinen Top-Ten-Hit „Sexy Motherfucker“ mit Piepstönen. Dieses Verfahren hatte der NDR bereits 1979 praktiziert. Während einer Sendung, die live aus einer hannoverschen Punk-WG übertragen wurde, piepste es plötzlich im Äther, als im Hans-à-Plast-Song „Es brennt“ vom „Fick danach“ die Rede war. Doch damals hatte man die Rechnung ohne die anwesenden Bands gemacht, die auf der Glatze von *Club*-Moderator Henry Pretsch genüsslich eine Sahnetorte platt drückten. Rückblickend betrachtet war das natürlich eine ziemlich infantile Form der Rache. Aber hatte die RAF nicht auch mal klein angefangen, mit einem Pudding-Attentat?

In bester Gesellschaft

Zurück ins Mittelalter versetzt fühlte sich Paul McCartney 1999, als der Song „The Light Comes From Within" seiner im Jahr zuvor gestorbenen Frau Linda nicht im Radio gespielt wurde, weil darin ein so genanntes „obszönes Wort" vorkomme. Als die Plattenfirma das CD-Cover dann auch noch mit einem Aufkleber verunstaltete, der Eltern vor den angeblich anzüglichen Texten warnte, schaltete McCartney großformatige Anzeigen in britischen Tageszeitungen, in denen er diese bigotte Form von Zensur brandmarkte.

Dabei befindet sich Linda McCartney in bester Gesellschaft. Eins der frühesten überlieferten Beispiele für musikalische Zensur war die Oper *La Traviata,* deren Texte Giuseppe Verdi um 1850 mehrmals abändern musste, weil sie zu anzüglich waren. Und auch Janet Jacksons Album *All For You* durfte in Singapur nicht verkauft werden, weil der Song „Do You Mind" wegen seines sexuellen Inhalts „für unsere Gesellschaft nicht zumutbar" sei.

Die Internet-Site „A Brief History of Banned Music" informiert über weitere Fälle musikalischer Zensur. So setzte das Radio-Network ABC Billie Holidays Song „Love For Sale" 1956 auf den Index, weil der Text Prostitution thematisiere. Der Radiosender WLS aus Chicago weigerte sich 1966, den Them-Hit „Gloria" zu spielen, weil Van Morrison darin singt: „She comes in my room." Und sogar Link Wrays Song „Rumble" wurde von amerikanischen Sendern nicht gespielt, obwohl es sich dabei um ein klassisches Instrumentalstück handelte. Begründet wurde das Sendeverbot des textfreien Songs damit, dass der Titel auf gewalttätige Jugendbanden hinweise. Als Link Wray in der Show *American Bandstand* auftrat, vermied es der Moderator Dick Clark wohlweislich, den Titel anzusagen.

Banned in Burma

Bis vor das Bundesverfassungsgericht zog der Versammlungsleiter einer Kundgebung, mit der fünfzig Teilnehmer 1997 gegen die Inhaftierung eines „Gesinnungsgenossen" (AP) demonstriert hatten. Der Mann hatte damals einen Song der Hamburger Punkband Slime mehrfach über einen Lautsprecherwagen abgespielt, obwohl ihm das die Polizei untersagt hatte. Das Berliner Amts-, Kammer- und Landgericht verurteilten ihn daraufhin wegen Verunglimpfung des Staates, die drei Instanzen wurden im November 2000 aber von den Karlsruher Verfassungsrichtern gerügt, sie hätten „die Bedeutung und Tragweite des vorbehaltlos gewährleisteten Grundrechts der Kunstfreiheit" verkannt. Ihre Entscheidungen hätten „undifferenziert" auf den Text des Liedes „Deutschland muss sterben" abgehoben, das weder indiziert noch verboten, sondern im Handel frei erhältlich war.

In ihrer Begründung verglichen sie den Punksong mit Heinrich Heines Gedicht über „Die schlesischen Weber", das literarisch bedeutender sei, aber „kaum weniger radikale und bittere Kritik" enthalte. Außerdem habe Slime mit dem Refrain „Deutschland muss sterben, damit wir leben können" den Streit um ein nationalsozialistisches Denkmal in Hamburg aufgegriffen, das 1936 eingeweiht wurde und die Inschrift „Deutschland muss leben, und wenn wir sterben müssen" trägt.

Weil es sich bei dem inkriminierten Lied „erkennbar um eine plakative, drastische Kritik mit satirischem Einschlag an gesellschaftlichen und politischen Zuständen in Deutschland" handle, hob das Bundesverfassungsgericht die Verurteilung des Versammlungsleiters auf.

Mit einer Haftstrafe von bis zu zwanzig Jahren muss dagegen rechnen, wer versucht, das U2-Album *All That You Can Leave Behind* nach Myanmar, dem früheren Burma, zu schmuggeln. Stein des Anstoßes ist der Song „Walk On", den U2 der burmesischen Menschenrechtlerin und Friedensnobelpreisträgerin Aung San Suu Kyi gewidmet haben, die seit mehr als einem Jahrzehnt immer mal wieder von Burmas Militärjunta mit Hausarrest belegt wird.

Warum sich U2 für die demokratische Oppositionsführerin einsetzten, begründete Bono Vox mit seinem katholischen Schuldkomplex: „Ich bin einfach ein viel zu gut bezahlter Rockstar, viel zu gut gekleidet, viel zu gut ernährt."

Dass der Song „Walk On" das Militärregime veranlasste, seine Politik zu überdenken, ist eher unwahrscheinlich. Gleichwohl wies die Myanmar-Junta die staatlichen Medien im Januar 2001 an, ihre Angriffe gegen Aung San Suu Kyi einzustellen. Beobachter werteten den Umschwung als „Tauwetter" zwischen Regierung und Opposition.

Was Tom Jones mit Jennifer Lopez verbindet

In ihrem Song „The Ballad Of Tom Jones" erzählte die aus Liverpool stammende Band Space 1998 die gar heftige Geschichte zweier Liebender, die sich am liebsten gegenseitig umgebracht hätten, aber immer wieder aufeinander abfuhren, wenn sie Tom Jones singen hörten.

Kaum eine Stimme wird derart mit Sex verbunden wie die des walisischen Tigers, der selbst dann noch glaubwürdig klang, als er mit sechzig Jahren sang: „Sex bomb, sex bomb, I'm a sex bomb."

Zu Beginn seiner Karriere machte dem Ex-Bergarbeiter seine Stimme allerdings schwer zu schaffen. So spielte die BBC 1963 seine Single „It's Not Unusual" nicht, weil sie seinen Gesang als zu „heiß" empfand. Dass sie trotzdem ein Hit wurde, verdankte er einzig und allein den vor der englischen Küste ankernden Piratensendern, die die Platte abnudelten, bis die Rille weg war.

Eine ähnliche Erfahrung machte Jennifer Lopez (die so heiß aussieht, wie Tom Jones singt, aber leider nicht so singt, wie er aussieht) sechsunddreißig Jahre später. Für eine Modestrecke der *Vogue* hatte sie extra drei Tage lang die Dreharbeiten zu einem Kinofilm unterbrochen. Doch dann lagerte man die Fotos im „Kühlschrank" ein, wie man den Tresor einer Redaktion nennt. Nach eingehender Sichtung der Abzüge war die zuständige Redakteurin zu der erstaunlichen Ansicht gelangt, dass die Fotos „zu sexy" für die *Vogue* seien.

Sexismus im Tal der Ahnungslosen

Zu DDR-Zeiten hieß das Gebiet um Dresden auch „Tal der Ahnungslosen", weil man dort kein West-Fernsehen empfangen konnte. Das änderte sich zwar nach der Wiedervereinigung sehr drastisch, doch solche Täler gibt es noch immer im ehemaligen zweiten Deutschland.

Eins davon liegt in Neubrandenburg, wo die örtliche Brinkmann-Filiale im Februar 2001 eine zehn Meter hohe Puppe an ihrer Fassade anbrachte, um für ein neues Album der Ärzte zu werben, die 1998 einen bundesweiten Nummer-eins-Hit mit dem Lied „Ein Schwein namens Männer" hatten.

Unter Ärzte-Fans und *Bravo*-Lesern war „Sweet, sweet Gwendoline", so der Name der gefesselten und geknebelten Gummipuppe, längst so bekannt wie „die fette Elke", auch sie eine Figur aus einem Ärzte-Song. Allein die Frauenbeauftragte von Neubrandenburg war nicht im Bilde, mit wem sie es hier zu tun hatte, und verlangte die umgehende Demontage der frauenfeindlichen Gummipuppe.

Keine Ahnung von den festen Banden der deutsch-französischen Freundschaft hatte dagegen die Bloodhound Gang, das amerikanische Pendant der Ärzte, als sie einen Videoclip zu ihrer Single „The Bad Touch" drehten. Als Affen verkleidet griffen die Gang-Mitglieder darin zwei Franzosen an, die beide weiße Hosen und rot-weiß gestreifte bretonische Pullis trugen und Baskenmützen auf dem Kopf. Statt mit Baseballschlägern malträtierte die Bloodhound Gang das offensichtlich schwule Pärchen „nur" mit Baguettes; der obligatorische Protest von Schwulen- und Lesbengruppen blieb aber trotzdem nicht aus.

Der Musikkanal MTV, stets um Political Correctness und Zensur bemüht, forderte die Band daraufhin auf, die umstrittene Sequenz durch eine weniger verfängliche auszutauschen. Die Gruppe war sich allerdings keiner Schuld bewusst. Den Clip habe man eigentlich mit Blick auf Deutschland gedreht, wo man gerade außergewöhnlich viele Platten verkauft hätte, verteidigte sich Jimmy Pop von der Bloodhound Gang. Man habe damit auch niemanden diffamieren, sondern lediglich suggerieren wollen, dass alle Franzosen schwul seien. Die Bloodhound Gang hielt das lediglich für einen guten Gag und war fest davon überzeugt, dass die Deutschen ihren Humor teilten.

Offensichtlich war ihr der Erfolg derart zu Kopf gestiegen, dass sie Deutschland mit England verwechselte, wo man in der Tat gern Witze über die schwulen Franzosen reißt. Und es war auch nicht das erste Mal, dass die Gang mit einem Song aneckte. Bereits 1996 hatte Jimmy Pop alias James Franks Feministinnen und Schwule auf seine Art provoziert: „I wish I was queer so I could get chicks."

Der Porno-Jäger vom Neckar

Der ehemalige Schlosser Michael Brenner aus dem schwäbischen Neckargemünd ist ein gottesfürchtiger Mann. Aus Sorge um den Menschen, die Umwelt und die Tiere gründete der „Fan vom Erzengel Michael“, wie er sich selbst nennt, 1993 den als gemeinnützig anerkannten Verein „MUT e.V.“ und machte Karriere als „Pornojäger vom Neckar“ *(Hamburger Abendblatt),* für den „alles Böse“ auf dem Papier beginnt: „Pornografie ist, wenn nur rumgefickt wird.“ Für seinen Kampf gegen die Hilfsorganisation pro familia, der er vorwarf, Kinder zu „sexualisieren“, erbat der praktizierende Katholik sogar „Gottes Segen“.

Nicht weniger als „die Achtung der gesamten Schöpfung“ stand für den selbst ernannten Moralapostel auf dem Spiel, der bereits mehr als hundert Anzeigen gegen den *Spiegel* oder den Konkursbuch Verlag erstattete und die Indizierung einer Ausgabe der Teenie-Postille *Bravo Girl* wegen eines Aufklärungsreports initiierte. Bei der Bundesprüfstelle für jugendgefährdende Schriften reichte er gleich fünf Anträge auf Indizierung des Marihuana-Magazins *Grow!* ein – die allesamt abgelehnt wurden. Und gegen die Rockgruppe klein ermittelte auf Brenners Initiative hin die Staatsanwaltschaft Heidelberg wegen des Tatbestands der Gewaltverherrlichung beziehungsweise -verharmlosung. In ihrem Lied „Ein Herz für Kinder“ hatte sie die zunehmende Gewaltbereitschaft von Kindern thematisiert: „Als Hansi Lieses Ärmchen greift, bricht er es entzwei. Mit seinem Eisenschippchen haut er ihren Kopf zu Brei.“

Seinen größten Coup landete Brenner allerdings im Juli 1995, als der Meininger Oberstaatsanwalt Reinhard Hönninger die Räume des Alpha Comic Verlags, der verlagseigenen Auslieferung Packwahn und der angegliederten Edition Kunst der Comics im thüringischen Sonneberg von vierzig zum Teil schwer bewaffneten Polizisten durchsuchen ließ. Rund einhundertfünfzig Comics wurden beschlagnahmt, darunter Ralf Königs *Kondom des Grauens,* ein „Maus“-Plakat von Art Spiegelman und – peinlich, peinlich – Unterrichtsmaterial der thüringischen Landeszentrale für politische Bildung. Der Anfangsverdacht, die durchsuchten Verlage verbreiteten pornografische und Gewalt verherrlichende Schriften, wurde daraufhin um den Vorwurf der Nazi-Propaganda erweitert.

Art Spiegelman – ein Nazi? Seine Geschichte der Judenverfolgung in Comic-Form wurde mit dem Pulitzerpreis ausgezeichnet und von der UNO als Begleitbuch zum Geschichtsunterricht empfohlen. Das inkriminierte Plakat und ein für den Gustav-Heinemann-Friedenspreis nominierter Paul-Gillon-Comic über das Warschauer Getto hat die Oberstaatsanwaltschaft inzwischen – kommentarlos – zurückgegeben. Den absurden Vorwurf der Nazi-Propaganda hält sie jedoch aufrecht.

Keinen der beschlagnahmten Titel hatte die Bundesprüfstelle für jugendgefährdende Schriften indiziert. Staatsanwalt Hönninger hielt das im April 1996 jedoch nicht davon ab, Gefahr in Verzug zu melden. Per Ermittlungsersuchen, mit dem er sich an vierhundertachtzig Polizeidienststellen wandte, löste er die größte Durchsuchungsaktion im deutschen Buchhandel seit 1933 aus. Mehr als eintausendzweihundert Buchhandlungen waren von der Aktion betroffen, in deren Verlauf gleich noch Comics von Walter Moers *(Das kleine Arschloch)*, vom Carlsen Verlag und vom Rowohlt Verlag beschlagnahmt wurden. Zahlreiche Buchhandlungen schickten daraufhin ihre Bücher zurück – aus Angst, selbst belangt zu werden. Allein der finanzielle Schaden, den die betroffenen Verlage erlitten, beziffert sich in Millionenhöhe. Und Eugen Emmerling vom Börsenverein des Deutschen Buchhandels fürchtete, dass sich die von dem Ein-Mann-Verein MUT e.V. begonnene „Provinzposse" zu einer „ernsthaften Bedrohung" der Kunst- und Meinungsfreiheit ausweite. Vor allem in Kleinstädten und auf dem Land hätten Buchhändler nun Angst vor Sanktionen und Comics gleich ganz aus dem Programm gestrichen.

Aus Solidarität mit den existenziell bedrohten Comic-Verlagen stellte das Plattenmeister-Label daraufhin einen „Soundtrack gegen Zensur" zusammen, für den Herbert Grönemeyer, Die Fantastischen Vier und Fettes Brot, Slime, die Ärzte und Fischmob, Tocotronic und Ton Steine Scherben zum Großteil unveröffentlichte oder rare Aufnahmen beisteuerten.

Michael Brenner hatte daran wohl wenig Freude. Er hört lieber Reinhard Mey oder Simon & Garfunkel: „Ich brauche ruhige Musik, ich halte schließlich den ganzen Tag meinen Kopf hin."

Der amerikanische Albtraum

Dass die Deutschen keinen Humor besitzen, ist eine Binsenweisheit, entspricht mitunter aber trotzdem den Tatsachen. So machte man im Freistaat Bayern die österreichische Comedy-Rockband Erste Allgemeine Verunsicherung für die Steigerungsrate bei Banküberfällen verantwortlich, weil sie mit ihrem Schlager „Ba-Ba-Banküberfall“ die Hemmschwelle nach unten gedrückt hätte. Auch mit ihrem Anti-Atomkraft-Lied „Burli“ hatte die EAV in Deutschland kein Glück. Fast alle Rundfunksender boykottierten das Lied über das verstrahlte Bürschchen – wegen „Beleidigung der Gefühle Behinderter“.

Anstoß nahm auch der stellvertretende Vorsitzende der niedersächsischen Stattpartei, Jan Timke, und zwar am Song „Bonnie And Clyde“ der Toten Hosen. Vor allem die Textzeilen „Wir rauben ein paar Banken aus oder einen Geldtransport, wir schießen zwei, drei, vier, fünf Bullen um“, erkannte Timke, sei eine – na, was wohl? – Beleidigung der Polizei. Timke erstattete Strafanzeige.

Wie schön, dass es da wenigstens noch den Radiosender Bayern 3 gibt. Der fragte 1997 in seinem *Morgentelegramm* den englischen Posträuber Ronald Biggs, ob er seinen Schweizer Kollegen, die soeben die Züricher Post ausgeraubt hatten, Investment-Tipps geben könne. Biggs riet ihnen, alles in die Toten Hosen zu investieren.

Aber wer sagt eigentlich, dass andere Nationen mehr Humor haben? Der von den Spice Girls ausgelöste „Girl-Power-Wahn“ soll in England, so die Scheidungsanwältin Vanessa Lloyd Platt, dazu geführt haben, dass die Zahl misshandelter Männer Besorgnis erregend anstieg. Professor Colin Pritchard von der University of Southampton ging sogar noch einen Schritt weiter: Den Anstieg der Kriminalität unter weiblichen Jugendlichen führte er direkt auf das Image zurück, das die (Re-)Torten-Gruppe vermittle: „Die Mädchen wollen genauso schlecht und böse sein wie die Jungs, und dementsprechend verüben sie immer mehr Delikte wie Diebstahl und Vandalismus.“

Madonna ist ja ohnehin an allem schuld. So konnte ein Sprecher des Welttierschutz-Verbandes 1994 nicht mit Worten den Ekel ausdrücken, den er empfunden hatte, als er ihr Video zum Song „Take A Bow“ sah. In dem Clip verzehrt sich Madonna nach einem Torero. Damit verherrliche sie die Barbarei eines Stierkampfs, empörten sich die Tierschützer.

Patriotische Gefühle verletzten hingegen die Eurythmics mit ihrem Clip zur Single „King And Queen Of America“. In der lustigen Kostümorgie spielten Dave Stewart und Annie Lennox „typische amerikanische Plastikidole“ wie einen Footballer und eine Cheerleaderin, Elvis Presley und Marilyn Monroe oder Micky und Minnie Maus, die sich sogar prügeln. Und während Dave und Annie einen Cowboy und ein Cowgirl mimten, liefen im Hintergrund Bilder aus einem Indianerreservat, dessen Bewohner trostlos dahinvegetierten. Stewart: „Die Kehrseite solcher Ikonen ist Horror – der amerikanische Albtraum.“

Das ging den Amis natürlich mächtig gegen die Hutschnur. Ausnahmslos alle amerikanischen Fernsehsender setzten das Video auf den Index. Irgendwo hört der Humor ja schließlich auf.

Kulturkampf auf Amerikanisch

Wenn es um Sex geht, macht die Federal Communications Commission (FCC) kurzen Prozess. So belegte sie den Radiosender KKMG-FM aus Colorado Springs mit einer Geldstrafe in Höhe von siebentausend Dollar, weil der im Sommer 2000 die vorsorglich entschärfte Radioversion von Eminems „The Real Slim Shady“ gespielt hatte. Die Kommission, die im Auftrag der US-Regierung darüber wacht, ob Texte sexuelle Anspielungen enthalten oder den Hörer erregen und schockieren könnten, begründete ihr Vorgehen damit, dass auch dann Anspielungen zu ahnden seien, wenn ein Text nicht explizit obszön sei, sondern nur suggestiv – was auf so ziemlich jeden HipHop- oder Pop-Song zutrifft. Russell Simmons von Def Jam Records bezeichnete die Geldstrafe denn auch als unverhohlene Zensurmaßnahme und rief zur Solidarität mit „unserem Bruder“ Eminem auf, dessen *Marshall Mathers LP* eine unzensierte „Slim Shady“-Version enthielt und mit drei Grammys ausgezeichnet worden war.

Zensur & Zensur, rund um die Uhr

In Gedanken stets beim Zensor war Michael Stipe, als R.E.M. einen Videoclip zu ihrem „Pop Song" drehten, in dem Stipe, umringt von drei barbusigen Damen, seinen nackten Oberkörper zeigt. „Es soll provozieren", erklärte Stipe die Intention des Films, der unter seiner Regie entstand. Er sei eine Antwort auf all die Videos, die Nacktheit mit frauenfeindlicher Vulgarität gleichsetzten. Während der Clip in Europa unzensiert ausgestrahlt wurde, fertigte Stipe für die USA eine zweite Version an, in der die Brustwarzen mit schwarzen Streifen überklebt sind, sogar die von Stipe. Ein Nippel sei schließlich ein Nippel.

Auf zwei Hochzeiten gleichzeitig spielte auch Julian Cope. Sein Clip zu „Sunshine Playroom" erschien ebenfalls in zwei Versionen - einer „schmutzigen" und einer „fernsehgerechten".

Zu schlecht für die BBC

Von einem Top-Forty-Radio erwartet man eigentlich, dass es zumindest die Titel sendet, die sich auf den ersten vierzig Plätzen der Charts befinden. Umso mehr waren Status Quo überrascht, die anlässlich ihres dreißigjährigen Bestehens 1996 den Beach-Boys-Song „Fun Fun Fun" für ihr Jubiläumsalbum *Don't Stop* aufgenommen hatten, sich mit der Single auf Platz vierundzwanzig und mit dem Longplayer auf Platz zwei der britischen Hitparade platzieren konnten, vom BBC-Jugendsender Radio One aber trotzdem schnöde ignoriert wurden.

Status Quo waren allerdings nicht die Einzigen, die durch den Raster von Radio One fielen, obwohl sie in den Charts präsent waren. Auch die aus dem Nachlass des 1980 erschossenen John Lennon geschnitzte „neue" Beatles-Single „Real Love" genügte nicht den qualitativen Ansprüchen, die die Programmleitung von Radio One plötzlich an den Tag legte. „Jede Platte", begründete ein Sprecher der BBC den Boykott der Single, die Platz vier der britischen Charts erreichte, „wird nach ihrem Wert ausgesucht."

Erst als der Unterhaus-Abgeordnete Harry Greenway dem Sender Zensur vorwarf und mit einer parlamentarischen Anfrage drohte, ließ man sich im Hause Radio One dazu herab, den Song wenigstens im Rahmen eines halbstündigen Beatles-Specials zu spielen.

KAPITEL 6

Losing My Religion

Nicht ohne meine Bibel

Antonio Romero Monge und Rafael Ruíz, zwei Musiker aus einem Dorf bei Sevilla, waren nicht mehr die Jüngsten, als sie sich zu einem Flamencoabend nach Venezuela einladen ließen. Vielleicht lag es ja am Jetlag, jedenfalls tauchte bei ihrem Auftritt eine Tänzerin namens Macareña auf, die Monge ziemlich um den Verstand brachte. Entflammt wie ein Dreizehnjähriger, der plötzlich seiner Traumfrau begegnet, baggerte er sie von der Bühne aus an: „Schenke deinem Körper Freude, damit er auch uns Freude schenkt."

Jene Macareña muss ein ganz schön heißer Feger gewesen sein, der die Fantasie der beiden alten Herren nachhaltig beflügelte. Zurück in Spanien, schrieben sie einen Song über das Objekt ihrer Begierde, der 1996 zum Sommer-Hit in ganz Europa wurde: „Macarena".

Los Del Rio, wie sich Monge und Ruíz nun nannten, wurden daraufhin vom spanischen König empfangen. Und sogar der Papst versuchte, zu ihrem Hit Flamenco zu tanzen. Als jemand wissen wollte, wie gut Johannes Paul II. das Tanzbein geschwungen habe, gab sich Ruíz allerdings diplomatisch: „Er muss noch üben."

Allzu viel Ausdauer hatte der Papst wohl nicht. Im Alter von siebenundsiebzig Jahren entdeckte er 1997 die Popmusik für sich, als Bob Dylan in Smoking und mit Cowboyhut vor ihm (und dreihunderttausend Fans) auftrat und Hits wie „Knockin' On Heaven's Door", „Forever Young" oder „Hard Rain" sang; zum Abschied durfte Dylan dem Papst sogar die Hand geben. Nach dem Weihnachtskonzert im Vatikan überreichte B. B. King dem Papst seine legendäre Gitarre, über die er einst den Song „Lucille" geschrieben hatte. Und zwei Jahre später gehörte auch Sasha aus Soest „zu den Glücklichen, die als Künstler zu diesem einzigartigen Event eingeladen wurden" (O-Ton WEA, bei der Sasha unter Vertrag ist).

Mit dem „Event" war das alljährliche Weihnachtskonzert gemeint, zu dem der Papst Stars wie Tom Jones, Jennifer Lopez, Lionel Richie, Roxette und eben Sasha einlud, der, mit komplettem Orchester und unterstützt vom Harlem Gospel Choir, Bing Crosbys „White Christmas" sang und dem Papst seinen eigenen Hit „We Can Leave The World" vortrug. Und weil das päpstliche Popfestival in England, Frankreich und Japan, Polen, Portugal und Rumänien, Slowenien, Spanien, den USA und Zypern im Fernsehen übertragen wurde, war es für die WEA auch „der bisherige Höhepunkt in Sashas einzigartiger Karriere“.

Dass Johannes Paul II. ein erzkonservativer Hardliner war, schien plötzlich niemanden mehr zu interessieren. Popstars aus aller Welt ersuchten um eine Audienz beim Papst, der es noch nicht mal im Kosovokrieg vergewaltigten Frauen gestattete, ungewünschte Embryos abzutreiben. Christentum war wieder angesagt, und wer, wie die Hardrocksängerin Doro Pesch, nicht vor jedem Konzert mit seiner Band ein Gebet sprach, wedelte wenigstens auf der Bühne mit einer Bibel rum. So zitierte Lauryn Hill, als sie im März 1999 fünf Grammys für ihr Debütalbum erhielt, „professionell beglückt“ (Christoph Dallach) den Psalm vierzig der Bibel: „Ich harrte des Herrn, und er neigte sich zu mir und hörte mein Schreien … er hat mir ein neues Lied in meinen Mund gelegt, zu loben unseren Gott.“ Und U2, die nie ohne ihre Bibel auf Tournee gehen, bezogen sich auf dem Cover ihres Albums *All That You Can Leave Behind* auf die Heilige Schrift. Auf der Plattenhülle, die U2 im Pariser Flughafen Charles de Gaulle zeigte, ist auf einem der Abfertigungsschalter im Hintergrund die Bezeichnung „J33-3“ zu lesen, die auf eine Bibelstelle verweist: „Ruft mich an, und ich werde euch antworten und euch große und geheime Dinge zeigen, die euch unbekannt sind.“

Nur einer mochte da nicht mitspielen. Als ihn die Zeitschrift *Die Woche* fragte, ob er auch mal im Vatikan auftreten wolle, antwortete Modern Talkings Dieter Bohlen: „Das muss nicht sein. Wenn der unser Konzert sehen will, soll er kommen. Wenn ich beten will, gehe ich ja auch in die Kirche.“

Lesbe mit Heiligenschein

Als die Belgierin Jeanine Deckers noch dem Dominikanerorden angehörte, unterhielt sie die Nonnen mit eigenen religiösen Liedern, die schon bald zu Missionszwecken auf Schallplatten verbreitet wurden und sich überraschend gut verkauften. Unter dem Namen Sœur Sourire zog sie daraufhin „zu Fuß und ohne Geld" in die Welt hinaus und „sang an jedem Ort immer wieder Gottes Wort", wie es in der deutschen Version ihres internationalen Nummer-eins-Hits „Dominique" heißt, der vom Leben des Ordensgründers handelt. 1966 verließ „die singende Nonne" Jeanine Deckers das Kloster, das achtzig Prozent ihrer Einnahmen kassierte, nannte sich Luc Dominique und schrieb Loblieder auf die eben erst erfundene Antibabypille („La pillule d'or"), die aber niemand hören wollte.

Mit einem Remake ihres einzigen Hits „Dominique" versuchte sie Anfang der Achtzigerjahre Steuerschulden zu begleichen – doch die Platte floppte gewaltig. Gemeinsam mit ihrer elf Jahre jüngeren Geliebten Annie Pecher, einer ehemaligen Schwesternschülerin, leitete „die Lesbe mit dem Heiligenschein" anschließend ein Heim für autistische Kinder. Als das wegen der Steuerschuld beim belgischen Finanzamt geschlossen wurde, begingen die beiden, Kruzifixe in den Händen haltend, 1985 Selbstmord. Jeanine Deckers Anwalt Jean Berlier: „Ihr Leben muss die Hölle gewesen sein."

Das elfte Gebot

Bruce Springsteen brach 1978 auf seiner Tournee immer wieder den Song „Growin' Up" mittendrin ab, um eine Geschichte aus seiner Jugend zu erzählen. Zum Leidwesen seines irischen Vaters, der aus ihm einen Rechtsanwalt machen wollte, und seiner italienischen Mutter, die sich wünschte, dass aus ihm ein Schriftsteller würde, hatte Springsteen damit angefangen, Gitarre zu spielen. Als sie keine Einigung über den künftigen Beruf ihres Sohnes erzielen konnten, schickten ihn die Eltern zu einem Priester, Father Ray, um dessen Rat einzuholen.

Father Ray konnte ihm jedoch auch nicht weiterhelfen und schickte ihn zum lieben Gott, riet ihm aber, Gott gegenüber nicht zu erwähnen, dass er Gitarre spiele. Was tun? Springsteen wandte sich daraufhin an seinen Freund Clarence, der stets über alles informiert war und somit auch wusste, wo der kleine Bruce Gott treffen könne. Als Clarence jedoch den Nash Rambler erblickte, in dem Springsteen vorgefahren war, gab er ihm den Tipp, den lieben Gott besser nicht in diesem Wagen aufzusuchen – Gott sei Leute in Cadillacs gewohnt und würde keinen beachten, der so ein hässliches Auto fahre.

Also fuhr Springsteen los, raus aus der Stadt, bis er zu einem kleinen, einsam gelegenen Haus irgendwo auf dem Land kam, dessen Fenster hell erleuchtet waren. Zaghaft klopfte er an die Tür, und als jemand öffnete, sagte er nur, dass Clarence ihn geschickt habe. Springsteen wurde daraufhin reingebeten – und traute seinen Augen nicht: Am Schlagzeug saß Gott persönlich. Schnell erzählte er ihm, dass sein Vater einen Rechtsanwalt, seine Mutter aber einen Schriftsteller aus ihm machen wolle, er selbst jedoch lieber Gitarre spiele. Gott guckte ihn daraufhin an und lächelte gütig: „Ich weiß, ich weiß." Und dann erzählte er dem kleinen Bruce Springsteen, dass Moses von der Show auf dem Berg Sinai, dem brennenden Busch, dem Donner und dem Blitz, so aus dem Häuschen geraten sei, dass er ganz vergessen habe, wie das elfte Gebot lautete: „Let it rock!"

Und die Moral von der Geschichte? Wenn du ein Rockstar werden willst, solltest du nicht in einem Nash Rambler durch die Gegend gurken.

Perfekte Samstagabend-Party

Von der Saint John Coltrane African Orthodox Church hat man im Liquor Shop zwei Häuser weiter noch nie etwas gehört, doch sonntags ist die in einem ehemaligen Laden auf der Divisadero Street von San Francisco untergebrachte Kirche bis auf den letzten Platz gefüllt. Die Gläubigen kommen zur Hälfte von weit her – aus Australien, England und Kanada, Holland, Deutschland, Irland und New Jersey. Manch einer hat ein Instrument mitgebracht – eine Trommel, eine Gitarre, eine Klarinette oder ein Saxofon, wie es ihr Meister gespielt hat, der fünfunddreißig Jahre nach seinem Tod zum Namenspatron dieser kleinen Gemeinde wurde, weil Gott durch Coltranes Musik spreche.

Gefällig geht es los. Erst stimmt ein schwarzer Gospelchor die Gläubigen ein, dann heißt es sich zu erheben, während ein Priester in vollem Ornat abwechselnd in ein Saxofon und eine Muschel bläst, dass ihm fast die Backen platzen. Begleitet wird er von einem entfesselt Schlagzeug spielenden Ministranten, einer langbeinigen schwarzen Gitarristin und dem Chor, der sich mit der Zeit immer mehr in Ekstase singt. Wenn die Besucher dann auch noch die mitgebrachten Instrumente auspacken, ist in der kleinen Kirche drei Stunden lang die Hölle los: „Hey, John Coltrane!“

Die Saxofonlegende ist nicht der einzige Musiker, nach dem man eine Kirche benannte. Gemäß Pete Townshends Verdikt, wonach Rock ’n’ Roll die Religion des zwanzigsten Jahrhunderts sei, verkündet die Preslyterian Church (nicht zu verwechseln mit den Presbyterianern) das Wort von Elvis – seine Jünger müssen täglich gen Las Vegas beten, einmal im Leben nach Graceland pilgern und, wie Elvis, der Völlerei frönen. Die Church of Kurt Cobain verehrt den „John Lennon unserer Zeit“ und liest in ihren Messen gemeinsam Nirvana-Songs wie „Serve The Servants“. Die Sekte Heaven’s Gate verehrte Madonna und widmete ihr eine Website im Internet, bevor sich neununddreißig ihrer Anhänger im März 1997 umbrachten. Und die First Church of Rock ’n’ Roll predigt gar „die perfekte Samstagabend-Party“. Reverend Joel Agnew ist denn auch davon überzeugt, dass Rock ’n’ Roll schon immer eine Religion gewesen sei – und „eine Alternative zu all dem anderen Scheiß“.

Was Mannheim mit Jerusalem verbindet

FÜR DAS COVER seines Albums *Holy Wood (In The Shadow Of The Valley Of The Death)* stand der erklärte Satanist Marilyn Manson in ungewohnter Pose Modell – als Gekreuzigter mit blutenden Malen an den Händen, lädiertem Unterkiefer und einer Dornenkrone auf dem Haupt. Und als wäre das nicht schon genug der Blasphemie, zierte auch noch ein gekreuzigter Embryo die Plattenhülle der aus dem Album ausgekoppelten Single „Disposable Teens"; im Video dazu turnte ein Affe erst auf einem Kruzifix rum und schlüpfte dann in die Rolle des Papstes.

„Dieser Mann ist gegen Christus in den Krieg gezogen", schäumte daraufhin ein Oberhaupt der katholischen Kirche. Doch der amerikanische Bürgerschreck erwiderte nur, er könne gar nicht gegen den Heiland ins Feld ziehen, weil das Christentum diesen „und das, wofür er eingetreten ist", längst selbst getötet habe.

In seiner gemeinsam mit Neil Strauss verfassten Autobiografie *The Long Hard Road Out Of Hell* (deutsche Ausgabe beim Hannibal Verlag) hatte der *Antichrist Superstar* (Albumtitel) ausführlich berichtet, wie er dem Horror einer streng christlichen Erziehung entkam und zu sich selbst fand. Nun geißelte er auch noch den Perfektionismus als „subtile Form des Faschismus" und gab dem Christentum die Schuld daran: „Die frühen Christen waren die Ersten, die ihren Glauben vermarkteten. Das Kruzifix war das erste erfolgreiche massenproduzierte Stück Pop-Merchandise." Und Jesus der erste Rockstar der Geschichte.

Als Opfer einer christlichen Erziehung sieht sich auch Cher, die als Kind in einem kirchlichen Pflegeheim untergebracht war und erst nach sechs Monaten wieder zurück zu ihrer Mutter durfte, weil die Nonnen versucht hatten, dieser das Sorgerecht zu entziehen. In ihrem Song „Sisters Of Mercy" arbeitete sie später ihr Kindheitstrauma auf und bezeichnete die unbarmherzigen Schwestern als „daughters of hell", „masters of pain" und „mothers of shame".

Einen Sprung in der Schüssel, pardon, im Heiligenschein hat dagegen Xavier Naidoo, dessen Solo-Debütalbum bereits *Nicht von dieser Welt* war. So richtig gaga wurde es jedoch erst, als Naidoo mit Begleitband, den Söhnen Mannheims, auf Tournee ging und im Interview mit Michael Pilz verkündete: „Wir wissen alle, dass das alte Jerusalem untergeht. Das wird in der Bibel von mehreren Propheten beschrieben, und im Neuen Testament ist von einem neuen Jerusalem die Rede.“ Zwar gebe es Rapper, die behaupteten, damit sei New Jersey gemeint, Mannheim besäße jedoch dieselbe Geografie wie die heilige Stadt Jerusalem: „Unser Königsstuhl ist der heilige Berg. Das Automobil ist hier erfunden worden.“ Und Mannheim habe die Welt geprägt, „wie wir sie heute kennen“.

Als Pilz einwandte, dass Autos bekanntlich Dreck hinterließen, der Gottes Schöpfung zu zerstören drohe, setzte Naidoo sogar noch einen drauf und erklärte allen Ernstes, dass Benzin aus toten Dinosauriern bestehe, die zu Öl geworden seien. „Wir verbrauchen also Materialien, die giftig sind. Wir verbrennen mit dem Auto unsere Gifte, und die steigen durch das Ozonloch aus unserer Atmosphäre.“ Im Übrigen gebe es bei Ezechiel seitenweise Beschreibungen, die vom Autofahren handeln könnten. Und er selbst habe viele Lieder geschrieben, die Gott preisen, nachdem er durch die Gegend gedüst sei. „Ich bin über Berge gefahren, und in der Bibel steht: Die Berge werden sich senken.“

Um das zu erkennen, hätte Naidoo allerdings nicht erst die Bibel bemühen müssen. Ein kurzer Blick in den Auto-Atlas hätte es auch getan.

KAPITEL 7

Mythen in Tüten

Bin nur mal Zigaretten holen

Alle Jahre wieder geistert eine Geschichte über irgendjemanden durch die Medien, der nur mal Zigaretten holen ging und seitdem verschollen ist. Jeremy Spencer von Fleetwood Mac wollte 1971 in Los Angeles zwar keine Zigaretten, sondern nur eine Zeitung holen, doch trotzdem mussten Fleetwood Mac ihren für den Abend geplanten Auftritt im *Whiskey A-Go-Go* absagen, weil der Slide-Gitarrist spurlos verschwunden war.

Spencer hatte kaum das *Hollywood Hawaiian Hotel,* in dem die Band logierte, verlassen, um sich in Pickwick's Bookstore auf dem Sunset Boulevard etwas zum Lesen zu holen, da wurde er auch schon von den Children of God angeworben. Als der Fleetwood-Mac-Manager Clifford Davis ihn kurz darauf, auf Anraten der Polizei, im Hauptquartier der Sekte wieder traf, war Spencer gerade dabei, sich den Kopf kahl zu scheren. Davis fragte ihn, ob ihm eigentlich bewusst sei, was er da tue, doch Spencer, der sich bereits einen anderen Namen zugelegt hatte, bereute nichts. Auf diesen Tag, erklärte er dem verdutzten Manager, habe er schon so lange gewartet.

Auf nicht weniger mysteriöse Weise verschwand im März 1982 Jaz Coleman, der Sänger der Gruppe Killing Joke. Coleman setzte sich nach einem Konzert in Brighton ab und rief ein paar Tage später nur seine Mutter an, um ihr mitzuteilen, dass es ihm gut gehe. Ein Reporter vom *New Musical Express* spürte ihn später in Island auf, wo er sich der Band Peyr angeschlossen hatte, die versuchte, das Publikum mithilfe elektromagnetischer Wellen zu beeinflussen. Killing Joke ersetzten ihn daraufhin durch Youth. Bereits im April machte aber schon der Nächste die Biege – Geordie Walker folgte Coleman nach Island. Der Verlust war noch nicht verschmerzt, da zog es auch den Schlagzeuger von Killing Joke nach Island, sodass Youth wieder ohne Band dastand.

Nie angekommen sind dagegen John McKay und Kenny Morris von Siouxsie & The Banshees, nachdem sie sich am 7. September 1979 geweigert hatten, im Other Record Shop von Aberdeen Autogramme zu geben. Weil sie auch noch die zum Verkauf bestimmten Siouxsie-Alben einfach an die Fans verschenkt hatten, hatte ihre Chefin Siouxsie sie aus dem Laden komplimentiert. Daraufhin fuhren sie ins Hotel, wo sie ihre Klamotten so unter der Bettdecke zusammenrollten, dass man denken konnte, sie würden im Bett liegen und schlafen. Als der Banshees-Manager Nils Stevenson von der Autogrammstunde zurück ins Hotel kam, sah er gerade noch, wie die beiden in ein Taxi stiegen, das sie ins fünfzehn Meilen entfernte Stonehaven bringen sollte. Dort kam der Wagen jedoch nie an. Die beiden blieben verschwunden – für immer.

In Luft löste sich auch Richard James Edwards, Texter und Gitarrist der Manic Street Preachers, auf. Edwards, der nur allzu gern gewusst hätte, „was die Leute denken würden, wenn ich tot wäre", verließ im Februar 1995 ein Hotel in London und ward nicht mehr gesehen. Sein Wagen wurde in der Nähe einer bei Selbstmördern beliebten Brücke unweit von Bristol gefunden, seine Leiche aber nie entdeckt. Drei Jahre später tauchte Edwards innerhalb weniger Wochen angeblich in Ägypten, Spanien und Indien wieder auf, doch das hält sein Bandkollege James Dean Bradfield für Blödsinn: „Dafür hätte er einen Privatjet benötigt."

Am unglaublichsten liest sich jedoch die Geschichte des Verschwindens von Pete De Freitas, die das *Q*-Magazin recherchiert hat. De Freitas, ein schüchterner, introvertierter Schlagzeuger, hatte 1985 keine Lust mehr, noch einmal mit Echo & The Bunnymen auf Tour zu gehen, formierte eine eigene Band, The Sex Gods, löste schnell noch einen Tantiemenscheck über dreißigtausend englische Pfund ein und flog am Silvesterabend nach New York und von dort weiter nach New Orleans. Dort angekommen, deckte er sich erst mal mit LSD, Kokain und reichlich Ecstasy-Pillen ein und beschloss, nicht mehr zu schlafen – was er auch achtzehn Tage lang durchhielt.

Die Sex-Götter ließen sich von der morbiden Atmosphäre der Stadt zu Songs wie „Drug Planet No. 7" inspirieren, ihr hemmungsloser Drogenkonsum machte aber schon bald die Runde. Nachdem De Freitas ausgerechnet die Tochter des Polizeichefs von New Orleans kennen gelernt hatte, wurde er von ihrem Daddy gewarnt, doch bitte schön die Finger von den verbotenen Substanzen zu lassen. Während der Rest der Band nach England flog, um Plattenfirmen die von Swamp Music und Voodoo-Zauber beeinflussten Aufnahmen anzubieten, erlitt De Freitas einen Nervenzusammenbruch. Erst Monate später kehrte er, leidlich genesen, wieder nach England zurück und stieg erneut bei Echo & The Bunnymen ein. Doch De Freitas war nicht mehr derselbe. Er hatte in sich hineingeschaut – und was er gesehen hatte, muss ihn so fürchterlich erschreckt haben, dass sein Kumpel Andy Eastwood ihn kaum wiedererkannte. Am 4. Juni 1989, kurz nach der Geburt seiner Tochter Lucie, starb er bei einem Motorradunfall in Staffordshire.

Kaum zu glauben, aber wahr

Die *taz* hätte Eminem zwar „alles Mögliche" zugetraut, aber nie und nimmer, dass der Bad Boy des HipHop ein Wunderheiler ist. Letzteres behauptete zumindest eine Mutter aus der englischen Grafschaft Northumberland, deren Tochter erst aus dem Koma erwacht sei, nachdem sie ihr Eminems Hits „Stan" und „Slim Shady" vorgespielt habe. Dione Armstrong, so der Name des zwölfjährigen Mädchens, hatte bei einem Autounfall im Juli 2001 schwere Kopfverletzungen erlitten und elf Tage im Koma gelegen. Ihr Idol durfte sie allerdings nur über Kopfhörer hören – aus Rücksicht auf die anderen Patienten im Raum.

Dämonische Verse

„Mir wird schlecht, wenn ich immer wieder auf irgendwelche Popstars stoße, die Drogen verherrlichende Statements in ihren Songs abgeben", klagte Janet Betts, deren Tochter nach dem Konsum von Ecstasy-Pillen gestorben war. „Diese Künstler müssen endlich verstehen, dass sie für die Kids ein Vorbild sind und Teenager ihren Idolen folgen." Miss Betts forderte deshalb die britische Regierung auf, „Lieder dieser Art" vom Markt zu nehmen.

Übel geworden war ihr, nachdem sie den Song „Demons" von Fatboy Slim alias Norman Cook gehört hatte. Der wunderte sich zunächst einmal, dass die leidgeprüfte Mutter von dem Duett mit Macy Gray überhaupt erfahren hatte. Denn als Miss Betts ihn öffentlich der Verherrlichung von Drogen bezichtigte, war der Song noch gar nicht auf CD erschienen, und auch sonst hatte ihn seines Wissens niemand zu hören bekommen. Nicht nachvollziehen konnte der DJ indes, worüber sich Miss Betts so sehr empörte, ging es doch in dem Song nicht um Ecstasy-Pillen, sondern um die „bösen Geister im Leben", denen man entfliehen müsse, um glücklich zu werden.

So wie es Thom Yorke von Radiohead getan hat, als ein Geist sein Haus in Oxford heimsuchte: Nachdem der unsichtbare Mitbewohner während eines Unwetters eine Mini-Disc gelöscht hatte, auf der sich eine Demo-Version des Radiohead-Songs „Morning Bell" befand, renovierte Yorke sein Haus von Grund auf: „Der Geist war im Putz gefangen, und wir haben den Putz abgeschlagen."

Mehr Glück mit Gespenstern hatte da schon Robbie Williams. Als ihm bei den Aufnahmen zum Album *Sing When You're Winning* die Ideen ausgingen, betete er zu John Lennon: „Wenn du hier bist, dann sende uns einen Song." Lennons Geist erhörte Williams' verzweifelte Bitte: Wie benommen begann Robbie plötzlich, Akkorde zu spielen, aus denen schließlich der Song „Better Man" entstand.

Spring doch!

In den Sechzigerjahren war das Schlagerfestival von San Remo für die italienische Musikszene ähnlich wichtig, wie es die Oscar-Verleihung für Hollywood ist. Wer ins Finale gelangte, kam automatisch ins Fernsehen und konnte sich einen Platz an der Sonne sichern.

Dem Cantautore Luigi Tenco ging es allerdings weniger darum, Karriere zu machen, als er in San Remo auftrat. Tenco wollte vielmehr dem textlich und musikalisch anspruchsvollen Canzone gegen die Canzonette, die allseits beliebten Schnulzen, zum Durchbruch verhelfen. Das Publikum konnte seinem Lied „Ciao amore ciao" jedoch nichts abgewinnen, und so zog sich Tenco frustriert in sein Hotelzimmer zurück und verfasste einen Abschiedsbrief: „Ich hoffe, dass dies dazu beiträgt, einigen Leuten etwas klar zu machen." Dann erschoss er sich – aus Protest gegen den schlechten Geschmack des Publikums.

Der spektakuläre Selbstmord blieb nicht ohne Folgen. Zu Ehren des poetischen Liedermachers gründeten Freunde und Kollegen den Luigi-Tenco-Klub, der alljährlich das beste Lied des Jahres mit der „Targa Tenco" auszeichnet.

Einen bizarren Ort für seinen Freitod wählte hingegen Darco, nachdem er für das Cover der Dkay.com-Single „Hell Is Heaven" posiert hatte. Darco, der kurz zuvor noch an einem musikalischen Projekt beteiligt war, das er gemeinsam mit einer Domina live aufführen wollte, wurde im Düsseldorfer Sadomaso-Studio *Domizil der Gräfin* tot aufgefunden.

Dkay.com-Chef Jürgen Engler hatte die Nachricht kaum verdaut, da stürzte sich auch schon Marina Hernandez, eine Exfreundin des Boxers Wladimir Klitschko, die im Videoclip zu „Hell Is Heaven" ein Bondage-Girl gespielt hatte, aus dem Fenster ihrer Hamburger Wohnung. Kurz zuvor hatte sie sich noch in der Hamburger Nobeldisko *Wollenberg* mit Dieter Bohlen unterhalten, weshalb der Partyveranstalter Michael Ammer angeblich ihren Kopf in einen Aschenbecher gedrückt und sie vor die Tür gesetzt hatte. Als die „promigeile Schnepfe" (Ammer über Hernandez) den „Ammerhammer" deshalb später verklagte, kam es zum Show-Prozess vor dem Hamburger Landgericht, das auch Dieter Bohlen als Zeugen lud.

Der hatte sich von dem Partygirl zwar nicht belästigt gefühlt, gleichwohl einigten sich Ammer und Hernandez nach seiner Aussage außergerichtlich. Dass sie sich wegen Dieter Bohlen umbringen wollte, mochte Jürgen Engler allerdings nicht so ganz glauben: „Immerhin handelt es sich bei Marina um eine Frau mit Pilotenschein für große Verkehrsmaschinen, deren Intelligenzquotient viel zu hoch ist, als sich wegen Herrn Bohlen aus dem fünften Stock zu stürzen."

Unter ominösen Umständen gelang es dagegen der Polizei von Omaha, Nebraska, den dreiundzwanzigjährigen Fred Patterson davon abzubringen, sich von einer Brücke zu stürzen. Während die Beamten noch auf ihn einredeten, ertönte plötzlich aus dem Polizeifunk dreißig Sekunden lang Van Halens Hit aus dem Jahr 1984: „Jump". Den Song hatte David Lee Roth seinerzeit geschrieben, nachdem er im Fernsehen beobachtet hatte, wie sich jemand vom Arco Tower in Los Angeles stürzen wollte. Statt zu beten, dass jener Selbstmordkandidat sein Vorhaben nicht in die Tat umsetze, stellte sich Roth vor, wie einer der Schaulustigen ihn auch noch zum Springen ermutigte: „Go ahead, jump!" Fred Patterson mochte dieser Aufforderung jedenfalls lieber nicht folgen. Der Polizeichef von Omaha, Don Carey, hielt es allerdings für unwahrscheinlich, dass Patterson den Song überhaupt gehört hatte, bezeichnete die Einspeisung des Songs in den Polizeifunk aber trotzdem als „unangebracht".

Ein Herz für Tiere

Im Januar 1968 gaben Paul McCartney und die Schauspielerin Jane Asher bekannt, dass sie im Lauf des Jahres heiraten wollten. Bereits im Juni kündigte Jane Asher jedoch die Verlobung wieder auf, weil Paul während ihrer Abwesenheit mit anderen Frauen angebandelt hatte. „Vielleicht werden wir Jugendlieben sein, die einander wieder treffen, wenn sie um die siebzig Jahre alt sind", begründete Jane Asher ihre Entscheidung, mit einem der begehrtesten Junggesellen der Welt Schluss zu machen.

Als die Beatles im Oktober 1968 den Song „Martha My Dear" aufnahmen, ging Paul bereits mit Linda Eastman. Der Beatles-Experte Steve Turner ist trotzdem felsenfest davon überzeugt, mit „Martha My Dear" habe Paul seiner Ex-Liebe Jane Asher mitteilen wollen, dass er noch immer glaube, sie seien füreinander bestimmt. Beatles-Fans entdeckten dagegen McCartneys Herz für Tiere und sind sich weitgehend einig, dass der Song von Maccas Hund Martha handelt. Mit dem altenglischen Hütehund hatte man McCartney damals oft beim Gassigehen im Hyde Park gesichtet. Bereits auf der Auslaufrille von *Sergeant Pepper* habe Paul eine „Botschaft für Hunde" eingebaut, die, auf einer Frequenz von zwanzigtausend Hertz liegend, nur von Hunden gehört werden könne.

Die Geschichte wäre schon längst vergessen, wenn Paul McCartney 1993 nicht selbst Anlass zu neuen Spekulationen gegeben hätte: Für das Cover seines Doppelalbums *Paul Is Live* ließ er sich erneut von einem Hund über jenen Zebrastreifen auf der Abbey Road ziehen, der bereits das Cover der gleichnamigen Beatles-LP ziert und an dem heute touristische Stadterkundungen wie der „Beatles Walk" enden. Spielt man das Album rückwärts ab, hört man angeblich sogar die Worte: „The dog is dead. The dog has no shoes."

Verschollene Beatles-Songs

Für das britische Magazin *Disc* musste Martin Lewis 1971 eine Liste aller Beatles-Songs zusammenstellen. Sie gefiel ihm aber nicht sonderlich, weil sie keine Überraschung enthielt. Also dachte er sich einfach vier Songtitel aus, die seitdem durch zahlreiche Biografien und das Internet geistern: „Colliding Circles" und „Left Is Right" schanzte er John Lennon zu, den Song „Deck Chair" Paul McCartney, und als Autor von „Pink Litmus Paper Shirt" gab er George Harrison an.

Obwohl die Existenz der Lieder bereits mehrfach dementiert wurde, nicht zuletzt von Lewis selbst, der sich 1999 in Los Angeles als Fälscher outete, wollen Fans „aus absolut sicherer Quelle" erfahren haben, dass John Lennon bei zumindest einem Titel Klarinette gespielt habe.

Die wahren Sisters Of Mercy

Ende der Sechzigerjahre warb die Plattenfirma CBS für ein Album des kanadischen Songpoeten Leonard Cohen mit der kessen Frage: „Hatten Sie je das Gefühl, Sie müssten Schluss machen mit dem Leben?“ Auf den Gedanken konnte man in der Tat kommen, wenn man, von Liebeskummer gepeinigt, Cohens mit ebenso eindringlicher wie eintöniger Stimme vorgetragene Songs hörte. Abgesänge wie „So Long Marianne“, sehnsüchtige Balladen wie „Suzanne“ oder Lieder wie „Chelsea Hotel No. 2“, das musikalisch an seine heftige Affäre mit Nico, der Chanteuse des Untergangs, erinnerte, aber Janis Joplin gewidmet war, mit der er Sex im Fahrstuhl des *Chelsea* hatte: „Giving me head on an unmade bed, while the limousines wait in the street.“

Mit „The Sisters Of Mercy“ gab der Herzensbrecher mit der tiefen Stimme seinen Fans jedoch ein Rätsel auf, das ungelöst blieb, bis er, siebenundzwanzig Jahre nach der Veröffentlichung, im September 1994 enthüllte, wer sich hinter dieser Umschreibung verbarg: „Ich war in Edmonton in einem Café aufgetreten, während draußen ein Blizzard tobte. Auf dem Heimweg stellte ich mich in einem Torweg unter, in den zwei junge Frauen mit ihren Rucksäcken vor dem Sturm geflüchtet waren. Sie erzählten mir, dass sie keine Bleibe hätten, und so lud ich sie in mein kleines Hotelzimmer ein. Sie kamen mit und fielen sofort auf dem Doppelbett in Schlaf. Sie waren durch das ganze Land getrampt und total erschöpft. Ich saß im Lehnsessel am Fenster. Der Sturm flaute ab, der Himmel klarte auf, und ich erinnere mich noch heute an das Mondlicht auf dem Saskatchewan River. Plötzlich hatte ich diese Melodie im Kopf, und ich schrieb Strophe um Strophe, während sie schliefen. Es war das einzige Mal, dass mir ein Song zugeflogen kam, ohne dass ich über jedem Wort schwitzen musste. Und als sie am Morgen aufwachten, sang ich ihnen den Song exakt so vor, wie er heute klingt, perfekt, komplett arrangiert, und sie waren glücklich darüber. Ihre Namen waren Barbara und Lorraine.“

Universalgenie aus Osnabrück

Cloppenburg, 3. März 1993. Vor der Stadthalle, in der gleich Nena zum ersten Mal seit sieben Jahren auftreten wird, flattern Handzettel im Wind. Verteilt hat sie ein gewisser Leopold Bügler, der behauptet, Nenas „99 Luftballons“, ihren flotten Beitrag zur Friedensbewegung, 1980 im Foyer des Textilladens Osterhaus in Osnabrück „ersterfunden“ und „erstvorgetragen“ zu haben.

Bügler ist offenbar ein sehr begnadeter Komponist. Außer dem Welt-Hit „99 Luftballons“ will er auch Paul McCartneys „London Town“ bereits 1975 im Studentenheim Immentun „ersterfunden“ haben. „Ebony And Ivory“, McCartneys Duett mit Stevie Wonder, trug er angeblich im selben Jahr im Kunstraum der PH Vechta vor, vier weitere Songs des Ex-Beatles 1978 im Prüfungsraum des Lehrerseminars Nordhorn. Und auch McCartneys Duett mit Michael Jackson, „The Girl Is Mine“, hat er dem Vernehmen nach bereits zehn Jahre vor Veröffentlichung gesungen, damals allerdings noch unter dem Titel „Nursery Rhyme“.

Von Stockholm bis Wien ist Bügler seit Mitte der Achtzigerjahre bei Gericht bekannt. Mit aberwitzigen Klagen hält er Künstler und Manager, Rechtsanwälte und Richter auf Trab, allein der Vorgang Nena füllt einen ganzen Aktenordner. Unter anderem will er folgende Songs „erstgesungen“ haben: „Der Nippel“ von Mike Krüger, Tina Turners „Private Dancer“, „Radio Ga Ga“ von Queen, Udo Lindenbergs „Cello“, „Da Da Da“ von Trio, die „Polonäse Blankenese“ von Gottlieb Wendehals, das „Bruttosozialprodukt“ von Geier Sturzflug, Spider Murphys „Skandal im Sperrbezirk“, Titel von den Stones, den Beach Boys, von Rudi Carrell und Klaus Doldinger und natürlich auch Truck Stops „Dallas – Bohnenstroh im Cowboyhut“. Ein Universaltalent, gewiss. Und die Mitarbeiter des Textilgeschäfts Osterhaus sollten sich glücklich schätzen, hat er ihnen doch schon 1980 „Every Breath You Take“ vorgesungen – drei Jahre, bevor The Police ihren letzten großen Hit damit hatten.

Elvis fährt Audi

Der ewig gestrige Elvis-Fan, der mit seinem Ami-Schlitten mitten in der Wüste liegen geblieben war, verstand die Welt nicht mehr, als ihn eine junge Audi-Fahrerin mitnahm. Als er ihr nämlich einen Plastik-Elvis an die Windschutzscheibe pappte, der normalerweise beim Schalten sein Becken kreisen lässt, blieb die Figur im Audi regungslos.

Eigentlich wollte Audi mit diesem Werbespot(t) nur für sein stufenloses Automatikgetriebe Multitronic werben. Nachdem der Clip im März 2001 jedoch in Kinos und im Fernsehen gelaufen war, mussten sich die Autobauer notgedrungen auf branchenfremdes Terrain begeben und in China Puppen produzieren lassen, die der Volksmund Wackel-Elvis nannte.

Den Wackel-Elvis gab's noch gar nicht zu kaufen, da wurde er im Online-Auktionshaus eBay bereits zum Preis von fünfzig Mark gehandelt. Unter dem Ansturm der Fans brach die Kunden-Hotline der Ingolstädter Audi AG, unter der man die „Rock 'n' Roll-Fanpuppe" für 15,65 Mark bestellen konnte, regelmäßig zusammen. Und Audi musste gleich gegen sieben Trittbrettfahrer einstweilige Verfügungen erwirken, die eine gleiche oder ähnliche Puppe vertrieben. Dabei durfte selbst die „Multitronic"-Puppe, an der Audi die Rechte besitzt, aus Copyright-Gründen nicht so heißen. Angeblich hatten Elvis Presleys Erben anderthalb Millionen Mark für die Konzession verlangt. Da Audi aber nicht bereit war, dieses Geld zu zahlen, war man in Ingolstadt peinlich darum bemüht, keinen Bezug zum King of Rock 'n' Roll herzustellen. So nutzte man keinen Song von Elvis für den Spot, sondern Roger Millers Oldie „King Of The Road", und statt schwarzer Haare hatte der King plötzlich blonde.

Befürchtungen, der Wackel-Elvis könne einen Vampireffekt auslösen, wie die Werbewirtschaft das nennt, wenn ein Gag dem Konsumenten stärker in der Erinnerung haften bleibt als das beworbene Produkt, bestätigten sich allerdings nicht. Die Ingolstädter konnten den Erfolg des Wackel-Elvis, von dem sie dreihundertvierzigtausend Stück über das Internet und ein Call-Center vertrieben, sogar noch toppen – weltweit setzte der Autokonzern im ersten Halbjahr 2001 insgesamt dreihundertneunundsechzigtausend Audis ab und machte trotz Rezession 14,5 Prozent mehr Umsatz als im Jahr davor.

Nach 32 Jahren: Pink Floyds Emily outet sich

Ihren Ruf als innovativste Elektronikband der Sechzigerjahre verdanken Pink Floyd aus Cambridge nicht zuletzt dem Gründer, Sänger und Gitarristen der Band, Syd Barrett, von dem fast alle Songs des Debütalbums und die ersten beiden Hit-Singles, „Arnold Layne“ und „See Emily Play“, stammen.

„See Emily Play“ hieß zunächst „Games For May“. Barrett, der mit Soundeffekten und Lightshows ebenso experimentierte wie mit LSD und der die Beatles zu ihrem *Sergeant Pepper*-Album inspirierte, schrieb den Titel 1967 anlässlich eines Konzerts im Rahmen des Festival of Britain. Das renommierte Festival war eigentlich Aufführungen klassischer Musik vorbehalten, der Auftritt von Pink Floyd ließ jedoch selbst die konservative *Financial Times* in den höchsten Tönen davon schwärmen.

Als die Band wenig später ins Studio ging, um unter dem Titel „See Emily Play“ eine gekürzte Fassung von „Games For May“ aufzunehmen, war es um Barrett bereits geschehen. Er stand die meiste Zeit nur noch reglos da und stierte vor sich hin.

Ende des Jahres gingen Pink Floyd auf Amerikatournee, ein Playback-Auftritt in der TV-Sendung *American Bandstand* scheiterte jedoch daran, dass Barrett nicht danach zumute war, seine Lippen zu bewegen. Als er wenig später aus der Band ausstieg und – nach zwei Soloalben – dem Musikgeschäft endgültig den Rücken kehrte, um völlig von der Bildfläche zu verschwinden, schossen die Spekulationen über seinen mysteriösen Abgang ins Kraut, und es begann die Suche nach jener Emily, die Barrett zu seinem größten Hit inspiriert hatte.

Angeblich hatte er sie nach einem Konzert im Norden Englands nackt im Wald tanzen sehen, an nähere Einzelheiten konnte oder wollte er sich jedoch nicht mehr erinnern. So dauerte es zweiunddreißig Jahre, bis sich die Tochter eines englischen Lords, Emily Young, als jene Emily outete, von der Barrett gesungen hatte, bevor er von einem Trip nicht mehr runterkam und sein Geist im psychedelischen Niemandsland verschwand.

Emily Young war fünfzehn, als sie mit ihrer Freundin Anjelica, der Tochter des Filmregisseurs John Huston, ein Konzert von Pink Floyd in

Notting Hill besuchte. Sie war nicht gerade mit der Band befreundet, kannte sie aber gut genug, um hallo zu sagen „und einen Joint gereicht zu bekommen". Viel zu bescheiden, um den Song für sich zu reklamieren, fühlte sie sich dennoch jahrelang gebauchpinselt von dem Lied. Nachdem die T.V. Personalities mit ihrem Song „I Know Where Syd Barrett Lives" verraten hatten, dass der legendäre Pink-Floyd-Gründer bei seiner Mutter in Cambridge lebte und als Gärtner arbeitete, und nachdem in diversen Biografien, die sich mit seinem Schicksal befassten, wenig Erhellendes über „See Emily Play" zu lesen war, hielt die studierte Bildhauerin es für geraten, das Geheimnis endlich zu lüften. Schließlich sei es ein wundervoller Song, für den sie sich nicht zu schämen brauche.

KAPITEL 8

Sea Of Madness

Die Gitarre und das Meer

Die Sterne leuchten schon seit Tagen nicht mehr. Das Ruder ist gebrochen. Backbord ist ein riesiges Leck. Die Mannschaft ist müde. Der Steuermann tot. Und keiner weiß, ob ein Funker an Bord ist oder wie der Notruf heißt: „War's nicht SDI oder CIA oder Save Our Money oder USA?" Allein ein „Blinder Passagier" erfährt: „Das Ziel unserer Reise ist nicht weit von hier."

Mit dem Song vom blinden Passagier, der sich aufs falsche Schiff geschlichen hat, beschwor Rio Reiser 1987 die apokalyptische Seite der Seefahrt. Und wie ein blinder Passagier kam sich der „König von Deutschland" auch vor, als er Mitte der Achtzigerjahre den alternativen Hafen verlassen und auf einem Musikdampfer der Unterhaltungsindustrie angeheuert hatte.

Es war nicht das erste Mal, dass sich der gebürtige Berliner so weit aufs Meer hinauswagte. Bereits 1975 hatte Reiser mit der Politrockband Ton Steine Scherben „Land in Sicht" gerufen. Das Schiff der musikalischen Rädelsführer hieß damals „Hoffnung", und im Song „Komm an Bord" wähnten sie die Zeit auf ihrer Seite. Obwohl die Gruppe die beiden Lieder noch in Berlin aufgenommen hatte, werteten dogmatische Linke sie als Indiz für die Landflucht der Gruppe ins nordfriesische Fresenhagen und für ihre angebliche innere Emigration.

Auf dem Bauernhof, auf dem heute ein bunter, gläserner Leuchtturm das Grab des 1996 an Land gestorbenen Sängers ziert, nahmen die Scherben ein Jahr später ein Hörspiel für Kinder auf, in dem es nur so von Piraten wimmelte: *Teufel hast du Wind.* Und dort schrieb Reiser, der die Alpen nie gemocht hat, 1987 auch – seinen Onkel Robert, den einzigen Seemann seiner Familie, vor Augen – die Ballade „Übers Meer", in der er den Trennungsschmerz zweier Verliebter unübertroffen auf den Punkt brachte.

Von Kindesbeinen an war Reiser alias Ralph Möbius eingenommen von der Seefahrt. Mit seinen Brüdern verwandelte er das Kinderzimmer in das Schiff des Piraten Errol Flynn. Begeistert las auch er Melvilles Geschichte vom Killerwal *Moby Dick,* die er später als Rockoper inszenieren wollte – ein ehrgeiziges Vorhaben, das der begnadete Songwriter leider nicht mehr realisieren konnte. Immer wieder zog es ihn zu den Hamburger Landungsbrücken, wo „die Sehnsucht nach Fernweh greifbar" wird. Und möglicherweise war Reiser, der bereits Mitte der Siebzigerjahre sein Coming-out als Schwuler hatte, auch erotisch fasziniert von Matrosenchören, die in hübschen Anzügen melancholische Shantys sangen. Die Liebe war indes rein platonisch. Abgesehen von zwei Kreuzfahrten, an denen er als Tourist teilnahm, ist Reiser nie zur See gefahren.

Dass er trotzdem so wundervolle Songs „für den Ozean" schrieb, ist so ungewöhnlich allerdings nicht. Kommen doch auch die meisten Marinesoldaten der Bundeswehr nicht von der Küste, wie ein Sprecher der Hardt-Höhe bestätigt, sondern „aus südlichen Bundesländern". Und schließlich wurden auch die meisten Seemannslieder von ausgewiesenen Landratten gesungen. So sorgte sich die Österreicherin Lolita 1960 mit dem Schlager „Seemann, deine Heimat ist das Meer" um das Selbstwertgefühl des deutschen Mannes. Die aus Sankt Pölten stammende Volksmusikerin appellierte an die Frauen, auf den kriegsbedingt erworbenen Einfluss zu verzichten, wieder an den Herd zurückzukehren und für die demoralisierten Kriegsheimkehrer Opfer zu bringen. Und es war der gebürtige Wiener Franz Eugen Helmuth Manfred Nidl-Petz, besser bekannt als Freddy Quinn, der in den Sechzigerjahren mit Schlagern wie „Junge, komm bald wieder", „Die Gitarre und das Meer" oder „Unter fremden Sternen" das Heim- und Fernweh der Deutschen artikulierte. Immerhin war Freddy Nidl-Petz zur See gefahren, bevor er sich in die Herzen aller Mütter sang, die sich um ihre Söhne sorgten und Angst hatten, nach diesem verdammten Zweiten Weltkrieg ganz allein dazusitzen: „Denk auch an morgen, denk auch an mich!"

Im Gegensatz zu Freddy kam Udo Lindenberg nie über Sylt hinaus. Nachdem sein Jugendfreund Herm Eiling, der als Schiffssteward auf dem „Erdumkreisungsdampfer Europa" unterwegs war, ihm „obergeile Postkarten aus allen Ecken und Winkeln der Welt" geschickt hatte, war es aber auch um ihn geschehen. „Er schrieb immer, wie toll es hier und da war auf Hawaii und Kuba", erinnert sich der Panik-Rocker, „besonders im Vergleich zu Gronau", dem kleinen westfälischen Kaff, in dem die beiden aufgewachsen waren.

Lindenberg eiferte dem älteren Freund nach und wollte auch „Möwendompteur" oder Schiffssteward werden, in Acapulco dann allerdings von Bord gehen – um die Schlagzeuglegende Gene Krupa persönlich kennen zu lernen. Dazu kam es jedoch nie. Lindenberg blieb in Hamburg hängen, saß viel in Hafenkneipen rum und schrieb seine Texte auf Bierdeckel, so wie ein Seemann sein Logbuch führt: „Mit dem einen Auge auf die Bommerlunder-Flasche, mit dem anderen dann aber doch immer wieder über die Elbe, den hinausfahrenden Schiffen hinterher." Im *Brausebrand* wurde ihm irgendwann klar, „dass es überhaupt keine richtigen deutschen Texte gab". Bei Rum mit Tee erfand er den Deutsch-Rock.

Auf seinem Album *Daumen im Wind* sang er 1972 erstmals vom „Meer der Träume". Es folgte die Geschichte von dem alten Käpt'n, der nicht mehr zur See fuhr und so lange den Rum prüfte, bis die Boote im Hafen festmachten und er sich übern Deich schleppte: „Er will nicht, dass die anderen sagen, er kann ja wirklich nicht mehr viel vertragen." Mal träumte er davon, ein Segelboot zu klauen, dann saß er wieder den ganzen Tag an den Docks und dachte an „Jamaika" oder „Bremerhaven". Oder er begab sich mit der „MS Odyssee" bei „Lindstärke 10" durch den „Lindischen Ozean". Ein „Rocker auf ewiger Seefahrt".

Sein Vorbild war Hans Albers, der in den späten Achtzigerjahren endgültig zur Kultfigur wurde, als Hannes Kröger alias Alexander Walbeck, ein gebürtiger Düsseldorfer, der heute Schweizer Staatsbürger ist, den „blonden Hans von der Reeperbahn" im Diskorhythmus wiederauferstehen ließ. Udos Schiff war die „Andrea Doria", er selbst nannte sich „Matrose Lockerlose mit der Beule in der Hose" und charakterisierte sich als „Admiral, der immer wieder versucht, sein Schiff ins nächste Jahrtausend rüberzuschieben – beladen mit kostbaren Liedern".

Später wohnte er vorübergehend in Berlin, damals noch eine Insel inmitten der DDR. Als die Reeperbahn in den Achtzigerjahren ihr großes Comeback als Vergnügungsmeile feierte, zog es aber auch ihn wieder zum Kiez. Er war herumgekommen, hatte viel gesehen – Istanbul, New York, Athen. Doch überall war er 'n bisschen traurig. Nun war Lindi wieder zuhause und stürzte sich ins Nachtleben wie ein Matrose auf seine Geliebte, die er monatelang nicht mehr gesehen hat: „Reeperbahn, ich komm an, du geile Meile, auf die ich kann."

Der Reeperbahn von Geburt an treu blieb ist dagegen Achim Reichel, der im Seemannsmilieu von St. Pauli aufgewachsen ist und miterlebt hat, wie die Beatles im *Star Club* aufgetreten sind und Tony Sheridan bei der Aufnahme einer Single begleitet haben: „My Bonnie Is Over The Ocean". Sein Vater war als Steward zur See gefahren. Was Shantys sind, wusste er allerdings nicht: „Da bin ich also losgegangen, Musikbücherei, Staatsbibliothek, und stellte dann fest, aus welchen Musiken die sich entwickelt haben. Nämlich aus Blues und Working Songs, aus Country- oder Folkmusik." Bei Reichel machte es sofort klick: „Dann brauchst du ja nur noch einen Shanty wie einen Rock 'n' Roll zu singen."

Mitte der Siebzigerjahre nahm er *Dat Shanty Alb'm* und die LP *Klabautermann* auf. Reichel sang darauf plattdeutsch, aber keineswegs nur vom „Hamburger Veermaster". Er vertonte auch Texte von Ringelnatz („Das Lied von der Hochseekuh"), erzählte mit tiefer Stimme von der „Pest an Bord" und spann das Seemannsgarn vom *Fliegenden Holländer* weiter.

Ein paar Sturmfluten später litt eine neue Generation unter Fernweh. Die Toten Hosen aus Düsseldorf begaben sich auf die „Suche nach der Schnapsinsel" und schipperten „Unter falscher Flagge" nach Helgoland; ihr Gitarrist Kuddel wäre dabei fast über Bord gegangen – bei den Dreharbeiten für den dazugehörigen Videoclip zog er sich auf der *Fiat Voluntas* eine Lungenentzündung zu. Die Hamburger Band Slime reklamierte den Seeräuber „Störtebeker" für die Punkbewegung. Die Radierer aus Limburg an der Lahn wähnten sich in „Madagaskar" und hatten natürlich ebenfalls die Pest an Bord. A5 aus Bremen rieten ihrem Mädel barsch: „Verkauf dein Hochzeitskleid". Die Sauerländerin Nena sichtete ein „Weißes Schiff", einen „Leuchtturm" und bat ihren Liebsten: „Lass mich dein Pirat sein". Element Of Crime aus Berlin tranken „ein Glas auf die Kuh und eins auf die See" und erkannten: „Niemand ist gern allein mitten im Atlantik." Die in Hamburg vor Anker liegende Gruppe Art Of Tin Toys schilderte im wogenden Rhythmus, wie der „Walfänger" Ahab sein Bein verlor. Und der geborene Göttinger Herbert Grönemeyer gab, nachdem er mit dem Film *Das Boot* wieder aufgetaucht war, den Herbergsvater eines Seemannsheims und predigte: „Alkohol ist das Schiff, auf dem wir untergehen." 1993 meldete der Bochumer Seewetterdienst sogar „Land unter".

Das Meer kannten all diese Bands aus dem freien Westen meist nur aus Büchern oder dem Kino. Im wilden Osten, wo vierzig Jahre lang das Kommando „Leinen los!" als Aufforderung zur Republikflucht verstanden wurde, war's aber nicht viel anders. Nachdem die Regierung der DDR im Herbst 1989 Reisefreiheit gewährt hatte, stießen auch dort die Landratten in See. Die Potsdamer Gruppe Keimzeit heuerte auf einem „Schiff aus schäbigem Holz" an und fuhr nach „Singapur". Und Gerulf Pannach aus Jena umsegelte nach der Wende sogar „Kap Horn". Hatten auf dem Potsdamer Seelenverkäufer noch alle dasselbe Ziel („Wir müssen weiter, immer weiter, was soll's"), so verfluchte Pannach auf seinem 1996 erschienenen Album *Yorck 17* schon bald den Steuermann, der ihn zu sich rief: „Die Sintflut, die schwarze, sie kommt unser Schiff überroll'n! Wir fahr'n zu den Fischen, die Hölle kommt uns hol'n."

Der Untergang war wieder mal nah, und das Holzbein vom Käpt'n wurde zu seinem letzten Halt - „zwei Ratten in Seenot" waren auch darin „verkrallt". Schon schmiss die letzte Welle ihn hoch hinauf, da wurde der Himmel plötzlich hell, die Nacht riss auf, und er wachte, vor „Kap Horn" liegend, auf. Die Auflösung des Rätsels behielt sich Pannach bis zum Schluss vor: „So heißt die Kneipe, die meine letzte war. So donnert das Leben bei uns in Altona."

Der Untergang der *Sun Vista*

Gerade noch mal mit dem Schrecken davon kamen die Passagiere und die Besatzung des Luxusliners *Sun Vista,* als das etwa zweihundert Meter lange Schiff im Mai 1999 vor der Küste Malaysias in Seenot geriet. Das auf den Bahamas registrierte Passagierschiff war in Singapur ausgelaufen, hatte die thailändische Urlaubsinsel Phuket angesteuert und befand sich bereits wieder auf der Rückfahrt der sechstägigen Reise, als im Maschinenraum ein Feuer ausbrach und die *Sun Vista* sieben Stunden später in der Straße von Malakka sank.

„Das war ein einziger Albtraum", berichtete der indische Geschäftsmann Ram Yalamanchi nach der glücklichen Rettung der vierhundertzweiundsiebzig Passagiere und sechshundertzweiunddreißig Besatzungsmitglieder. „Ich dachte, wir würden alle umkommen." Und ein englischer Tourist empörte sich hinterher, dass der Kapitän die Passagiere nicht über die Lage unterrichtet habe. Einige von ihnen hatten, darum bemüht, die Ruhe zu bewahren, ein Lied angestimmt, das sie aus dem Kino kannten: „My Heart Will Go On", Céline Dions Titelmelodie aus dem Hollywood-Film *Titanic.*

Für die Kreuzfahrt hatte die Reederei Sun Cruises mit dem Slogan geworben: „Wir versprechen Ihnen die Erfahrung des Lebens."

Keine Zähne im Maul, aber La Paloma pfeifen ...

Wer in Österreich seinen Segelschein macht, lernt nicht nur, sich mit dem und gegen den Wind zu bewegen, die Fock runterzuholen oder den Spinnaker hochzuziehen. Im Kapitel „Verhalten an Bord“ des offiziellen Segelschulbuchs wird er auch mit der Etikette vertraut gemacht, die besagt, dass es aus Pietät gegenüber Erzherzog Ferdinand Maximilian verboten ist, auf österreichischen Schiffen „La Paloma“ zu singen.

Der Erzherzog, ein Bruder von Kaiser Franz Joseph I., hatte sich 1863 zum Kaiser von Mexiko krönen lassen, wurde vier Jahre später, nach dem Abzug der französischen Truppen und der Befreiung Mexikos durch die Republikaner, aber hingerichtet. „La Paloma“ war sein absolutes Lieblingslied, auch wenn es nicht als verbürgt gilt, dass er in der Stunde seines Todes den Wunsch geäußert hat, es noch ein letztes Mal hören zu dürfen.

Die „Paloma“ hatten höchstwahrscheinlich José Zorillo, ein spanischer Dichter, und seine Theatertruppe von Havanna nach Mexiko importiert, wo sie sich schnell größter Beliebtheit erfreute – nicht nur bei Hof. Im Volk kursierten schon bald Spottverse auf die Obrigkeit und die Kinderlosigkeit des Kaiserpaars. Aus „La Paloma“ wurde „Mama Carlota“, wie sich die Kaiserin Charlotte nach Inthronisation und erfolgter Hispanisierung nannte: „Das Schiff geht über die Meere und fliegt wie ein Ball, lebe wohl, Mama Carlota, wenn die Franzosen abziehen, geht auch der Kaiser.“

Fünfzig Jahre später zählten die Musikverleger weltweit bereits zweitausend Fassungen des Liedes für Ensembles, Vokalkünstler und so ziemlich jedes Instrument. Auf Schallplatten wurde es oft als mexikanisches, kubanisches oder spanisches Volkslied ausgegeben, komponiert wurde es jedoch während einer Kuba-Reise (oder im Anschluss daran) von dem Basken Sebastián de Iradier. Der Form nach ist es eine Habanera – neben *Carmen,* die Georges Bizet bei Iradiers „El Arreglito“ abgekupfert hat, die berühmteste der Welt. Und es gibt kein anderes Lied, das so oft gesungen, interpretiert und auf Tonträgern konserviert wurde wie „Die weiße Taube“ mit dem wohl jedermann bekannten Refrain: „Auf, Matrosen, ohé! In die wogende See! Schwarze Gedanken, sie wanken und flieh’n geschwind uns wie Sturm und Wind.“

Elvis Presley hat es gesungen, unter dem Titel „No More" im Film *Blue Hawaii*. Dean Martin veröffentlichte es auf seinem Album *Dino Latino*. Charlie Parker drehte es durch den Fleischwolf des Freejazz. Freddy Fender machte daraus eine Countrynummer. Von Benjamino Gigli bis Luciano Pavarotti brachten Opernsänger es gern als Zugabe. „La Paloma" gehörte zum Repertoire von Schlagersängern, ertönte als Tango, Walzer, Marsch oder Twist und platzierte sich auch in Goebbels' Hitparade, dem Wehrmachtswunschkonzert der Nazis, auf den vorderen Rängen. Ringelnatz erwähnte es in seiner Ode „An meinen Zigarettenrauch", Dashiell Hammet in seinem Krimi *Der Malteser Falke*. Und auch das Kino wollte auf den Schmachtfetzen nicht verzichten: In Filmen wie *Das Geisterhaus, Das Boot* oder *Die Blechtrommel* war es ebenso zu hören wie in *Schtonk, Werner, Star-Trek* oder dem Ulk-Western *Zwei wie Pech und Schwefel*. Carla Bley nahm für den Kultstreifen *Das Auge* (mit Isabel Adjani) gleich sechs Versionen auf. Und selbst im so auf Pietät bedachten Österreich gehört es längst zum allgemein anerkannten Liedgut – dort benutzen es die Akkordeonschulen als Anschauungsstück.

Eine deutsche Version von „La Paloma" wurde bereits in den Sechzigerjahren des vorigen Jahrhunderts unter dem Titel „Mexikanisches Lied" veröffentlicht. Zum Gassenhauer avancierte das Lied hierzulande aber erst, als es Rosita Serrano, die Comedian Harmonists und vor allem Hans Albers sangen. Für den Film *Große Freiheit Nr. 7*, der 1943 im bereits zerbombten Hamburg gedreht wurde, hatte der Regisseur Helmut Käutner eigens einen neuen Text geschrieben: „La Paloma – ohé! Einmal muss es vorbei sein." Die Nazis witterten zu Recht Verrat. Der Film wurde gleich nach der Premiere verboten, weil er angeblich den deutschen Seemann als Trunkenbold verunglimpfte, und konnte erst nach dem Krieg aufgeführt werden. Zunächst in einer verstümmelten Fassung unter dem Titel *La Paloma*, später dann auch im Original.

Die Seemannsromantik des blonden Hans traf die Deutschen ins Mark. Mit dem sentimentalen Liedchen kurierten sie ihr Heim- und Fernweh, ganz gleich, ob es nun Caterina Valente, Freddy Quinn oder Mireille Mathieu sang. Immer dann, so das Wiener Nachrichtenmagazin *profil*, wenn die „Seemannsmythen und der Tang-Geruch des metaphorischen Hafens zu aufdringlich" wurden, hatte der bisweilen penetrante Ohrwurm aber „mindestens zehn Notausgänge in neue, frische Bedeutungen zu bieten".

Nachdem der Klangsammler und Sound-Gärtner Kalle Laar Mitte der Neunziger eine Auswahl der „ineinander verwobenen Kulturgeschichten aus aller Welt“ im bayrischen *Zündfunk* vorgestellt hatte, meldete sich bei ihm das Münchner Trikont-Label mit dem Ansinnen, eine Art musikalische Gesamtausgabe des meistverbreiteten Songs aller Zeiten zu erstellen: „One Song For All Worlds“.

Mittlerweile sind bereits vier CDs erschienen, auf denen sich hawaiianische Gitarrenduos ganz unorthodox mit Militärorchestern und Tex-Mex-Bands, Oktoberfest-Kapellen und estnischen Radiochören abwechseln. Eine Version des „Gettoswingers“ Coco Schumann, der das Lied einst an der Rampe des Vernichtungslagers Auschwitz hatte spielen müssen, ist ebenso dabei wie eine Aufnahme der „Paloma“, mit der Reisende im Bahnhof von Harbin in der Mandschurei begrüßt werden. Und das Schöne ist: Die bislang einhundertsiebenundzwanzig kompilierten Versionen unterscheiden sich so sehr voneinander, dass man sie durchaus hintereinander hören und dazu tanzen kann, ohne genervt zu sein. Maximilian der Unglückliche hätte sicherlich seine Freude daran gehabt – und die Vorschriften für das „Verhalten an Bord“ österreichischer Schiffe geändert.

KAPITEL 9

Talking Loud And Saying Nothing

Selbstmordkandidaten

Nachdem die britische Band Radiohead sich 1997 mit ihrem Album *OK Computer* und Hymnen voller Wehmut und Verzweiflung als Nachfolgerin der frühen Pink Floyd empfohlen hatte, wurde ihr Sänger und Songwriter Thom Yorke schon bald als heißester Selbstmordkandidat gehandelt. Es war natürlich „der pure Stumpfsinn, dass Journalisten immer wieder Songs direkt auf meine Person" bezogen, beklagte sich Yorke drei Jahre später. Ganz so abwegig war die Sorge, er könne nicht nur verzweifelt gut singen, sondern selbst auch verzweifelt sein, allerdings nicht: Der überraschende Erfolg von Radiohead hatte Yorke so sehr unter Druck gesetzt, dass er unter einer massiven Schreibblockade litt.

„Es begann damit", erinnerte sich Yorke im *Spiegel*-Interview, „dass ich alles, was irgendjemand sagte, wahnsinnig interessant fand und auf einem kleinen Zettel notierte. Plötzlich hatte ich hunderte von Soundschnipseln. Es war lächerlich, aber ich dachte wirklich: Ich werde nie wieder einen Song schreiben können."

Statt auf der Gitarre oder auf dem Keyboard Melodien zu komponieren, arbeiteten Radiohead daraufhin an ihrem Album *Kid A* „wie ein Maler, der in seinem Atelier an zwölf Bildern gleichzeitig malt". Mit dem Erfolg, dass dieses „Werk der bizarren Brüche" (Wolfgang Höbel) Yorke zum ersten Mal das Gefühl gab, sich nicht dafür rechtfertigen zu müssen – „nicht mal dafür, dass es irgendjemand kauft".

Da hatte und hat es Brian Wilson schon schwerer. Sein Vater züchtigte und verprügelte ihn, bis er auf einem Ohr taub war. Dann produzierte er in nur zwei Jahren acht Alben mit seinen Brüdern, den Beach Boys, bis er nicht mehr fähig war, mit ihnen auch noch auf Tournee zu gehen. Stattdessen steckte er all seine Liebe, Leidenschaft und Träume in *Pet Sounds,* ein Album, das englische Musikmagazine mittlerweile als Jahrhundertwerk loben, damals aber in den Regalen verschimmelte.

Die restlichen Beach Boys konnten mit diesem „Ego-Schrott" (Mike Love) natürlich nichts anfangen und verlangten nach weiteren Surf-Hits im Stil von „Fun Fun Fun" oder „Surfin' USA". Doch damit wollte Brian Wilson nicht mehr dienen: Er war bereits voll auf Drogen. Und da half es auch nicht, dass sein Lieblingsbruder Dennis, der später in stark alkoholisiertem Zustand ertrank, extra zu *McDonald's* fuhr und ihm für jeden fertigen Song einen Hamburger holte – Wilson „stieg völlig aus der wirklichen Welt aus" und wollte nicht mehr leben.

Jahrelang verließ er nur ganz selten sein Schlafzimmer, und wenn doch, dann wanderte er manchmal tagelang durch San Diego, wo man ihn schließlich auch im Balboa Park unter einem Baum fand – barfuß und dreckig wie ein Penner. Wilson begab sich daraufhin in eine, sagen wir mal: ungewöhnliche Therapie, die ihn lange, lange Zeit an den Psychiater Eugene Landy band, der für ihn nicht nur ein Therapeut war, sondern sogar zum „Executive Producer" seines Soloalbums wurde. Als die Platte floppte, ging das seinem Schwager Mike Love runter wie Öl: „Er hat ein Jahr lang an Brians Album gearbeitet, hat neunhunderttausend Dollar aus dem Vermögen von jemand anderem verpulvert – und dann kommen sie nicht mal in die Hot Hundred."

Seitdem veröffentlicht Brian Wilson alle Jahre wieder ein neues Album, leidet aber auch immer wieder unter den Spätfolgen seines Drogenkonsums. Als der Journalist Detlef Diederichsen ihn 1989 für die Musikzeitschrift *Spex* interviewte, schien er „zwischen verschiedenen Persönlichkeiten hin- und herzuschwanken" und hatte große Konzentrationsschwierigkeiten. „Das Standard-Brian-Wilson-Interview", so Diederichsen, „besteht aus kurzen, präzisen Fragen und genauso kurzen, wie einstudiert wirkenden Antworten, bisweilen unterbrochen von einem beunruhigend intensiven Hustenanfall oder von einem allgemeinen Blackout, bei dem er sich völlig entspannt nach hinten fallen lässt und die Augen nach oben verdreht, als würde er ohnmächtig."

Wie Thom Yorke leidet auch Wilson gelegentlich unter einer Schreibblockade, und so war nicht nur er überglücklich, als ihn eine Weihnachtsfeier im Kindergarten seiner dreijährigen Tochter zu seinem ersten neuen Song seit Jahren inspirierte. Während andere Eltern mit den Kurzen bastelten, schrieb Wilson „On Christmas Day". Mit dem Lied wollte er „danke schön für ein großartiges Jahr sagen", und das funktioniere eben am besten mit einem „musikalischen Geschenk". Dankbar, endlich seine Schreibblockade überwunden zu haben, stellte er den Song sogar auf seiner Website zum Runterladen bereit.

Als Selbstmordkandidat wird gelegentlich auch Chris Isaak gehandelt, der das Leiden in Songs wie „Wicked Game" kultiviert. Danach befragt, ob er die todtraurigen Texte selbst schreibe, antwortete Isaak jedoch keineswegs betrübt: „Nein, ich habe jemanden angestellt, der für mich leidet."

Die erste Metal-Hymne

Dass einem die Ideen ausgehen, wenn man monatelang auf Tour ist, darüber hat bislang noch jede Band geklagt, die länger als sechs Wochen unterwegs war. Das Leben *on the road* kann bisweilen eben recht stumpfsinnig sein. Manch einer stürzt dann in ein kreatives Loch oder schreibt nur noch Songs über Groupies, denen er gern begegnet wäre, über Minibars, deren gähnende Leere ihn am nächsten Morgen anstarrte, und über Straßen, auf denen er, im Tourbus dösend, von A nach B gefahren ist. Wer diesem Konzertzirkus schon länger angehört, begeht natürlich nicht mehr den Fehler, ausgebrannt von einer Tournee ins Studio zu hetzen, sondern hat seine ganz speziellen Tricks, sich wieder zu stimulieren und inspirieren zu lassen. So holt sich Tom Petty „Gratis-Ideen für neue Stücke", indem er heimlich private Autotelefone abhört. Noel Gallagher, der kreative Kopf der Britpop-Band Oasis, sitzt stundenlang nackt im Wald und singt vor sich hin. Und Sven Regener von Element Of Crime kommen die Einfälle beim Entenfüttern.

Ein Blick aufs Wasser war es auch, der Deep Purple einen ihrer größten Hits bescherte: „Smoke On The Water". Die Engländer nahmen 1971 gerade im Casino von Montreux ihr Album *Machine Head* auf, als Frank Zappa & The Mothers Of Invention im selben Gebäude ein Konzert gaben. Vor Begeisterung feuerte ein Zappa-Fan eine Leuchtkugel ab, die den Dachstuhl in Brand setzte. Verletzt wurde niemand, aber das Casino brannte samt Studio bis auf die Grundmauern ab. Deep Purple mussten in ein Hotel umziehen und ein paar Tage warten, bis ein mobiles Studio der Rolling Stones in Montreux eintraf, um die Aufnahmen zu beenden. Wie man heute weiß, hat die Band die Zeit gut genutzt – „Smoke On The Water" erinnert an den spektakulären Brand und wurde, so das amerikanische *Spin*-Magazin, die erste Metal-Hymne der Rockgeschichte. Unzählige Nachwuchsgitarristen haben sich seitdem an dem eingängigen Riff die Finger blutig geschrubbt, und die Gruppe Prollhead! übersetzte den Song sogar ins Deutsche – um zu zeigen, „wie dämlich englische Texte sind".

Holden Caulfield mit einem Schwert

Als John Lennon und Yoko Ono am 8. Dezember 1980 aus dem Studio, in dem der Ex-Beatle gerade sein Album *Milk And Honey* aufnahm, nachhause zurückkehrten, wartete vor dem Eingang des Dakota Building am New-Yorker Central Park noch immer ein Fan auf ihn, dem er bereits Stunden zuvor das Cover seiner LP *Double Fantasy* signiert hatte. Lennon beachtete ihn kaum und hatte das Foyer der exklusiven Wohnanlage beinahe erreicht, da fasste sich jener Fan ein Herz und sprach den Popstar an: „Mr. Lennon?" Als der sich, nichts Böses ahnend, umdrehte, streckten ihn fünf Schüsse aus einer Achtunddreißiger nieder. Während der herbeigeeilte Hausmeister die Polizei und einen Notarzt zu Hilfe rief, ließ der Attentäter die Waffe sinken und begann laut aus dem Roman *Der Fänger im Roggen* vorzulesen.

„Ich war wie ein Zug", erinnerte sich der Lennon-Mörder Mark David Chapman später an die Sekunden, bevor er die tödlichen Schüsse abfeuerte. „Nichts konnte mich mehr stoppen. Kein Gebet, kein Wille, kein Teufel, kein Mensch, kein Bodyguard." Chapman kam sich vor wie der Held aus Salingers Kultbuch: „Ich war Holden Caulfield mit einem Schwert." Und er wünschte sich, dass jeder den 1951 erstmals erschienenen Roman über die Leiden des Erwachsenwerdens lese. „Das werde ich zu meiner Aufgabe machen, da dieses Buch viele Antworten enthält."

Mit Holden Caulfield hatte Jerome David Salinger eine Romanfigur geschaffen, die orientierungslos durch die Welt irrte, sich arrogant und zynisch gab, aber auch verletzlich und melancholisch war, bevor er, Salinger, sich 1953 nach Cornish, New Hampshire, zurückzog, keine Interviews mehr gab und auch literarisch verstummte. „Keine andere Romanfigur", schrieb Jochen Siemens, der sich 1997 für den *stern* vergebens auf die „Suche nach dem verschwundenen Dichter" begab, „durchlebte und durchlitt den Schmerz, erwachsen zu werden, so eindringlich und symbolkräftig wie Salingers jugendlicher Held Holden Caulfield, der zum ersten Popstar der Weltliteratur wurde." Wenn man jung ist, gebe es Dinge, nach denen das Leben nicht mehr so sei wie vorher: der erste Kuss, das erste Geld, die erste Droge, der erste Sex und *Der Fänger im Roggen*.

Der Schauspieler Johnny Depp las den Kultroman, als er nach Hollywood ging, um Musik zu machen. Winona Ryder mutmaßte, dass sie ohne die Lektüre noch immer ein langweiliges Mädchen wäre. Und auch zahlreiche Musiker ließen sich von dem Klassiker der amerikanischen Literatur nachhaltig beeinflussen: Bill Haley machte daraus den Song „Rocking Through The Rye", Van Morrison schrieb einen Song über den öffentlichkeitsscheuen Autor, die Beastie Boys behaupteten dreist „I got more stories than J. D. Salinger", und die Punkband Green Day fragte ihre Fans: „Who wrote Holden Caulfield?" Um auf Salingers Buch aufmerksam zu machen, hätte es jedenfalls nicht erst eines Mark David Chapman bedurft – *Der Fänger im Roggen* verkauft auch so, fünfzig Jahre nach seinem Erscheinen, allein in den USA noch immer hunderttausend Exemplare pro Jahr.

Als der Kriminalbeamte Steve Spiro Lennons geistig verwirrten Mörder nach seiner Festnahme fragte, ob ihm bewusst sei, was er da eigentlich getan habe, antwortete der ganz im Stil seines literarischen Vorbildes: „Ich schätze, ich habe soeben John Lennon erschossen." Warum er ausgerechnet ihn getötet habe, vermochte Chapman jedoch nicht zu sagen. Lennon sei für ihn lediglich ein Foto auf einer Plattenhülle gewesen, eine innere Stimme habe ihm aber befohlen: „Do it, do it, do it, do it!"

Vertonte Romane

Einem gängigen Vorurteil zufolge haben die meisten Rockmusiker aus ihrem Hobby einen Beruf gemacht, weil ihnen das Lesen zusammenhängender Sätze schwer fällt und sie sich somit nicht zum Journalisten, Schriftsteller oder Literaturprofessor eignen. Es gibt sicherlich zahlreiche Beispiele, mit denen sich diese abfällige, auf das geringe Niveau vieler Songtexte anspielende These untermauern ließe. Ebenso gibt es aber auch immer wieder Fälle, die das Gegenteil belegen.

Der bekannteste dürfte wohl Lou Reed sein, der an der Syracuse University im US-Bundesstaat New York englische Literatur studierte, bevor er mit dem klassischen Bratschisten John Cale und dem späteren Literaturdozenten Sterling Morrison The Velvet Underground gründete. Reed, sensibel wie Raymond Chandler und unverschämt wie Hubert Selby, wollte mit einfachen Worten Gefühle auslösen und sie dann in Musik umsetzen. Statt wie alle anderen Songwriter nur seine eigenen – begrenzten – Erfahrungen in Songtexten zu verarbeiten, erhob er den Anspruch, Romane in Songs umzumünzen: „Nehmen wir uns *Schuld und Sühne* und machen daraus einen Rocksong."

Ähnlich verfuhren auch die Stuttgarter Gruppe Freundeskreis, die mit „Anna" die Brücke von HipHop zurück zum Dadaisten Kurt Schwitters schlug, und Robert Smith von The Cure, der Ende der Siebzigerjahre die Novelle *Der Fremde* von Albert Camus in „Killing An Arab" umschrieb und damit die Rückkehr der Existenzialisten einläutete. Zu Smith' Leidwesen wurde der Song allerdings immer wieder als antiarabisches Ressentiment missverstanden, sodass er den Titel live gelegentlich in „Killing An Englishman" umbenannte und die US-Plattenfirma Elektra 1987 sogar aufforderte, die Platte mit Stickern zu versehen. Smith wollte so klarstellen, dass The Cure damit keineswegs beabsichtigten, Stimmung gegen Araber zu machen.

Als besonders belesen erwies sich der R.E.M.-Sänger Michael Stipe, dessen Songtexte unter anderem auf William Whartons *Birdy* („King Of Birds"), dem *Tagebuch der Anne Frank* („Harborcoat"), der griechischen Mythologie („Laughing") oder Kinderbüchern („7 Chinese Brothers") basieren. Aber auch Bono Vox benutzt mitunter seinen Kopf nicht nur als Regenschirm. Um sich zu inspirieren, hängte er Beckett-Zitate im Übungsraum auf, und mit seiner Band U2 vertonte er ein Liebesgedicht von Salman Rushdie, „The Ground Beneath Her Feet". Dem von der Fatwa bedrohten Schriftsteller hatte Bono auch Unterschlupf gewährt.

Auf Songtexten der britischen Band Radiohead basiert dagegen ein Theaterstück, das der amerikanische Schauspieler und Regisseur Dean Testerman verfasst hat. Testerman glaubt, Radiohead-Sänger Thom Yorke habe die Texte „unterbewusst" verfasst und, ohne es zu wissen, gewollt, dass sie zusammengehören. Radiohead zeigten sich davon allerdings unbeeindruckt und ließen lediglich verlauten, dass sie sich von dem Projekt „nicht gestört" fühlten.

Warum Noel Gallagher Gedichte liest

Oasis hatten mit „Go Let It Out“ gerade mal wieder einen Nummer-eins-Hit, da bezichtigte der Musikverlag Blue Mountain auch schon ihren Songwriter Noel Gallagher, er habe den Text von „Book Of Rules“ von der jamaikanischen Band The Heptones abgeschrieben; der Rocksteady-Song war bereits 1976 auf dem Soundtrack zum Film *Rockers* erschienen. Zu einem weiteren Plagiatsprozess kam es diesmal jedoch nicht. Gallagher konnte nachweisen, dass er die fraglichen Textpassagen nicht dem Song der Heptones, sondern dem Poem „A Bag Of Tools“ von R. L. Sharpe entnommen hatte. Das Gedicht wurde erstmals 1941 in Großbritannien veröffentlicht, in der Anthologie *Poems That Touch The Heart,* die Gallagher von seiner Mutter geschenkt bekommen hatte – und aus der sich offensichtlich auch die Heptones bedient hatten. Ein Verstoß gegen das Urheberrecht lag ebenfalls nicht vor: Sharpe war 1890 gestorben, sein Werk somit nicht mehr geschützt, sondern Teil des öffentlichen Kulturguts.

Mehr Aufsehen als dieser angebliche Plagiatsfall erregte im Vereinigten Königreich allerdings die Tatsache, dass man im Hause Gallagher überhaupt Gedichte las. Das hatte man den Rock 'n' Roll-Rüpeln nun wirklich nicht zugetraut. Doch auch darauf hatte Gallagher eine passende Antwort. Was könne man einem schon schenken, der bereits alles habe, fragte Gallagher zurück. „Poetry will do just fine.“

Wörterbuch unvergänglicher Zitate

Die Karriere der Spice Girls basierte nicht zuletzt auf ihrem Hit „Wannabe“, der 1996 sieben Wochen lang auf Platz eins der britischen Charts stand und den der konservative Finanzminister Kenneth Clarke sogar in einer Parlamentsrede zitierte. Knapp fünf Jahre und zahlreiche Eskapaden später rangierte der Song, den Tony Blair vor seiner Wahl zum Premierminister noch auf eine einsame Insel mitnehmen wollte, erneut ganz oben. Einer Umfrage des TV-Senders Channel 4 zufolge war „Wannabe“ der meistgehasste Hit, woran auch die kurz zuvor erfolgte Aufnahme in ein Wörterbuch unvergänglicher Zitate des zwanzigsten Jahrhunderts des Penguin-Verlags nichts zu ändern vermochte. Für das Wörterbuch hatte man Zitate ausgewählt, die man als unterhaltsam, faszinierend oder schockierend empfinden konnte.

Die Hollywood-Oma Zsa Zsa Gabor erfüllte gleich alle drei Kriterien. In dem Zitatenschatz findet sich ihr Satz: „Ich habe nie einen Mann genug gehasst, um ihm seine Diamanten zurückzugeben.“

Songs für die Ewigkeit

Für sein Album *Human Touch* fehlte ihm nur noch ein Song, als Bruce Springsteen Anfang 1992 Bob Dylans soeben wiederveröffentlichte Bootleg-Box *Series Of Dreams* hörte. Davon inspiriert, ging er ins Studio, um „Living Proof" aufzunehmen, ein Lied über die Geburt seines Sohnes. Er verließ das Studio jedoch erst wieder zwei Monate später. Statt nur den einen, noch fehlenden Song aufzunehmen, hatte er gleich ein weiteres Dutzend eingespielt, die er unter dem Titel *Lucky Town* zeitgleich mit *Human Touch* veröffentlichte.

Dass sich der Boss nicht an Veröffentlichungstermine hält, ist nicht neu. Springsteen stand seit jeher auf dem Standpunkt, dass es bei einem Album nicht auf einen einmal festgelegten Tag ankomme, da es für die Ewigkeit produziert würde. Mitunter führte er Journalisten, die von ihm wissen wollten, wann denn mit einem neuen Album zu rechnen sei, sogar regelrecht vor. So erzählte er Kurt Loder von MTV America im November 1994, dass er bereits die meisten Songs für ein neues Album zusammenhabe und sie in den ersten vier Monaten des kommenden Jahres veröffentlichen wolle; gleichzeitig gestand er einem europäischen MTV-Kollegen, dass er noch ein paar weitere Songs benötige, bevor an eine Veröffentlichung zu denken sei. Während alle Welt sich darauf einrichtete, frühestens im April 1995 ein neues Springsteen-Album in Händen zu halten, kündigte seine Plattenfirma völlig unerwartet bereits im Januar eine neue CD an. Von einem neuen Album konnte allerdings keine Rede sein – Springsteen veröffentlichte lediglich seine größten Hits noch einmal.

Sex mit den eigenen Eltern

Lou Reed war nur noch zwei Blocks von zuhause entfernt, als er mal wieder einen Song „kristallklar" in seinem Kopf hörte. Weil ihm so etwas ständig passiert, wusste er genau, was zu tun war. Jetzt bloß mit niemandem sprechen, sagte er sich und eilte nachhause. Nur schnell nachhause, wo ein Computer und ein Cassettenrekorder auf ihn warteten. Keinem antworten müssen, darauf kam es nun an. Andernfalls würde ihm der Song, den er gerade so klar und deutlich in seinem Kopf hörte, für immer entfallen.

Gleich am nächsten Tag wollte er die Hasstirade auf den Republikaner-Chef Bob Dole für sein Album *Set The Twilight Reeling* aufnehmen, das im Frühjahr 1996 veröffentlicht wurde. Und weil Dole ihn irgendwie an seinen Vater erinnerte, der ihn in seiner Jugend mit Elektroschocks behandeln ließ, weil er an einer Krankheit namens Rock 'n' Roll litt, nannte er den Song „Sex With Your Parents". Die gar nicht mal so abwegige Vorstellung, Bob Dole könne zum nächsten US-Präsidenten gewählt werden, war für Reed ein absoluter Horror. Wenn er nur daran dachte, dass dieser eifrige Befürworter der Zensur von Rap- und Rocktexten ihn, den mittlerweile Zweiundfünfzigjährigen, kraft seines Amtes bevormunden könnte, kam ihm das so absurd vor, als wenn er Sex mit seinen Eltern hätte.

Gott sei Dank sprach ihn niemand auf dem Weg nachhause an, sonst wäre diese kleine Attacke, die den senilen Senator vollends lächerlich erscheinen ließ, unwiederbringlich futsch gewesen. Und Bill Clinton hätte einen Grund weniger zum Schmunzeln gehabt.

Keine Ahnung, wie das passieren konnte

Für ihren Hit „These Boots Are Made For Walking" sollte Nancy Sinatra 1966 eine Goldene Schallplatte erhalten. Die Sonderpressung wurde jedoch nicht rechtzeitig fertig. Um die Veranstaltung, an der auch der Produzent Phil Spector und der Stones-Bassist Bill Wyman teilnahmen, nicht abblasen zu müssen, überreichte man ihr stattdessen eine Kopie von Dean Martins „Everybody Loves Somebody".

Verschieben musste man dagegen die Veröffentlichung des Debütalbums *A Groovy Place* von The Mike Flowers Pops. Die Plattenfirma London Records hatte zunächst nicht gemerkt, dass auf einigen tausend CDs nicht Mike Flowers, sondern ein unbekanntes Easy-Listening-Orchester zu hören war. Ein Sprecher entschuldigte das Versehen damit, dass „viel von dem Zeug", das Flowers aufgenommen habe, instrumental sei. Erst als Fans anriefen und sich beschwerten, habe man festgestellt, „dass es Mantovani oder so 'n Scheiß ist. Keine Ahnung, wie das passieren konnte."

Damit sich jeder ihren Namen leicht merken könne, nannte sich eine australische Hardrockband AC/DC. Die vier Buchstaben hatte die Schwester von Gitarrist Angus Young auf ihrer Nähmaschine entdeckt. Bei ihrem ersten Konzert wurden sie trotzdem falsch angekündigt – als „AB/CD".

Ein Schicksal, das auch Elvis Presley und den Toten Hosen widerfuhr: In einer Zeitungsanzeige war 1954 zu lesen, dass Ellis Presley bei einer Openairshow in Memphis auftreten werde, und die Toten Hosen wurden 1982 bei ihrem Debütauftritt im Bremer Schlachthof als „die Toten Hasen" annonciert.

Verwirrt aus der Wäsche guckte auch ein gewisser Hans Last, als er ein Exemplar seiner ersten Platte in Händen hielt. Statt Hans stand James auf dem Cover. Die Erklärung der Plattenfirma erschien ihm jedoch einleuchtend: James klänge internationaler.

Richtig Pech hatte dagegen die Band Europe. Vom Millennium-Mix ihres Hits „The Final Countdown" mussten gleich mehrere tausend Exemplare wieder eingestampft werden, weil auf dem Cover ein einziger Buchstabe fehlte. Aus dem „Countdown" war so ein „Cuntdown" geworden.

Nicht so genau nimmt man es mit der Rechtschreibung vor allem dann, wenn es sich um ein so genanntes „neues Produkt“ handelt. So nannte die Vorabpressung der ersten Beatles-Single, „Love Me Do“, als Autor einen „Paul McArtney“. Jethro Tull hießen auf ihrer Debütsingle „Sunshine Day“ plötzlich „Jethro Toe“. Und Judas Priest wunderten sich, dass ihnen einer der Bosse von CBS, ihrem damaligen Label, anlässlich eines Auftritts Blumen schickte – bis sie die beiliegende Grußkarte lasen: „Liebe Judith, auf eine erfolgreiche Show. Wir alle lieben deine Songs!“

KAPITEL 10

The Under Assistant West Coast Promotion Man

Trittbrettfahrer

NACHDEM DIE EAGLES 1976 mit „Hotel California" einen internationalen Hit gelandet hatten, begann schon bald das Rätselraten, welche Herberge damit gemeint war. Das auf dem Cover abgebildete Hotel wurde schnell als das *Beverly Hills* identifiziert, die noble Absteige kam aber nicht infrage, da es im Songtext hieß, das *Hotel California* läge an einem Highway inmitten der Wüste – und nicht am Sunset Boulevard von Los Angeles.

Vierundzwanzig Jahre später behauptete die Tageszeitung *The Wall Street Journal,* das nun zum Verkauf stehende Hotel befinde sich in dem Dorf Todos Santos auf der mexikanischen Halbinsel Baja California. Einheimischen zufolge habe der Eagles-Schlagzeuger Don Henley dort Mitte der Siebziger längere Zeit gelebt und sich zu dem Hit inspirieren lassen. Der frühere Eagles-Manager Irving Azoff bestritt das jedoch vehement: „Kein Mitglied der Eagles hat jemals einen Fuß in das Hotel gesetzt."

Die Idee zu dem Song war dem Gitarristen Don Felder gekommen, als er an einem wunderschönen Julitag in seinem Haus am Strand von Malibu saß, sich des Lebens freute und auf einer zwölfsaitigen Gitarre klampfte. Henley und Glenn Frey gefiel die Idee, Kalifornien als Mikrokosmos der ganzen Welt zu beschreiben, sie bezogen sich aber mit der Zeile „You can check out any time you like, but you can never leave" auf Jackson Brownes erste Frau, die Selbstmord verübt hatte. „Mit anderen Worten: Du kannst auschecken, sterben, aber du wirst immer irgendwo im Kosmos bleiben."

Dass Trittbrettfahrer den Evergreen benutzten, um Kundschaft anzulocken, war den Eagles deshalb ein Gräuel. So verklagten sie im Mai 2000 einen Restaurantbesitzer aus Dallas wegen Verletzung ihres Markenzeichens. Der gewiefte Texaner hatte seinen Grill *Hotel California* genannt, dachte jedoch nicht daran, den Namen zu ändern: „Ich betreibe ein Restaurant und keinen Song."

Auf Umwegen in die Charts

DAS ALBUM HIESS *Play,* doch weder Musikkanäle noch Radiosender wollten es spielen, als es im März 1999 veröffentlicht wurde. Lediglich ein paar Werbefritzen und Filmproduzenten interessierten sich für diese Melange aus Dance-Beats, Ambient-Klängen, Soul- und Gospel-Samples. Doch Richard Melville Hall, genannt Moby, ließ sich davon nicht beirren: „Ich hatte ein Album gemacht, auf das ich stolz bin, und ich wollte, dass die Leute es zu hören bekommen." Also nahm er die Angebote an, die ihm Filmemacher und Werbeagenturen unterbreiteten.

Obwohl er ein erklärter Gegner von Autos ist, waren seine Tracks schon bald in Werbespots für den Nissan Almera („Find My Baby"), den VW Polo („Porcelain") oder den Renault Kangoo („Run On") zu hören. Moby-Songs warben für Schokolade, Bier und Bailey's Irish Cream und wurden in Filmen wie *The Beach* oder *The Next Best Thing* eingesetzt. Letztlich gab es keinen Track mehr auf *Play,* der nicht lizenziert worden war.

„Meine Musik wird für kommerzielle Zwecke benutzt, und ich bekomme Geld dafür", räumte Moby im Interview mit dem *musikexpress* ein. Das sei natürlich ein Ausverkauf, doch ihm sei es dabei vorrangig nicht um Geld gegangen: „Ich will einfach, dass die Leute meine Musik hören."

Das taten sie dann auch, notgedrungen. *Play* kletterte in den Album-Charts stetig nach oben, wurde in einem Dutzend Länder mit Gold- und Platin-Auszeichnungen überhäuft und warf nebenbei auch noch vier Single-Hits ab. Nur einmal lehnte er eine Freigabe für einen Werbespot kategorisch ab. Als die Fertigsuppen-Firma Knorr mit dem Song „Find My Baby" für eine Béarner Fleischsoße werben wollte, legte Moby sein Veto ein. Schließlich sei er überzeugter Veganer, und da wäre es allzu heuchlerisch, wenn er mit seiner Musik für ein Produkt würbe, das lediglich dazu diene, Steaks zu garnieren.

Sound-alikes

ALS DIE GRÖSSTE KLAMOTTENFIRMA der Welt, Levi Strauss, in den Achtzigerjahren begann, mit Songs von Muddy Waters, Rod Stewart oder T. Rex für die „501", die Mutter aller Jeans, zu werben, schnellte ihr Marktanteil schon bald hoch auf satte zwanzig Prozent; allein 1996 verkaufte sie von den Kultjeans fünf Millionen Stück in Deutschland. Nicht immer waren in den Spots und auf den Levi's-Samplern jedoch die Originalinterpreten zu hören. Denn die verlangen, wenn sie noch im Geschäft sind, bisweilen gigantische Summen für ihre Aufnahmen. So kassierten die Rolling Stones von einem Schokoriegel-Hersteller 2,8 Millionen Mark, damit Mick Jagger in der „Snickers"-Werbung „I can't get no satisfaction" singt. Aus Kostengründen besorgte sich die von Levi's mit der „501"-Kampagne beauftragte Agentur deshalb oftmals nur die Verlagsrechte und ließ die Titel von Sound-alikes wie Tony Jackson („Wonderful World"), Erma Franklin (Janis Joplins „Piece Of My Heart") oder Cissy Houston („Be My Baby") preisgünstig neu aufnehmen.

Nachdem die europäische Levi's-Dependance 1993 sechs Monate lang mit dem von Screamin' Jay Hawkins gesungenen Song „Heart Attack And Vine" geworben hatte, wollte der Autor des Songs, Tom Waits, jedoch nicht tatenlos zusehen und verklagte die Jeansfirma. In ganzseitigen Anzeigen musste sich Levi Strauss Europe später scheinheilig entschuldigen: „Wir erhielten die Rechte im guten Glauben und wussten nichts von Mister Waits' Abneigung gegen eine solche Verwendung seiner Kompositionen. Es tut uns leid, dass ‚Heart Attack And Vine' gegen seinen Willen benutzt wurde und ihn in Verlegenheit gebracht hat."

Das englische Musikmagazin *Mojo* fragte daraufhin hämisch, ob die verantwortlichen Werbefuzzis eigentlich in Höhlen leben. Schließlich habe Tom Waits aus seiner Abneigung gegen Werbung nie einen Hehl gemacht. Bereits 1989 hatte er vom amerikanischen Chips-Mogul Frito-Lay 2,4 Millionen Dollar Schadenersatz erstritten, weil der in einem Werbespot für Tortilla-Chips einen Waits-Stimmenimitator auftreten ließ.

Social Marketing

Damit ein Video in den Musikkanälen möglichst oft zu sehen ist, müssen sich die Clip-Produzenten immer wieder etwas Neues einfallen lassen. So ließ die Britpop-Band Primal Scream von Irvine Welsh, dem Autor des Kultfilms *Trainspotting*, ein Drehbuch für ihr „Kowalski"-Video schreiben, in dem das Model Kate Moss die Hauptrolle spielte. Die „übelste Single aller Zeiten" (Primal-Scream-Chef Bobby Gillespie) landete daraufhin auf Platz acht der englischen Hitparade.

Bisweilen gibt aber auch die Wahl des Drehorts den Ausschlag, ob ein Clip in der „Heavy Rotation" eingesetzt wird und den CD-Verkauf ankurbelt oder ob er durch den Raster fällt und alle Investitionen für die Katz waren. So wählten die Scorpions das Monument Valley als Kulisse für ihr Video zum Song „Send Me An Angel", wo der Regisseur John Ford einst Western wie *Fort Apache* gedreht und damit Filmgeschichte geschrieben hatte. Als die Scorpions die Endfassung abnahmen, fragten sie sich allerdings, warum sie die weite Reise nach Arizona eigentlich unternommen hatten. Der Regisseur des Clips hatte nahezu alle Anhaltspunkte, anhand derer man das Monument Valley als Drehort hätte identifizieren können, sorgfältig rausgeschnitten oder gar nicht erst ins Bild gerückt, weil sie ihm wohl als zu klischeehaft erschienen waren. „Das hätten wir auch auf Amrum drehen können", stellten sie enttäuscht fest. Und erheblich billiger wäre das auch gewesen.

Etwas anderes hatten sich auch Modern Talking von Dreharbeiten in Südafrika versprochen. Die Landschaft, die schließlich im Video zum Song „You Are Not Alone" zu sehen war, erinnerte Dieter Bohlen eher an einen Tümpel im Fichtelgebirge als an Afrika. Und dass für den ohnehin teuren Dreh eigens ein farbiges Model aus Frankreich eingeflogen wurde, konnte er überhaupt nicht verstehen: „Als ob es da keine Farbigen gäbe."

Alles andere als einverstanden war auch Herbert Grönemeyer mit einem Clip, der eine Coverversion seines Liedes „Mambo" visualisierte. Unter dem Namen Loona hatte der auf Mallorca lebende DJ Sammy 1999 aus Grönemeyers fünfzehn Jahre altem Song einen unbekümmerten Partyhit gemacht, der sich gerade anschickte, die Charts zu stürmen, als Grönemeyer Einspruch erhob. Das Video zu „Mamboleo“, so die Klatschgazette *Gala,* war „nicht nach seinem Geschmack – zu viele Bikinis, zu anspruchslos“. Grönemeyer sah durch den Clip seinen Song herabgewürdigt und drohte, dem Dance-Projekt Loona die Genehmigung für die Coverversion wieder zu entziehen. Loona blieb daraufhin nichts anderes übrig, als für dreihundertfünfzigtausend Mark ein zweites Video zu drehen – in Schwarzweiß und ohne Strandszenen.

Es war nicht das erste Mal, dass der Deutschrocker ein Video aus dem Verkehr ziehen ließ. Unter dem Motto „Heute die – morgen du!“ waren im Dezember 1992 von Bap bis Westernhagen, von den Scorpions bis zu den Prinzen so ziemlich alle bei einem Konzert gegen Gewalt und Ausländerhass aufgetreten, die in der deutschen Musikszene Rang und Namen hatten. Als die Lufthansa eine Videoaufzeichnung davon jedoch per „Box im typischen Lufthansa-Design“ an Goethe-Institute und deutsche Schulen im Ausland versandte, sorgte Grönemeyer für eine Rückholaktion, wie man sie bis dahin nur aus der Autobranche kannte.

Die Fluggesellschaft hatte mit dem Video, in dem er mit dem Song „Luxus“ zu sehen war, „einen Beitrag für Engagement und Solidarität mit Ausländern“ leisten wollen und die Rechte dafür von der Deutschen Phono-Akademie erworben – die sie aber gar nicht besaß. Angesichts der Brandanschläge auf Ausländerhäuser in Solingen und Mölln hatte man dort „diese Aktion als Eilsache gesehen“ und die auf dem Video vertretenen Künstler „für die idealen Botschafter gehalten“, darüber aber versäumt, ihre Zustimmung einzuholen. Der „heilige Herbert“ *(FAZ)* wollte „Social Marketing und Imagewerbung der Industrie im Zusammenhang mit Aktionen gegen Ausländerfeindlichkeit“ jedoch „nicht mit seinem Namen unterstützen“. Grönemeyer sah nicht ein, dass „Leute so ein wichtiges Thema benutzen, um für sich selber etwas rauszuschlagen“, und untersagte per einstweilige Verfügung eine weitere Verbreitung der Videos.

Die Lufthansa musste daraufhin die Videos zurückrufen, damit sie, „nach Absprache mit den beteiligten Künstlern“ und „auf ihre Kosten“, kurz darauf erneut in alle Welt verschickt werden konnten, diesmal „in neutraler und werbungsfreier Verpackung“.

Antirassismus sei zwar „echt furchtbar wichtig“, schmunzelte damals die *Süddeutsche Zeitung* über Grönemeyers Gewissenskonflikt, „aber nur, wenn niemand gegen das Urheberrechtsgesetz verstößt.“

Eminem lebt!

Die Nachricht, dass Eminem bei einem Autounfall verunglückt sei, wurde im Dezember 2000 per eMail an Nachrichtensender in aller Welt verschickt. Ein Foto zeigte das total demolierte Auto, und der Text las sich wie ein Polizeibericht. Kaum hatten MTV und englische Radiosender den Tod des weißen Rappers verkündet, da dementierte allerdings auch schon sein Management: „Eminem ist am Leben, es geht ihm gut."

Die britische Boulevardzeitung *The Sun* fragte sich daraufhin, ob alles nur ein schlechter Scherz war oder ein Promotion-Gag für Eminems neue Single „Stan". Handelt der Song doch von einem durchgeknallten Fan, der den Sänger Slim Shady alias Eminem bedroht.

Dass man auch nach seinem Tod auf Platz eins der englischen Charts landen kann, zeigte dagegen der Fall Eva Cassidy. Bevor sie 1996 an Hautkrebs starb, war sie lediglich unter Musikern in Washington D. C. bekannt. Zwar hätte sie „ein Telefonbuch singen können", wie Bruce Lundvall von der Plattenfirma Blue Note bezeugte, allerdings fehlte es ihr an einem „musikalischen Profil", weshalb sie zu Lebzeiten auch keinen Plattenvertrag erhielt.

Zwei Jahre nach ihrem Tod veröffentlichte Eva Cassidys Band jedoch ihr zu Ehren das Album *Songbird,* das sich schon bald starker Mundpropaganda erfreute und irgendwie auch nach England gelangte. Dort hörte es der Radio-2-Produzent Paul Walter, der nicht lange zögerte und einen Song daraus, den Klassiker „Somewhere Over The Rainbow", eingebettet zwischen Madonna und den Beatles, in Terry Wogans *Morning Show* auflegen ließ. Die BBC konnte sich daraufhin nicht mehr vor Anfragen retten, und Eva Cassidy führte schon bald posthum die Charts an.

Noch ein Beitrag zum Thema Pop & Politik

Ein siebenundzwanzig Jahre alter Song von Billy Joel hätte Hillary Clinton fast die Show vermasselt, als sie ihre Kandidatur für das Amt der Senatorin des Staates New York bekannt gab. Statt Joels festlichen Hit „New York State Of Mind" zu spielen, hatten ihre Wahlhelfer versehentlich „Captain Jack" aufgelegt, in dem Joel vom Masturbieren und vom Kiffen singt: „Captain Jack will get you high tonight / And take you to our special island."

Für Hillary Clintons Gegenspieler Rudolph Giuliani, den Bürgermeister von New York, war das natürlich ein gefundenes Fressen. Giuliani entnahm dem Fehler die Botschaft „Let's say yes to drugs" und versuchte tags darauf, die First Lady der USA massiv zu diskreditieren. Bevor die sich überhaupt wehren konnte, sprang ihr allerdings schon Billy Joel hilfreich zur Seite. Der Reihenhaus-Rock 'n' Roller bezweifelte, dass Giulianis Fehlinterpretation eines fast dreißig Jahre alten Songs die Wähler beeinflussen könne, wies aber vorsichtshalber darauf hin, dass es sich bei dem inkriminierten „Captain Jack" um einen Anti-Drogen-Song handle. Hillary Clintons Wahlerfolg sollte ihm Recht geben.

Viel Ahnung von Popmusik hatten die Republikaner noch nie. So wurde Ronald Reagan einst von Bruce Springsteen verhöhnt, weil er den Text von „Born In The USA" gründlich missverstanden hatte. Und als Bob Dole in seinen aussichtslosen Kampf gegen Bill Clinton zog, verbat sich Isaac Hayes die Umtaufung seines für Sam & Dave geschriebenen Hits „Soul Man" in den Wahlkampfschlager „Dole Man".

George W. Bush machte da keine Ausnahme, als er im Jahr 2000 für das Amt des US-Präsidenten kandidierte. Jedes Mal, wenn er bei einem Wahlkampfauftritt die Bühne erklomm, erklang aus den Lautsprechern Tom Pettys „I Won't Back Down" – bis der Gore-Sympathisant Petty gerichtlich dagegen vorging. Und auch mit einer „catchy number", die als Ersatz herhalten musste, Gary Glitters „Leader Of The Gang", blamierten sich die Republikaner bis auf die Knochen. War doch Glitter erst kurz zuvor wegen des Besitzes von Kinderpornos zu vier Monaten Gefängnis verurteilt worden.

Werbekampagne für den Tourismus

Sogar an der Copacabana von Rio de Janeiro erstarrte vorübergehend das Leben, als Antônio Carlos Brasileiro de Almeida Jobim, besser bekannt als Tom Jobim, am 8. Dezember 1994 starb. Bürgermeister Cesar Maia ordnete eine dreitägige Staatstrauer an, um des Vaters des Bossa Nova zu gedenken, und die Restaurants und Strandbars waren wie leer gefegt. „Die beste Ehre, die wir ihm erweisen können, ist Respekt“, begründete Alberico Campagna, der Besitzer eines Grill-Restaurants, in dem Jobim häufig verkehrte, den Verzicht auf jeglichen Trubel. „Wir werden hier keine Gedenkveranstaltung inszenieren.“

Zeit seines Lebens war Jobim davon überzeugt, dass man in Rio de Janeiro erst dann glücklich wäre, wenn „alle Einwohner“ im vornehmen Ipanema wohnten, und dass die ganze Stadt singen würde, wenn „die Armen auf den Hügeln“ eine Chance bekämen. Daran änderte sich auch nichts, als die ehemalige Strandschönheit Eloisa „Helo“ Pinheiro, die Jobim 1962 zu seinem größten Hit „Girl From Ipanema“ inspiriert hatte, Rio de Janeiro verließ und nach São Paulo zog.

„Kaum einer“, schrieb Detlef Diederichsen in *Spex,* „beherrschte wie er die Kunst, komplizierte Musik einfach klingen zu lassen.“ Und Astrid Prange konstatierte in der *taz:* „Bis heute gibt es keine gelungenere Werbekampagne für den Tourismus an der Copacabana als Jobims musikalische Liebeserklärung an seine Heimat.“

Schlechte Schnüffler

Pinkerton, DAS ZWEITE ALBUM der amerikanischen Rockband Weezer („Buddy Holly"), war 1996 kaum erschienen, da verklagte die gleichnamige Detektei die Band auf zwei Millionen Dollar Schadenersatz. Die einhundertfünfundvierzig Jahre alte Schnüffler-Agentur sah in dem Albumtitel einen Missbrauch ihres guten Namens und warf der Band vor, sie wolle mit dem Titel den Eindruck erwecken, Pinkerton unterstütze das Album. Vor einem US-Bundesgericht, das die Klage schließlich abwies, führte ein Vertreter der Plattenfirma Geffen Records, bei der Weezer unter Vertrag stehen, dagegen aus, die Namensgebung habe nichts mit der berühmten Detektei zu tun. Mit „Pinkerton" sei vielmehr der Marineoffizier gleichen Namens aus Giacomo Puccinis Oper *Madame Butterfly* gemeint.

KAPITEL 11

Money

(That's What I Want)

Wie der liebe Gott einmal beide Augen zudrückte

DIE MUSIKINDUSTRIE bereitete gerade eine Klage gegen die Internet-Tauschbörse Napster vor, weil sie angeblich das Urheberrecht verletzte, als Rian Malan im Juni 2000 im *Rolling Stone* aufdeckte, wie der Südafrikaner Solomon Linda und seine Erben sechzig Jahre lang um seine Tantiemen geprellt wurden.

Angefangen hatte alles 1938, als Lindas Band The Evening Birds auf einem „Tea Meeting", einer damals in Südafrika beliebten Mischung aus Modenschau und Band-Wettbewerb, von einem Talent-Scout entdeckt wurde und kurz darauf in Eric Gallos Johannesburger Studio den Song „Mbube" (Löwe) aufnahm. Zehn Jahre später hatte die Platte allein in Afrika bereits einhunderttausend Kopien verkauft, und aus Solomon Linda war eine Art Elvis von Soweto geworden, der bis zu seinem Tod 1962 allerdings in Gallos Lager arbeiten musste, weil er alle Rechte an „Mbube" für eine Hand voll Kleingeld an Gallo verkauft hatte.

Ein Exemplar von „Mbube" landete 1951 bei dem Folksänger Pete Seeger, der den Song mit seiner Gruppe, den Weavers, unter dem neuen Titel „Wimoweh" aufnahm. Als Autor wurde ein gewisser Paul Campbell angegeben. Die Platte war kaum in den Charts, da wurden Seeger und die Weavers vor dem Ausschuss für unamerikanische Umtriebe als gottlose Kommunisten denunziert, weil sie „die sexuellen Schwächen der amerikanischen Jugend" ausnutzten. Decca löste daraufhin den Vertrag mit den Weavers auf, und vorbei war's mit Pete Seegers Showbiz-Karriere.

In den folgenden Jahren nahmen Jimmy Dorsey, Yma Sumac und das Kingston Trio das Lied über eine Löwenjagd auf. Den RCA-Produzenten Hugo Peretti und Luigi Creatore war allerdings nicht entgangen, dass es sich bei Paul Campbell um keine reale Person, sondern nur um ein Pseudonym des Musikverlegers Howie Richmond handelte, der auf diese Weise Tantiemen für Songs kassierte, die nicht urheberrechtlich geschützt waren – was damals allgemein üblich war. Peretti und Creatore ließen den Song von George Weiss erneut umschreiben und unter dem Titel „The Lion Sleeps Tonight" von Neil Sedakas alter Band The Tokens aufnehmen, die damit 1961 einen internationalen Nummer-eins-Hit landete.

Sie waren nicht die Einzigen, die damit Erfolg hatten. Während die Familie von Solomon Linda, der 1962 starb, weiterhin in den Slums von Soweto darben musste und weder Geld für Lebensmittel geschweige denn für Schuhe hatte, verdienten sich Richmond, Weiss, Peretti und Creatore goldene Nasen mit jenem Lied, „das sich über mehrere Generationen derart tief in das Bewusstsein der Menschen eingegraben hat, dass es heute praktisch die ganze Welt kennt" (Malan). Miriam Makeba trug es auf John F. Kennedys letzter Geburtstagsparty vor, auf der auch Marilyn Monroe ihr berühmtes Ständchen für „JFK" lispelte: „Happy birthday, Mr. President." Der Kommunist Pete Seeger kreischte es vierzig Jahre lang „am liebsten" und ruinierte sich damit die Stimmbänder so nachhaltig, dass er im Alter kaum noch einen Ton herausbekam. Glen Campbell, Bert Kaempfert, die Tremeloes und Chet Atkins nahmen es ebenso auf wie Brian Eno, R.E.M., Manu Dibango oder They Might Be Giants. Und Drafi Deutscher und Rio Reiser schmetterten voller Inbrunst: „Tief im Dschungel, da ruft die Trommel, der Löwe schläft heut Nacht."

Nachdem das Copyright auf den Song, das Howie Richmond sich einst hatte schützen lassen, 1990 ausgelaufen war, kam es jedoch zum Streit zwischen ihm und George Weiss, der „Mbube" für die Tokens umgeschrieben hatte und nun einen „großzügigen Bonus" verlangte. Vor einem Schiedsgericht, so Malan, zankte „sich nun eine Bande reicher weißer Amerikaner über die Besitzrechte an einer Melodie, die sich ein Afrikaner ausgedacht" hatte.

Weiss, als Präsident der Songwriters Guild of America „ein unermüdlicher Streiter für die Rechte ausgebeuteter Songschreiber" (Malan), behauptete dreist, er habe „The Lion Sleeps Tonight" nicht abgekupfert, und berief sich auf ein Album von Miriam Makeba, auf dem das Lied „Mbube" als „bekanntes Zulu-Lied über eine Löwenjagd" bezeichnet wurde. Richmond hielt dagegen, legte eine vergilbte eidesstattliche Erklärung von Solomon Linda vor, den Song selbst verfasst zu haben, und warf Weiss vor, „die Familie von Mr. Linda um die ihnen zustehenden Tantiemen zu bringen". Das Schiedsgericht mochte seine plötzliche Sinnesänderung allerdings nicht nachvollziehen und sprach Weiss die amerikanisierte Fassung zu, bestimmte aber auch, dass zehn Prozent aller Einnahmen aus den Aufführungsrechten künftig an Solomon Lindas Familie auszuzahlen sind.

Die neue Regelung trat 1992 in Kraft, kurz bevor Disney *The Lion King* in die Kinos brachte und erneut jede Menge Kohle in die Kasse von

George Weiss spülte. „Dieser Song hat etwas Magisches an sich“, gab der daraufhin dankbar zu Protokoll. „Er war schon acht- oder neunmal ein Hit, aber noch nie so erfolgreich wie jetzt. Gott hat es wirklich gut mit mir gemeint.“ Und offensichtlich beide Augen zugedrückt, als der eigentliche Urheber zugunsten von Weiss enteignet wurde.

Dank des beharrlichen Engagements von Rian Malan fielen diesmal sogar ein paar Brocken für Solomon Lindas Familie ab, die nach seinem Tod in einem Haus ohne Dach lebte, kein Geld für Arztbesuche hatte und sogar auf Totenrituale nach Zulu-Art verzichten musste, weil sie den Medizinmann nicht bezahlen konnte. Verglichen mit den fünfzehn Millionen Dollar, die ihr eigentlich zugestanden hätten, war das allerdings kaum mehr als ein Tropfen auf den heißen Stein. Und da regt sich die Musikindustrie über Fans auf, die sich Musik via Napster kostenlos besorgen und damit gegen das Urheberrecht verstoßen?

Beatles for Sale

Bob Dylans handgeschriebener Text von „Blowin' In The Wind" wurde 1995 vom New-Yorker Auktionshaus Sotheby's für 8625 Dollar versteigert. Doppelt so viel musste ein Fan für John Lennons Originaltext von „Because" hinblättern, und ein mit seinen Anmerkungen versehener Text von „Whatever Gets You Through The Night" erzielte beim Auktionshaus Christie's knapp neunundzwanzigtausend Dollar. Doch das sind Peanuts im Vergleich zu Zetteln, auf denen Paul McCartney seine Songs notiert hat. Für eines seiner Notizbücher, das den handschriftlichen Originaltext von „Hey Jude" enthält, blätterte ein Geschäftsmann aus dem nordenglischen Lancashire zweihundertvierundachtzigtausend Mark hin – um es seiner Tochter zu schenken, die in einer Soapopera ein Mädchen namens Jude spielte. Und McCartneys auf einen Programmzettel des Londoner Klubs *Roundhouse* gekritzelter Text zu „Getting Better" wurde gar für sagenhafte vierhunderttausend Mark von einem anonymen Fan per Telefon ersteigert.

Dem als geizig geltenden McCartney geht dieser „lächerliche Souvenirmarkt" allerdings zutiefst gegen den Strich. Als Sotheby's und Bonham 1997 Niederschriften von „With A Little Help From My Friends" und „Penny Lane" für einhundertsechzig- beziehungsweise einhundertfünfunddreißigtausend Mark annoncierten, ließ er die Versteigerung seiner Schmierzettel per einstweilige Verfügung verbieten. Die Witwe des ehemaligen Beatles-Managers Mal Evans, die sich vom Verkauf eine Aufbesserung ihrer Rente erhofft hatte, forderte er auf, das Dokument zurückzugeben, da Evans den Text von „With A Little Help From My Friends" als Angestellter der Beatles treuhänderisch aufbewahrt habe. Der Songtext von „Penny Lane" musste aus der simultan in London und Tokio veranstalteten Auktion gestrichen werden, weil der Anbieter nicht zum Verkauf berechtigt war.

Die Versteigerung des Auktionshauses Bonham stand unter dem Motto „Beatles for Sale" und offerierte unter anderem einen Mercedes-Benz 600 Pullman, den man eigens für John Lennon gebaut hatte, einen Steinway-Flügel, auf dem Lennon „Imagine" komponiert hatte, die Plattensammlung des ersten Beatles-Managers Brian Epstein – und Ringo Starrs Geburtshaus.

Tanz den Ostrich

Lou Reed arbeitete als Songwriter für die Plattenfirma Pickwick International, als er 1965 erstmals John Cale begegnete, mit dem er später Velvet Underground gründete. Eingepfercht in einem winzigen Raum, den er sich auch noch mit drei Kollegen teilen musste, schrieb Reed zur Zeit ihres ersten Treffens für fünfundzwanzig Dollar die Woche Pop-Songs auf Bestellung. Inspiriert von einem Zeitungsbericht, demzufolge Straußenfedern der letzte Schrei in der Mode seien, und unter dem Einfluss von Drogen hatte er Anfang des Jahres „The Ostrich" komponiert, einen Song über einen neuen Sommertanz, bei dem der Tänzer seinen Kopf auf den Boden legen und dessen Tanzpartner nach ihm treten muss. Obwohl Reeds Sarkasmus nicht zu überhören war, veröffentlichte Pickwick den Song auf einer Single unter dem fiktiven Namen The Primitives.

Die Platte war kaum erschienen, als auch schon eine TV-Dance-Show bei Pickwick anfragte, ob die Band den Tanz nicht einmal vorführen könne. In aller Eile wurde um Lou Reed herum eine Gruppe formiert, zu der auch der Avantgardemusiker John Cale gehörte, den man auf einer Party wegen seines exzentrischen Aussehens rekrutiert hatte. Ohne auch nur einmal geprobt zu haben, gaben The Primitives ihr Debütkonzert in einer Highschool im Lehigh Valley, Pennsylvania, wo sie von kreischenden Kids empfangen wurden, als wären sie die Beatles. Nachdem sie ihren einzigen Song vorgestellt hatten, äußerte sich der DJ, der auch die Veranstaltung moderierte, ebenso besorgt wie ahnungsvoll: „Die Jungs haben ja wirklich was Irres! Ich hoffe, es ist nicht ansteckend!"

Der Klang des Geldes

„Singt etwas, das ihr euch zu singen schämt“, forderte Calvin Carter die fünf durchgefrorenen Typen auf, die an einem eiskalten Wintertag 1958 einfach bei der Plattenfirma Vee-Jay Records, für die Carter als Produzent arbeitete, reingeschneit waren. Eigentlich hatten sie ja eine Verabredung bei Chess Records gleich gegenüber gehabt, nachdem sie dort aber eine Zeit lang vor verschlossenen Türen im Schnee ausgeharrt hatten, waren sie eben zu ihm rübergekommen.

Carter wollte von den Impressions, wie sich die Gruppe um Curtis Mayfield nannte, etwas hören, was ihn an den Klang von Geld erinnerte, und so sangen sie schließlich eine Ballade, die „For Your Precious Love“ hieß. Die damals ungewöhnliche Verbindung von Gospel und Rhythm & Blues faszinierte Carter, und er nahm die Gruppe unter Vertrag, bevor die es sich noch einmal anders überlegen konnte. Als die Single „For Your Precious Love“ wenig später auf Vee-Jay erschien, verkaufte sie neunhunderttausend Kopien.

Junges Fleisch und alte Säcke

Als die deutsche Musikindustrie Anfang März 1997 im Hamburger Congress Centrum ihre kommerziell erfolgreichsten Künstler mit dem Schallplattenpreis Echo krönte, warfen sich sogar Leute dafür in Schale und rasierten sich die Dreitagebärte, die sich das Jahr über in Turnschuhen, Jeans und Lederjacke in ihren Büros lümmeln. Denn die Verleihung des „über alle Grenzen hinaus" anerkannten Preises gilt als „glanzvoller Abschluss eines jeden Geschäftsjahrs der deutschen Musikwirtschaft" und soll die deutsche Popmusik „kulturell etablieren".

Vor allem die „Würdigung des Lebenswerks eines deutschsprachigen Künstlers" geriet jedoch immer wieder zur peinlichen Farce. Nach Udo Lindenberg und Reinhard Mey, Udo Jürgens, James Last und Klaus Doldinger wäre 1997 eigentlich nur einer für diesen „Lifetime Award" infrage gekommen: Rio Reiser. Vor dem im August 1996 gestorbenen „König von Deutschland" haben schließlich so ziemlich alle Kollegen, von den Einstürzenden Neubauten bis Marianne Rosenberg, von Udo Lindenberg bis Herbert Grönemeyer, ihren Hut gezogen.

Statt Rio Reiser posthum mit einem Echo zu ehren, zeichnete man jedoch ausgerechnet Frank Farian damit aus, der 1990 in einen handfesten Skandal verwickelt war, als mit seiner tatkräftigen Hilfe herauskam, dass das von ihm produzierte Duo Milli Vanilli seine Hits nicht selbst gesungen, sondern lediglich die Lippen synchron zum Gesang anderer bewegt hatte. Teenager in aller Welt fühlten sich damals betrogen, und Milli Vanilli mussten schließlich den Grammy, das renommierte amerikanische Pendant zum Echo, zurückgeben. Rob Pilatus unternahm später einen Selbstmordversuch, wurde verhaftet, als er unter Drogeneinfluss in Los Angeles ein Auto knackte, und starb schließlich im April 1998 nach einem Kreislaufkollaps, hervorgerufen durch eine Mixtur aus Alkohol und Tabletten, die ihm den Drogenentzug erleichtern sollten. Womit er Farian, der ihn einst ans Messer geliefert hatte, sich von den wiedervereinigten Milli Vanilli nun aber das „Comeback des Jahres" versprach, ein weiteres Mal einen Strich durch die Rechnung machte.

Warum die Wahl der Echo-Jury 1997 auf Farian fiel, wurde kurz darauf klar, als durchsickerte, dass auch Blümchen, die eben erst mit einem

Echo ausgezeichnete „nationale Künstlerin des Jahres", ihren Hit „Herz an Herz" nicht selbst gesungen habe. Offensichtlich denkt die gesamte Branche so wie Farian, der bereits 1989 erkannt hatte: „Teenager wollen Idole, mit denen sie sich identifizieren können. Also brauche ich junges Fleisch und keine alten Säcke."

Nicht allzu viel Wert misst dagegen der Liedermacher Reinhard Mey dem „Echo" bei. Als er 1999 für die Kategorie „Künstler des Jahres aus dem deutschsprachigen Schlagerbereich" nominiert wurde, bat er die Deutsche Phono-Akademie, seinen Namen aus der Liste der Nominierten zu streichen, weil der deutsche Schlager „ewig gestrig" sei und internationalen Trends hinterherhinke. Laut Mey sei die „peinliche Anspruchslosigkeit" dafür verantwortlich, „dass die deutsche Unterhaltungsmusik im Ausland – wenn überhaupt – nur mit Spott und mitleidigem Lächeln" bedacht werde.

Ein deutsches Missverständnis

Als das Duo Dicke Lippe 1978 auf seiner LP *Jagdfieber* das Bruttosozialprodukt besang und sich über Arbeitswütige lustig machte, die noch im hohen Alter Sonderschichten einlegen oder sich auch dann noch reinknien, wenn man ihnen bereits beide Beine amputiert hat, wollte das kaum jemand hören. Die Platte, damals beim linken Trikont-Label erschienen, lag wie Blei in den Regalen. Fünf Jahre später, der Texter und Sänger Friedel Geratsch hatte inzwischen die Band Geier Sturzflug gegründet, wurde der Song von der Plattenfirma BMG Ariola erneut veröffentlicht – und schoss wie eine Rakete auf Platz eins der Charts in Deutschland, Österreich und der Schweiz.

Plötzlich wollten alle in die Hände spucken und das Bruttosozialprodukt steigern. Die Band wurde in so ziemlich jede Fernsehshow eingeladen, die es damals gab, und mit der „Goldenen Europa" für den „Gassenhauer des Jahres" ausgezeichnet, eckte mitunter aber auch an. So ersetzte sie den Text ihres Hits „Bruttosozialprodukt" für einen Auftritt in der *ZDF-Hitparade* durch eine Fassung, die Geratsch stets bei Konzerten sang: Statt „und am Mittwoch kommt die Müllabfuhr und holt den ganzen Plunder" holten sich die Müllmänner nun „einen runter".

Die gezielte Provokation stach jedoch ins Leere, der lakonische Text wurde weiterhin als Wendeschlager missverstanden, der den von Helmut Kohl versprochenen wirtschaftlichen Aufschwung propagiere. Und Geier Sturzflug lösten sich, nachdem sie noch eine Zeit lang auf Schützenfesten in die Hände gespuckt hatten, 1986 auf.

Fünfzehn Jahre später tauchte der NDW-Evergreen jedoch erneut auf – im Internet. Professor Michael Smitka von der Washington and Lee University in Lexington diente der Text als Unterrichtsmaterial in einem Kurs über „Principles of Macroeconomics", weshalb er eine amerikanische Übersetzung auf seiner Homepage veröffentlichte. Die mittlerweile reformierte, aber zum Duo geschrumpfte Band sah sich daraufhin bereits durch amerikanische Universitäten tingeln und schlussfolgerte: „Endlich erklärt sich auch der Aufschwung des US-Dollars in der letzten Zeit – they increase the Gross National Product!"

Ein gutes Lied hält viel aus

Für die *New York Times* war der Text so „rätselhaft wie ein gutes Kreuzworträtsel", und wenn der Songwriter Don McLean gefragt wurde, was „American Pie" denn bedeute, antwortete er stets: „Es bedeutet, dass ich nie mehr arbeiten muss."

„American Pie" war zwar nicht sein einziger Hit, aber sein bekanntester, und bis Madonna mit einer Coverversion davon im Sommer 2000 weltweit die Hitparaden anführte, hatte er damit bereits zwanzig Millionen Dollar verdient. Denn McLean hatte 1972 nicht nur in kluger Voraussicht die Verlagsrechte an dem Song behalten, der den Tag des Flugzeugabsturzes von Buddy Holly, Ritchie Valens und The Big Bopper als „the day the music died" beschrieb – er hatte 1991 auch noch Titel und Textphrasen als Markenzeichen schützen lassen und jedes Mal die Hand aufgehalten, wenn eine Film- oder Puddingfirma den Titel für ihre Produkte benutzte.

Als Madonna dem Abgesang auf die Sechzigerjahre zu Beginn des dritten Jahrtausends zu neuem Ansehen verhalf, war McLean denn auch „mehr als zufrieden". Ihn störte es nicht, dass sie seinen Song um vier Minuten gekürzt und ganze Strophen weggelassen hatte – im Gegenteil: „Ein gutes Lied hält viel aus." Wer die fehlenden Verse hören möchte, so McLean, könne sich ja „mein Original anschaffen".

Faulheit schützt vor Strafe nicht

Mit nicht gerade unerheblichen Tantiemen-Rückzahlungen müssen die Rolling Stones rechnen, nachdem ihre frühere Plattenfirma, ABKCO Music, im Jahr 2000 einen Prozess in den Vereinigten Staaten verloren hat, der klären sollte, wer die Rechte an zwei Werken des Bluesmusikers Robert Johnson besitzt.

Die Stones hatten in den späten Sechzigern und frühen Siebzigern die Songs „Love In Vain" und „Stop Breakin' Down" aufgenommen – im guten Glauben, dass das Copyright an beiden Kompositionen abgelaufen sei. Dieser Auffassung mochte sich das US-Berufungsgericht allerdings nicht anschließen und wies den Fall zur erneuten Anhörung an das Bezirksgericht von Los Angeles zurück. Sollten die Stones den Prozess auch in letzter Instanz verlieren, dürfte das nicht nur für sie Konsequenzen haben. Auch Eric Clapton und Led Zeppelin, die ebenfalls Songs von Robert Johnson nachgespielt haben, müssten dann das Scheckheft zücken und bereits erhaltene Tantiemen zurückzahlen.

Allein von den Stones würde Claud Johnson, dessen Mutter 1931 angeblich eine Affäre mit dem legendären Bluesgitarristen hatte, eine Million Dollar erhalten. Der pensionierte Lkw-Fahrer war erst 1998 als rechtmäßiger Erbe anerkannt worden, nachdem eine Jugendfreundin seiner Mutter ausgesagt hatte, sie habe das Pärchen seinerzeit beim Sex beobachtet. Auf eine DNA-Analyse, die zweifelsfrei hätte klären können, ob Claud auch wirklich Robert Johnsons Sohn ist, musste man damals verzichten, weil die genaue Lage seines Grabes bis heute nicht bekannt ist.

Dass Led Zeppelin es mit dem Urheberrecht nicht immer so genau nahmen, ist spätestens seit 1985 bekannt, als Willie Dixon sie verklagte, weil sie ihren größten Hit, „Whole Lotta Love", von seinem Song „You Need Love" abgekupfert hätten. Gitarrist Jimmy Page bestätigte das 1993 in einem Interview mit der Zeitschrift *Guitar World,* als er Robert Plant vorwarf, für diesen Schlamassel allein verantwortlich zu sein. Plant sollte seinerzeit die Texte umschreiben, hatte das aber aus purer Nachlässigkeit versäumt.

Star Wars

Dass sie gleich zweimal für ein- und denselben Diebstahl büßen sollten, damit hatten Robbie Williams und Guy Chambers wohl kaum gerechnet, als sie einen von vier Versen aus Loudon Wainwrights Song „I Am The Way" ihrem Albumtrack „Jesus In A Camper Van" einverleibten. Erst wurden sie im Namen von Loudon Wainwright III wegen „erheblicher Verletzung" des Urheberrechts verklagt und dann auch noch im Namen von Woody Guthrie, dessen Lied „New York Town" Wainwright 1973 in parodistischer Absicht geplündert hatte. Geklagt hatte in beiden Fällen der New-Yorker Musikverlag Ludlow Music, der praktischerweise sowohl Loudon Wainwright III als auch Woody Guthrie vertrat und fünfzig Prozent aller Einnahmen verlangte.

Dumm aus der Wäsche guckte auch Neneh Cherry, die 1992 für einen Song ihres Albums *Homebrew* gleich drei verschiedene Samples verwendet hatte, ohne sich um die Rechte zu kümmern. Neneh Cherry wurde daraufhin von drei Rechteinhabern verklagt, die jeweils fünfzig Prozent der anfallenden Tantiemen verlangten – insgesamt also hundertfünfzig Prozent.

Teuer wurde es ebenfalls für die Band The Donuts, deren Single „Whatever Happened To The 80s" wieder eingestampft werden musste, weil David Bowie es ihnen untersagte, dafür Samples seines Songs „China Girl" zu verwenden. Zehntausend Exemplare der Donuts-Single waren da allerdings schon ausgeliefert – und werden nun möglicherweise zu begehrten Sammlerstücken.

Weder um Melodien noch um Texte ging es dagegen bei einem Urheberrechtsstreit zwischen Dr. Dre und der Firma Lucasfilm des Regisseurs George Lucas. Der Rapper hatte beizeiten um die Erlaubnis gebeten, den Klang des von Lucasfilm entwickelten Kino-Soundsystems THX im Auftakt seines Albums *2001* verwenden zu dürfen, war aber abschlägig beschieden worden. Also nahm er die entsprechende Stelle neu auf – und wurde prompt auf Schadenersatz verklagt. Gerichtsintern wurde der Streit nach einem Film von George Lucas benannt: *Star Wars*.

Telefon-Sex

Einer der allerersten Rock 'n' Roll-Songs überhaupt war „Rocket 88", den Ike Turner & His Kings Of Rhythm 1951 im Sun Studio in Memphis aufnahmen, lange bevor Elvis dort seiner Mama ein Ständchen zum Geburtstag sang. Geschrieben hat ihn Ike Turner, offiziell wurde jedoch sein Sänger Jackie Brenston als Komponist angegeben. Turner wollte so angeblich verhindern, dass anfallende Tantiemen gepfändet würden. Dumm gelaufen – Brenston trennte sich schon bald von Turner und konnte sich später nicht mehr so recht an den Deal erinnern.

Aus ähnlichen Gründen meldete Ike Turner wohl auch den Song „Nutbush City Limits" auf den Namen seiner Frau Tina an, die nur den Text verfasst, nicht aber die Musik geschrieben hatte. Als die sich dann aber von ihm scheiden ließ, guckte Ike Turner erneut in die Röhre. Um doch noch Kapital aus der gescheiterten Ehe zu schlagen, plauderte er 1994 für zwei Dollar pro Minute unter der Telefonnummer 1-900-990-IKE1 allerlei Intimitäten aus.

O Fortuna

„Was hat das noch mit meinem Original zu tun?“, fragte sich der Komponist Steve Reich, als er Andrea Parkers House-Remix seines Stücks „The Four Sections“ hörte. Der Pionier der Minimalmusik zählt schon lange nicht mehr die Platten wie „Little Fluffy Clouds“ von The Orb, auf denen Samples seiner Musik ertönen, hat aber stets darauf verzichtet, die Nutznießer seiner Kompositionen juristisch zu verfolgen.

Weniger großzügig zeigte sich dagegen der ehemalige Stones-Manager Andrew Loog Oldham. Er verlangte von The Verve gleich eine Million Pfund, weil die Gruppe für ihre „Bitter Sweet Symphony“ Ausschnitte aus einer Orchesterversion des Stones-Hits „The Last Time“ benutzt hatte. Und auch der Publisher Beechwood Music machte kurzen Prozess, als das Label One Little Indian es versäumt hatte, für ein neunzig Sekunden langes Telefongeräusch, das in Björks Song „Possibly Maybe“ zu hören war, die Genehmigung des Musikverlags einzuholen. Das Label musste 1,2 Millionen Exemplare des Björk-Albums *Post* aus britischen Plattenläden zurückrufen und es neu auflegen, diesmal ohne das teure Sample des Techno-Künstlers Scanner. Richtig teuer wurde es auch für die Plattenfirma Sony Music, dass sie sich nicht um die Rechte eines Samples gekümmert hatte, das der Rapper Nas im Verbund mit Puff Daddy für seinen Hit „Hate Me Now“ verwendete. Der Videoclip dazu lief bereits auf MTV, und das Album mit „Hate Me Now“ hatte bereits drei Millionen Kopien verkauft, als ein Anwalt des Mainzer Musikverlags Schott im Auftrag der Erbengemeinschaft Carl Orffs eine einstweilige Verfügung gegen Sony Music erwirkte. Die Erbengemeinschaft fand es überhaupt nicht lustig, dass Puff Daddy sich zum Klang des „O Fortuna“-Chors aus Orffs *Carmina Burana* ans Kreuz nageln ließ, und sah das Urheberrecht verletzt. Zuvor hatten Orffs Erben bereits dem Boxer Henry Maske untersagt, das Stück bei seinem Marsch in die Arenen zu verwenden, weil es nicht in Zusammenhang mit Gewalt abgespielt werden dürfe. Dabei stammt „O Fortuna“ zur Hälfte gar nicht von Carl Orff, sondern aus einer handschriftlichen Sammlung von Trinkliedern des dreizehnten Jahrhunderts, die Orff in den Dreißigerjahren im Kloster Benediktbeuren entdeckt und anschließend vertont hat.

John Entwistles schnellster Song

Die finanzielle Situation der Maximum-R & B-Band The Who war ziemlich desolat, als 1966 ihr zweites Album fällig war. Mit der Plattenfirma hatten sie einen Vorschuss in Höhe von fünfhundert Pfund ausgehandelt, der jedoch erst ausgezahlt werden sollte, wenn jedes Bandmitglied zwei Songs abgeliefert hatte. Nachdem sie John Entwistles „Whisky Man" geübt hatten, erkundigte sich Pete Townshend bei seinem Bassisten, ob er seinen zweiten Song auch schon fertig habe. Um nicht als faul zu erscheinen, nickte Entwistle zustimmend, der allerdings lieber mit Bill Wyman und Charlie Watts um die Häuser gezogen war, statt im stillen Kämmerlein zu komponieren. Townshend wollte Näheres wissen: „Wovon handelt er?" Von einer Spinne. „Wie heißt er?" Entwistle wand sich schuldbewusst und druckste rum. Als er mit Bill und Charlie zechen war, hatten sie, schon reichlich angeheitert, spaßeshalber blöde Tiernamen ersonnen, und so stammelte er schließlich: „Oh, äh, ‚Boris The Spider'." Als Townshend dann auch noch wissen wollte, wie der Song geht, geriet Entwistle in Panik. Er eilte nachhause und schrieb das Ding in einem Rutsch. „Es war der schnellste Song, den ich je in meinem Leben geschrieben habe."

Clevere Bürschchen

Besonders clever kam sich wohl die Band Negativland vor, als sie eine EP unter dem Titel *U2* veröffentlichte. Neben einer Coverversion des U2-Hits „I Still Haven't Found What I'm Looking For" enthielt die Platte auch eine Aufnahme des amerikanischen Moderators Casey Kasem, in der er seine Mitarbeiter verspottete, weil die erwartet hatten, er würde etwas über „eine Band aus England" verlesen, die niemanden interessiere.

Obwohl der U2-Sänger Bono Vox seine Plattenfirma Island Records bat, die cleveren Bürschchen nicht zu verklagen, zog Island vor Gericht. Negativland mussten die Gerichtskosten tragen und daraufhin Konkurs anmelden. Zu allem Überfluss wurden sie auch noch von Kasem verklagt, weil sie ihn nicht um eine Freigabe besagten Mitschnitts gebeten hatten.

Eintagsfliege

Wohl jeder Musiker träumt zumindest heimlich davon, einmal auf Platz eins der Charts zu stehen. Nur Phillip Boa nicht. 1989 vereinbarte er mit der Plattenfirma Polydor, dass seine Single „Container Love“ sofort vom Markt genommen wird, sobald sie die Top Forty der deutschen Hitparade erreicht.

Eine ebenso abwegige Promotion-Idee hatte auch die schottische Band Teenage Fanclub. Um auf sich aufmerksam zu machen, verkündete sie, dass am 9. Oktober 1990 die einseitig bespielte Single „The Ballad Of John And Yoko“ veröffentlicht, bereits einen Tag später aber wieder aus dem Katalog gestrichen werde.

Geradezu rührend nimmt sich dagegen der Versuch von Mark E. Smith aus, an sich zu erinnern. Nachdem die Plattenfirma Jet Records seine Band The Fall 1997 vor die Tür gesetzt hatte, wollte Smith das nächste Album aus eigener Tasche finanzieren. Mit den Produzenten Spectre und Dose ging er ins Studio, die Aufnahmen wurden allerdings bereits nach einer Woche abgebrochen, weil man sich finanziell nicht einigen konnte. Smith schrieb daraufhin dem *New Musical Express* einen Brief, in dem er der Redaktion mitteilte, dass er soeben die Single „Inch“ aufgenommen habe, sie aber wahrscheinlich nie veröffentlichen könne.

Hoch die internationale Solidarität!

Mitte der Achtzigerjahre kursierten unter Grateful-Dead-Fans Unterschriftenlisten, die der Band um Jerry Garcia vorgelegt werden sollten. Die Deadheads setzten sich mit ihrer Unterschrift jedoch keineswegs für den Frieden in der Welt, die Abschaltung aller Atomkraftwerke oder die Legalisierung von Marihuana ein. Sie wollten Grateful Dead lediglich dazu bewegen, den Song „Cosmic Charlie“ endlich wieder live zu spielen.

Ein eher profanes Anliegen trieb Anfang 2001 auch englische Fans von Kylie Minogue auf die Straße. Sie demonstrierten dafür, dass Kylies Plattenfirma EMI deren Song „Your Disco Needs You“ vom Album *Light Years* als Single veröffentlichte.

Wichtigeres im Sinn hatte dagegen Courtney Love, als sie im Mai 2000 auf der Digital Hollywood Online Entertainment Conference einen Vortrag hielt, in dem sie der Musikindustrie den Krieg erklärte. Love rechnete mit Plattenfirmen ab, die dermaßen „teuflische Verträge“ mit Künstlern geschlossen hätten, dass beispielsweise Toni Braxton oder TLC Bankrott anmelden mussten, weil sie noch nicht einmal mit zwei Prozent an den Einnahmen ihrer Plattenverkäufe beteiligt wurden. Im Fall von TLC waren das insgesamt immerhin einhundertfünfundsiebzig Millionen Dollar.

In ihrem Referat berichtete Love aber auch über eine bereits erfolgte Ergänzungsänderung des amerikanischen Urheberrechts, die der Berater in Kongress-Angelegenheiten Mitch Glazier für die Recording Industry Association of America (RIAA) durchgedrückt hatte, nachdem die Anhörung bereits gelaufen war. Bis dahin wurden Tonaufnahmen keineswegs als „work for hire“ verstanden, als Lohnarbeit, und die Rechte an den Songs fielen nach fünfunddreißig Jahren an die Künstler oder deren Erben zurück. Damit war es nun, nachdem das Gesetz dem Präsidenten bereits unterschriftsreif vorlag, jedoch vorbei. Künftig bleiben die Rechte im Besitz der Plattenfirma, die sie nach Belieben verhökern kann. Das Schreiben eines Songs wie „Hey Jude“ von den Beatles, so Love, sei damit nichts Besonderes mehr, sondern rechtlich gleichbedeutend mit der Übersetzung eines Romans, dem Verfassen eines Standardtests oder der Erstellung einer Landkarte.

Drei Monate, nachdem die Gesetzesänderung den Kongress passiert hatte, verbesserte sich Mitch Glaziers Einkommen gewaltig, als er zum Top-Lobbyisten der RIAA mit deutlich höheren Bezügen avancierte. Was für Courtney Love ein Grund mehr war, nicht länger mit einer Major Company zusammenzuarbeiten. Die streitlustige Witwe des Nirvana-Sängers Kurt Cobain prangerte die ungerechte Verteilung des Gewinns zwischen Plattenfirmen und Künstlern an und rief ihre Kollegen auf, dagegen zu revoltieren; angeblich wollten sich ihr U2, R.E.M. und Prince anschließen. Und statt mit ihrer Gruppe Hole ein längst überfälliges Album für die Plattenfirma Universal aufzunehmen, gründete sie kurzerhand eine neue Band: Bastard.

Verhinderter Weltstar

Der Kiez von St. Pauli war 1952 noch „so ungefährlich, dass man nachts seine Kinder die Reeperbahn rauf und runter schicken konnte“, wie sich der Schlagerkomponist Ernst Bader später erinnerte, als einer Polizeistreife ein Mann in Cowboystiefeln auffiel. Sie brachte den „abgerissen“ aussehenden Mann auf die Davidwache, ließ ihn aber schon bald wieder laufen, weil er sich als Franz Eugen Helmuth Manfred Nidl-Petz aus Niederfladnitz in Österreich aus- und ein Engagement in der *Washington Bar* vorweisen konnte, wo er Gitarre spielte und Seemannslieder sang. Vier Jahre später, Nidl-Petz nannte sich inzwischen Freddy Quinn, nahm er den von Bader nach der Melodie eines Countrysongs geschriebenen Schlager „Heimweh“ auf – und wurde bundesweit berühmt. Die Platte verkaufte mehr als sieben Millionen Kopien und ist bis heute die erfolgreichste deutsche Single aller Zeiten.

Neun Jahre später hätte Freddy Quinn sogar weltberühmt werden können – wenn ihm seine Plattenfirma Polydor nicht einen Strich durch die Rechnung gemacht hätte: Im fernen Miami hatte Freddy 1965 für Kapp Records den Song „Spanish Eyes“ aufgenommen, den Bert Kaempfert für ihn geschrieben hatte, der damals bei Decca unter Vertrag stand. Kurz darauf wurde Freddy in die *Johnny Carson Show* eingeladen, und „Spanish Eyes“ stieg auf Platz acht der US-Charts, doch da drohten plötzlich sowohl Decca als auch Polydor, die eine Veröffentlichung zuvor abgelehnt hatten, Kaempfert und Quinn zu verklagen. Die Single musste wohl oder übel wieder vom Markt genommen werden.

Drei Monate später hörte Al Martino zufällig den Song, nahm ihn, inklusive zweier textlicher Fehler, auf und landete damit einen Welthit. Freddy hingegen blieb seiner Plattenfirma, die befürchtet hatte, dass er ihr weglaufe, wenn er international erfolgreich sei, achtundzwanzig Jahre lang treu und machte Karriere als „Junge von St. Pauli“, der sang, was von ihm verlangt wurde – sentimentale Seemannsschnulzen wie „Junge, komm bald wieder“ oder „idiotische“ Songs (Quinn) wie „Wir“, mit dem er langhaarige Jugendliche zur Ordnung rufen sollte. Gekränkt habe ihn all das nicht, behauptete Freddy 1999 im *Zeit*-Interview mit Christian Ankowitsch, aber mächtig geärgert – „dass Polydor so blöd war“.

Machst du Witze?

Zwei Tage vor Thanksgiving, am 27. November 1968, war Frank Zappa zu Gast bei KPPC, einem kleinen Radiosender in Pasadena, um sein demnächst erscheinendes Album *Cruisin' With Ruben & The Jets* vorzustellen. Im Verlauf des dreißig Jahre später im *Mojo*-Magazin nachgedruckten Gesprächs mit dem Diskjockey Les Carter kam die Rede auch auf den von Zappa komponierten Song „Grunian Run“, der als B-Seite auf Paul Buffs Single „Tijuana Surf“ erschienen war.

Die Single verkaufte in Fresno ungefähr achttausend Kopien, floppte aber in anderen Teilen der USA. Wenig später in Mexiko veröffentlicht, hielt sie sich jedoch siebzehn Wochen lang auf Platz eins der Hitparade.

Als Les Carter ihn fragte, ob er dafür entlohnt worden sei, antwortete Zappa belustigt: „Machst du Witze?“ Und plauderte aus, dass er für den Penguins-Hit „Memories Of El Monte“, den er gemeinsam mit Ray Collins komponiert hatte, von der BMI, dem amerikanischen Pendant zur GEMA, gerade mal siebenundzwanzig Cent erhalten habe.

Kampf dem Rassismus

Als Eric Kronfeld, damals noch Präsident der amerikanischen Polygram-Filiale, 1997 verkündete, es sei nahezu unmöglich, einen Schwarzen ohne Vorstrafenregister einzustellen, fühlte sich der Rapper Tricky von ihm diskriminiert. Wütend nahm er daraufhin den Song „Divine Comedy" auf, in dem er seinen obersten Arbeitgeber beschimpfte: „Fuck you niggers – Polygram!"

Obwohl der Song an ausgewählte Journalisten verschickt wurde, erschien er dann allerdings doch nicht auf dem Tricky-Album *Angels With Dirty Faces,* sondern nur auf einem Bootleg, das 1998 unterm Ladentisch verkauft wurde. Offensichtlich wollte es sich der für seine kritischen Texte bekannte Tricky letztlich doch nicht mit seiner Plattenfirma verderben, die alles andere als scharf darauf war, sich ans Bein pinkeln zu lassen.

The One

Für die Präsentation des neuen Mercedes Roadster SL ließ man sich im Hause DaimlerChrysler was ganz Irres einfallen. Kein Geringerer als Lionel Richie komponierte den „Theme Song“ über diese Neuauflage des legendären „Flügeltürers“ 300 SL aus den formschöneren Fünfzigerjahren. Als der Zweisitzer im Juli 2001 in Hamburg vorgestellt wurde, sang Richie „aus Begeisterung für dieses Auto“ höchstpersönlich seine Lobeshymne auf „The One“. Und pflichtschuldig wies er darauf hin, dass ihm das Schreiben des Songs sehr leicht gefallen war, weil er vom SL so fasziniert sei.

So fasziniert, wie er kurz darauf auch von Barbara Becker war, der er bescheinigte, „eine wunderbare Frau mit überwältigendem Charisma“ zu sein. Schon bald wolle er für sie zwei Lieder schreiben, weil er glaube, dass sie „ein großer Star“ in Deutschland werden könne.

Barbara Becker hatte 1993 schon einmal versucht, sich als Sängerin zu profilieren. Obwohl der eng mit Mercedes verbandelte Boris Becker damals im Videoclip zu dem Song „You Make Me Feel Good“ einen Kameramann gespielt hatte, war die Platte gnadenlos gefloppt. Doch Lionel Richie weiß eben, was sich gehört: Man beißt nicht die Hand, die einen füttert.

Bleibt nur zu hoffen, dass dieser Plan wieder so schnell in der Schublade verschwindet wie das Metalldach des SL im Kofferraum – innerhalb von sechzehn Sekunden.

KAPITEL 12

If The Kids Are United

Jimmy Goldcard und die Brüste von Mel B

Der Rosenkrieg zwischen dem Spice Girl Mel B und dem niederländischen Tänzer Jimmy Gulzar war so ganz nach dem Geschmack der britischen Boulevardpresse. Natürlich ging es beiden nur um das Wohl ihrer Tochter Phoenix Chi, die unter der Trennung nicht leiden sollte. Doch Geld spielte ebenfalls eine nicht unerhebliche Rolle, als sich Sporty Spice nach nur sechzehn Monaten Ehe wieder von „Jimmy Goldcard“, wie er wegen seiner angeblichen „Verschwendungssucht“ auch genannt wurde, scheiden ließ.

Mel B, deren Vermögen auf fünfundsiebzig Millionen Mark geschätzt wurde, hatte am 1. Januar 2000 das vorzeitige Ende ihrer Ehe verkündet und ihm eine „Abfindung“ in Höhe von drei Millionen Mark in Aussicht gestellt. Gulzar wiederum hatte das Angebot abgelehnt und forderte neben reichlich Cash auch eine repräsentative Unterkunft in der Grafschaft Buckinghamshire – damit sich ihre Tochter nicht an eine neue Umgebung gewöhnen müsse, wenn sie ihren Vater besuche. Außerdem beschuldigte er Mel B, ihn betrogen und sich nicht um ihr Kind gekümmert zu haben.

Der Kampf um das Sorgerecht wurde schon bald auch außerhalb der Gerichtssäle ausgetragen. In dem Song „Tell Me“ warf Mel B, die sich einst ihm zuliebe Mel G genannt hatte, Gulzar vor, es nur auf ihr Geld abgesehen zu haben und keine Selbstachtung zu besitzen. Und um ihn so richtig schön zu demütigen, behauptete sie dreist, ihre Brüste nicht künstlich vergrößert zu haben, die seien vielmehr „von ganz allein“ größer geworden, weil sie mit ihrem neuen Lover so viel guten Sex habe.

Ähnlich schmuddelig verlief auch der Streit, den die Promi-Begleiterin Jenny Elvers und der Container-Bewohner Alex Jolig in aller Öffentlichkeit ausfochten. Kaum war Elvers, die sich Jolig zuliebe von dem Schauspieler Heiner Lauterbach getrennt hatte, schwanger, wurde sie auch schon von Jolig des Samenraubs bezichtigt und verlassen; kurz zuvor hatte er noch gesungen: „Ich will nur Dich.“

Um sich „den Trennungsschmerz von der Seele zu singen“, nahm daraufhin auch Jenny Elvers eine Single auf: „Ich verzeih Dir“. An dem Text („Ich verzeihe dir, lasse dich gehen, aber bitte bleib bei mir“) hat sie angeblich persönlich mitgewirkt. Jenny Elvers zu *Bild:* „Durch die Schwangerschaft bin ich besonders sensibel und kreativ."

Vor allem aber stieg ihr die Schwangerschaft zu Kopf. Erst verhökerte sie der *Bild-Zeitung* Ultraschallaufnahmen ihres Sohnes Paul und verkaufte ihn so bereits, bevor er überhaupt geboren war. Dann gestand sie auch noch tränenreich, natürlich wieder in der *Bild-Zeitung,* dass sie ihr Leben „verpfuscht" habe und alles ein großer Fehler gewesen sei.

Für ihren Exfreund Heiner Lauterbach dürfte das nur ein schwacher Trost gewesen sein, kursierten doch über ihn bereits Witze wie dieser: „Kommen zwei Mücken in eine Kneipe. Sagt die eine: ‚Guck mal, da vorn an der Bar sitzt Heiner Lauterbach.' Erwidert die andere: ‚Stich du ihn, ich muss noch fahren.'"

Oh Baby, Baby, balla, balla

Lourdes Maria Ciccone Leon hatte es nicht leicht. Das Kind von Superstar Madonna und ihrem kubanischen Fitnesstrainer war noch nicht auf der Welt, da beschallte es seine Mama bereits mit Rapmusik, weil sie gehört hatte, Lärm würde die Wehenschmerzen mindern. Kaum dass es zurückrappen konnte, wurde es auch schon von Fotografen verfolgt: Für ein Titelfoto bot man dem von Geburt an ohnehin steinreichen Baby dreihundertfünfzigtausend Mark.

Als wäre es nicht mit seinem Namen schon genug gestraft (wer möchte schon wie ein Wallfahrtsort heißen?), konnte es noch nicht mal in die Windeln scheißen, ohne dass alle Welt erfuhr, es seien Windeln der Nobelmarke Pratesi, die Garnitur für zweitausend Mark. Italienische Modemacher stritten sich darum, in welchen Klamotten Lourdes getauft werden sollte – Signora Molinari schlug ein eng anliegendes Kleidchen im Leopardenfellmuster vor, die Couturiers Dolce & Gabbana plädierten dagegen für einen klassischen Schnitt, der „an die Zwanzigerjahre in Sizilien erinnert". Mama erklärte pressewirksam, dass sie Lourdes später in London zur Schule schicken wolle, weil Engländer „intelligenter" seien als Amerikaner. Und selbst mit der Wahl des Kinderarztes erregte Madonna noch Aufsehen, handelte es sich doch bei Paul Fleiss um den Vater von Hollywoods berühmtester Callgirl-Vermittlerin Heidi Fleiss. So blieb die nicht mehr ganz so junge Mutter im Gespräch – und im Geschäft.

Ohne Kind kam auch Michael Jackson nicht mehr aus. Als er nicht mehr mit kleinen Jungen spielen durfte, nahm er sich ein Beispiel an seiner mütterlichen Freundin Liz Taylor und heiratete eine Frau nach der anderen. Erst die kleine Priscilla Presley und dann seine Krankenschwester Debbie Rowe, die sich einst mit Rockern rumtrieb und verdammt gut fluchen konnte: „Jeder Satz begann bei ihr mit ‚Scheiße' – und jeder Satz hörte auch so auf." Wie der King of Rock, Pop & Soul verlauten ließ, sei der Thronfolger auf herkömmliche Weise produziert worden, also nicht „zeugungsaktfrei durch künstliche Befruchtung". Außerdem sollte Michael Jackson junior vom Papst getauft werden. Dass MTV seine Geburt live übertragen wollte, war aber nur ein Gerücht.

Da mochte auch Prince nicht nachstehen. Seinen Abenteuerspielplatz, den Paisley Park, verwandelte er beizeiten in eine gigantische Krabbelstube, wie ein Viva-Reporter recherchieren durfte: „Überall sind Spielecken und Spielzimmer mit allen nur erdenklichen Geräten zu sehen." Den kleinen Prince bekam er allerdings nicht zu Gesicht, das Baby litt unter Craniosynostose, einer Verformung der Schädeldecke. Die Augenhöhlen waren nicht richtig ausgebildet und die Ellbogen steif, meldete die *BamS*. Das Schicksal der gläsernen Babys Lourdes und Michael junior, von den eigenen Eltern vermarktet zu werden, bevor sie überhaupt „gaga" sagen können, blieb ihm somit erspart.

Der Kinderwahnsinn grassierte in den Neunzigerjahren aber nicht nur in den USA, sondern auch in Deutschland. Per Fax informierte die Plattenfirma Intercord über eine Niederkunft im Hause Pur: „Am 31. Oktober brachte Hartmut Englers Frau Claudia einen Sohn auf die Welt, der den Namen Philip trägt. Der schwarzhaarige Junge wog bei der Geburt dreitausendvierhundertfünfzig Gramm und maß zweiundfünfzig Zentimeter." Philip kam gerade noch rechtzeitig zum Auftritt von Pur in *Wetten, dass ..?* zur Welt, wo sein spießiger Papi mit dem ganz dicken Zaunpfahl winkte und die neue Pur-Single vorstellte: „(Ich hab') Geweint vor Glück."

Friedhof der Kuscheltiere

Der texanische Millionär Louis J. Pearlman hatte ganz klare Vorstellungen, als er sein sauer verdientes Geld in eine Boygroup investierte: „Die Jungs müssen sauber aussehen und sauber sein, keine Drogen, Nichtraucher, hübsche Gesichter. Sie sollen für die Werte stehen, die unsere Gesellschaft vertritt. Das ist gut für die Kids, gut für die Fans – und die Eltern finden es auch gut."

Nicht zuletzt war es auch gut fürs Geschäft. Pearlman verdiente sich mit Bands wie den Backstreet Boys oder 'N Sync eine goldene Nase. Und damit das Investment – zwei bis drei Millionen Mark waren nötig, um vier Nobodys in Goldesel zu verwandeln – nicht durch Eskapaden gefährdet wird, ließ er die Jungs beziehungsweise deren Eltern Verträge unterschreiben, in denen sie sich verpflichteten, sich sofort einem medizinischen Drogentest zu unterziehen, wenn die Band den Verdacht habe, einer von ihnen würde Drogen nehmen. Falle der positiv aus, so die Mutter eines 'N-Sync-Mitglieds im *WOM-Journal,* führe dies zu einer sofortigen Auflösung des Vertrags.

Die Eltern, unterstrich Pearlman, sollten eben sagen können: „Das sind gute Jungs. Mit jedem von denen kann ich meine Tochter ausgehen lassen." Und weil „die Typen in den Boygroups in gewisser Weise der erste Freund im Leben der Mädchen" seien, mit dem sie ihre erste Verliebtheit erlebten (so Tobias Schlegel von Viva TV), durften sie, zumindest offiziell, auch keine Freundinnen haben. Denn die, so Jan Bolz, Geschäftsführer der BMG Ariola München, hätten nur das Image gestört.

Das Vorhaben, mit „zielgruppengerechter Konfektionsware" *(Der Spiegel)* die Sehnsüchte pubertierender Mädchen zu befriedigen, war nicht neu. Bereits 1966 wurden per Anzeige im Branchenblatt *Daily Variety* vier „verrückte Jungs zwischen siebzehn und einundzwanzig" für eine TV-Serie gesucht. Bereits ein Jahr später verkauften The Monkees, wie die auf dem Reißbrett entstandene TV-Band genannt wurde, fünfunddreißig Millionen Platten, mehr als die Stones und die Beatles zusammen. Pearlman perfektionierte die Konfektionsware jedoch und bediente die Pre-Teens erstmals mit maßgeschneiderten Produkten. So verkörperte jeder Backstreet Boy einen anderen Jungentyp, in den sich Mädchen verlieben konnten.

Dass Pearlmans Plan aufging, verdankte er aber nicht zuletzt einem Phänomen, das Sozialwissenschaftler Akzeleration nennen: Die Fans werden immer jünger. Lag das Einstiegsalter von *Bravo*-Lesern in den Achtzigern noch bei zwölf Jahren, so sank es in den Neunzigern auf acht Jahre.

Eckardt Gundel, der damalige Geschäftsführer von BMG Ariola Hamburg: „Das ist die Macht des Schulhofs. Die Jüngeren orientieren sich an den Älteren. Heute hören die Neunjährigen die Musik für Fünfzehnjährige."

Bevor er solo Karriere machte, gehörte auch Robbie Williams einer Boygroup an. Allerdings blickt er nicht gerade positiv auf seine Zeit bei Take That zurück: „In den USA haben wir mal in einer Schule gespielt. Das Publikum bestand aus Schwarzen, die auf Rapper wie Naughty By Nature standen. Und da kamen wir daher und sangen ‚I found heaven on the wings of love'. Dieses Gefühl von Scham werde ich mit ins Grab nehmen."

Williams hasste den Leadsänger Gary Barlow, er hasste die Musik von Take That, und am Ende hasste er auch sich selbst. Dem Take-That-Manager Nigel Martin-Smith widmete er deshalb den Song „Karma Killer", in dem er bedauerte, dass der es immer noch nicht geschafft habe, seinen eigenen Tod zu managen. „Dieser Bastard", empörte er sich noch Jahre später im *stern,* „hat mich emotional versaut. Er weiß, dass es junge Leute gibt, die alles tun, um berühmt zu werden. Er managt ja nur naive Teenager, und es war sehr leicht, mich mit sechzehn zu manipulieren. Ich vergaß leider, das Kleingedruckte im Vertrag zu lesen, und kapierte nicht, dass ich einen faustischen Pakt schloss: Er gibt dir Ruhm und Reichtum, und du opferst ihm dafür deine Seele und fünfundzwanzig Prozent der Einnahmen."

Die *taz*-Reporterin Andrea Böhm machte sich natürlich auch so ihre Gedanken über das Boygroup-Phänomen, sah das alles jedoch gelassener als Robbie Williams. Als sie mit ihrer zehnjährigen Nichte ein Konzert der Backstreet Boys besuchte, fiel ihr auf, wie Ordner die auf die Bühne geworfenen Kuscheltiere zusammenfegten und in Müllsäcken verstauten, damit keiner der Sänger Gefahr lief, versehentlich auf eines zu treten und sich den Knöchel zu verstauchen: „Vielleicht ist das Fortschritt. Früher musste man um seine Musikidole fürchten, weil sie sich jederzeit eine Überdosis Heroin setzen konnten. Heute hat man Angst, dass sie über ein Schmusetier stolpern."

LSD im Kindergarten

Als John Lennons dreijähriger Sohn Julian eines Tages aus dem Kindergarten kam, brachte er eine Zeichnung eines kleinen Mädchens mit nachhause. Lennon fragte ihn, wer das sei, und Julian soll geantwortet haben: „It's Lucy, in the sky, with diamonds."

Das Bild und die Erklärung seines Sohnes inspirierten Lennon nachhaltig. Als der Song aber 1967 auf dem psychedelischen *Sergeant Pepper's*-Album der Beatles erschien, glaubte natürlich jeder, Lennon habe ihn während eines LSD-Trips geschrieben. Produzent George Martin bestritt das vehement, aber vergebens – die BBC erteilte dem Kinderlied trotzdem Sendeverbot.

Ähnlich erging es den Beatles auch mit zwei anderen Songs. „Norwegian Wood" sei ein „englischer Teenager-Slangausdruck für Marihuana", empörte sich beispielsweise die rechtsextreme John Birch Society. Und „Strawberry Fields" eine Anspielung darauf, dass in Erdbeerbeeten häufig Marihuana angepflanzt würde, weil die Pflanzen einander so glichen.

Ausreißer ... verzweifelt gesucht!

Die Mitarbeiter des Zentrums für vermisste Kinder waren angenehm überrascht, als der Regisseur Tony Kaye sich mit der Bitte an sie wandte, ihm Fotos verschwundener Kids für ein Video der Band Soul Asylum zu überlassen. Solcherlei Aufmerksamkeit nicht gewohnt, überließen sie ihm gleich mehrere Kisten mit Bildern, die er in den Clip zum Song „Runaway Train" montierte.

Nachdem MTV das Video bis zu dreißigmal pro Tag gesendet hatte, kehrten tatsächlich mindestens zwei der darin abgebildeten Kinder zu ihren Eltern zurück, und David Pirner von Soul Asylum freute sich: „Es ist schön, dieses Medium für etwas anderes als für ein weiteres Arsch-und-Titten-Video nutzen zu können."

An der traurigen Realität – in den USA werden mehr als eine Million Kinder vermisst, die von zuhause abgehauen sind – änderte das zwar so gut wie nichts. Dank der häufigen Ausstrahlung des Videos landete Soul Asylum mit „Runaway Train" aber weit oben in den Charts.

Blues für Conor Clapton

Eric Clapton hatte eben erst seinen Freund Stevie Ray Vaughan verloren, der mit einem Hubschrauber abgestürzt war, als sein vierjähriger Sohn Conor am 20. März 1991 den Sturz aus dem Fenster des Apartments seiner Mutter Lori del Santa im dreiundfünfzigsten Stock nicht überlebte. In seiner Trauer griff Clapton zur Gitarre und widmete seinem Sohn den Song „Tears In Heaven". Der musikalische Nachruf wurde ein weltweiter Single-Hit, sein *Unplugged*-Album verkaufte vierzehn Millionen Exemplare, und Clapton erhielt dafür sechs Grammys.

Ähnlich war es zuvor auch Elton John und U2 ergangen. Das Instrumentalstück „Song For Guy" hatte Elton John einem Boten seiner Plattenfirma gewidmet, der ums Leben gekommen war, und mit „With Or Without You" hatten U2 sich von einem ihrer Roadies verabschiedet. Beide Songs wurden zu Evergreens und zählen zu ihren größten Hits.

Meine erste Platte

David Bowie war gerade mal neun Jahre alt, als er den Song „I Put A Spell On You“ von Screamin' Jay Hawkins im Radio hörte und dachte: „Diese Stimme ist der schiere Wahnsinn. Die Platte will ich unbedingt haben.“ Der Schlagersänger Nino de Angelo war zehn und in seine Sportlehrerin Angela verliebt, als er sich zum Trost die Rolling-Stones-Single „Angie“ von seinem Taschengeld kaufte. Und der TV-Moderatorin Sandra Maischberger sträubten sich jedes Mal die Nackenhaare, als sie elf war und Barry White auf dem Sampler *The Sound Of Philadelphia* hörte.

Wie lange das auch immer her ist – an seine erste Platte erinnert sich jeder gern zurück. Der *Spiegel*-Herausgeber Rudolf Augstein weiß noch genau, wo und wann er sich „In The Mood“ von Glenn Miller gekauft hat – 1945 in Hannover. Günther Jauch erstand dic Wonderland-Single „Moscow“ in pinkfarbenem Vinyl, nachdem er 1968 mit der Pfadfindersippe Biber im Fichtelgebirge unterwegs gewesen war. Und Campino von den Toten Hosen sparte 1971 für ein Deep-Purple-Album, weil es Punkrock damals noch nicht gab und „Fireball“ das Härteste war, „was im Laden rumstand“.

Billy Bragg verehrte mit zehn Rod Stewart, weil der auch aus der Arbeiterklasse kam und weil Bragg „den fetten Gitarrensound“ von Stewarts Song „You Wear It Well“ so sehr mochte. Nina Hagen stand total auf die Beatles, war aber sauer, weil es in der DDR nur die Single „I Want To Hold Your Hand“ gab. Der Londoner *Spiegel*-Korrespondent Michael Sontheimer fand „Puppet On A String“ von Sandie Shaw klasse, „weil sie immer barfuß aufgetreten ist“. Und Kai Wingenfelder, der Sänger von Fury In The Slaughterhouse, nudelte einst die Single „In The Summertime“ bis zur Naht ab, weil er zur Musik von Mungo Jerry zum ersten Mal ein Mädchen geküsst hatte.

Manch einer bekam seine erste Platte von der Großmutter geschenkt. Die *Tagesschau*-Sprecherin Eva Herman erhielt von ihrer Omi „El Condor Pasa“ von Facio Santillan, der später beim Hamburger Finanzamt arbeitete. Ulrich Tukurs Großmutter machte ihn zum Beatles-Fan, als sie ihm 1968 die Single „Ob-La-Di, Ob-La-Da“ schenkte. Und der Trio-Sänger Stephan Remmler war „voll auf dieser Schiene“, nachdem Oma ihm 1956 Elvis Presleys „Heartbreak Hotel“ geschenkt hatte.

Ähnlich wie Remmler wurde auch so manch anderer nachhaltig von seiner ersten Platte geprägt. Alex Christensen bekam von seiner Schwester zum neunten Geburtstag das Kraftwerk-Album *Autobahn* geschenkt – für Christensen, der sich später U 96 nannte, war das der „Einstieg in die Welt der elektronischen Musik“. Fritz Egner, der Fette aus *Dingsda,* war zunächst fürchterlich von Little Richards „Tutti Frutti“ enttäuscht – nachdem er den Schock überstanden hatte, entwickelte sich daraus jedoch seine Vorliebe für schwarze Soulmusik. Herwig Mitteregger (ex-Spliff) begann Schlagzeug zu spielen, nachdem er „Happy Jack“ von The Who gehört hatte. Für den Schnulzensänger Matthias Reim war der Stones-Hit „Satisfaction“ angeblich der Grundstein „für alles, was ich dann gemacht habe“. Marianne Rosenberg kletterte immer, wenn sie allein zuhause war, auf den Tisch, den sie als Bühne benutzte, und sang inbrünstig Caterina Valente nach: „Dich werd’ ich nie vergessen“. Und Frank Z von der Hamburger Punkband Abwärts wurde 1961 nachhaltig geprägt von der „tiefen Tragik“ und dem „uneingeschränkten Einblick in gesellschaftliche Zusammenhänge“, den das Märchen „Der Wolf und die sieben Geißlein“ ihm auf Platte gewährte.

Doch nicht immer teilten die Eltern die Begeisterung ihrer Sprösslinge. So waren die Erziehungsberechtigten des Malers Gottfried Helnwein völlig genervt, nachdem er sich „mindestens hundertmal hintereinander“ Fats Dominos „Blueberry Hill“ angehört hatte – die Platte hatte er für Kaugummi-Bildchen eingetauscht. Der Extrabreit-Gitarrist Stefan Kleinkrieg spielte 1966 so oft „Bend It“ von Dave Dee, Dozy, Beaky, Mick & Tich, bis die Rille weg war – nicht weil ihm die Single so gut gefallen hat, sondern „weil es die einzige war, die ich damals hatte“. Die Volksmusik-Moderatorin Carolin Reiber schockte ihre Eltern 1956 mit Elvis Presleys „Love Me Tender“. Der frühere Polydor-Geschäftsführer Götz Kiso bekam von seinem Alten eine geknallt, weil er so viel Geld für die „Negermusik“ von Johnny Duncan And The Blue Grass Boys und ihren „Last Train To San Fernando“ ausgegeben hatte. Die Mutter der Sängerin (Ideal) und Produzentin (Die Prinzen) Annette Humpe riss ihr immer Cliff Richards „Rote Lippen soll man küssen“ aus den Händen, weil sie den Text als jugendgefährdend empfand. Und der Vater des Universalkünstlers Ernst Kahl zerbrach gar Franz Josef Degenhardts „Rumpelstilzchen“, weil „solche Lieder nicht in sein bürgerliches Haus gehörten“. Eine Erfahrung, die auch Frank Black machen musste: „Meine ersten acht Platten waren alle von den Beatles. Leider hat sie mein Vater bei einem Umzug weggeschmissen."

Um sich Platten kaufen zu können, wurde kein Job verschmäht. So pflückte die bekennende Masochistin Sina-Aline Geißler Schlüsselblumen im Wald und verkaufte sie vor dem Friedhof, um das Geld für das Deep-Purple-Album *Mark I & II* zusammenzubekommen. Denn Deep Purple vermittelten ihr das „Gefühl von Wildheit und Freiheit".

Mitunter war man aber auch enttäuscht von seiner ersten Platte. So war der Karikaturist Til Mette „stinksauer", als er zur Konfirmation das Album *Led Zeppelin III* erhielt, wo er doch ein Fan von Creedence Clearwater Revival war. Sein Kollege Matthias Sodtke bekam jedes Mal Bauchschmerzen, wenn er Deep Purples *Fireball* hörte – das Album hatte er sich nur gekauft, um in der Schule mitreden zu können. Und die Sängerin Tanita Tikaram war zutiefst traurig, weil die LP *Schneewittchen und die sieben Zwerge* nur zwei gute Songs enthielt.

In der Regel erinnert man sich allerdings gern zurück, vor allem, wenn man schon etwas älter war, als man seine erste Platte erhielt. So war die Filmmusik des Musicals *South Pacific* von Rodgers & Hammerstein für den Ufologen Erich von Däniken „sehr sanfte Musik zu einer unsagbar süßen Liebesgeschichte". Der Cartoonist Gerhard Haderer blies seiner ersten Liebe beim Spaziergang im Park „Woolly Bully" von Sam The Sham & The Pharaohs auf dem Kamm. Wolfgang Niedecken wurde von der Beatles-Single „From Me To You" voll in der Pubertät erwischt. Der Hardrock-Lady Doro Pesch schenkten Jungs aus der Nachbarschaft „Hot Love" von T. Rex. Die Olympiasiegerin im Dressurreiten, Nicole Uphoff, kam ins Träumen, wenn sie in ihrer Fetenzeit „Words" von F. R. David hörte. Und der Klatsch-Hirsch Michael Graeter ging nicht nur mit neuen Jeans in die Badewanne, damit sie hauteng saßen, sondern hörte mit den Mädels auch „Kniemusik" wie „April Love" von Pat Boone.

Bisweilen lagen Freud und Leid allerdings auch eng beieinander. So war der EMI-Präsident Heinz Canibol zunächst aus dem Häuschen, als mit „Eleanor Rigby" von den Beatles endlich die erste Platte in seinem Schrank stand, dann aber war er furchtbar enttäuscht, als er feststellen musste, dass sein Vater den Song ebenfalls liebte.

Vom Index in die Sesamstraße

Das Stück „Gimme Dat Ding" schrieb der Songwriter Mike Hazelwood ursprünglich für die Fernsehserie *Oliver In The Overworld,* eine englische Kindersendung. Hazelwood erzählt darin die Geschichte eines kleinen Jungen, der auf seiner Odyssee durch einen Maschinenpark unter anderem dem Pianola begegnet, dessen heiß geliebter Freund, das Metronom, sein „Ding" vermisst, so dass das Pianola nicht weiß, ob es einen Walzer oder irgendeinen anderen Rhythmus spielt.

„Gimme Dat Ding" wurde schon bald im britischen Radio rauf und runter gespielt. Um den Song auch in der Charts-TV-Show *Top of the Pops* vorstellen zu können, engagierte der Produzent von *Oliver In The Overworld* kurzerhand Roger Cook und Tony Burrows, die das Lied unter dem Namen The Pipkins aufführten und damit einen Top-Ten-Hit landeten.

Genau umgekehrt erging es dem Soulsänger Rufus Thomas. Dessen Song „Walking The Dog" setzten nach seiner Veröffentlichung 1963 zunächst zahlreiche Radiosender wegen sexueller Anspielungen auf den Index, zweiunddreißig Jahre später aber erlebte er ein kurioses Comeback. In einer Episode der *Sesamstraße* führten ein paar Kids zur Musik von Rufus Thomas vor, wie lustig es sein kann, mit einem großen Dalmatiner spazieren zu gehen.

Im Gegensatz zu Deutschland, wo allein Nena sich nicht zu schade ist, bei den *Teletubbies* Kinderlieder zu singen, gehört es in den USA mit zum Geschäft, dass Stars in Kindersendungen auftreten. So waren Aerosmith, U2, Sonic Youth, die Smashing Pumpkins oder Britney Spears bereits zu Gast in der Zeichentrickserie *Die Simpsons*. Und die Musiker von R.E.M. nahmen für ihren Ausflug in die *Sesamstraße* sogar ihren Titel „Shiny Happy People" neu auf und tauften ihn in „Shiny Furry Monsters" um.

Schrei nach Liebe

Als ihre Eltern sich scheiden ließen, war Sinéad O'Connor acht Jahre alt. Gemeinsam mit ihren zwei Brüdern und ihrer Schwester lebte sie fortan bei ihrer Mutter Marie, von der sie sexuell missbraucht und geschlagen wurde. Mal wurde sie von ihrer valiumabhängigen Mutter, die ihr die Schuld für das Scheitern ihrer Ehe zuwies, tagelang ohne Essen nackt in ihr Zimmer eingeschlossen, dann wiederum musste sie im Garten vor dem Haus übernachten.

Mit dreizehn hielt sie es zuhause nicht mehr aus und wurde von ihrem Vater John aufgenommen, der sie aber, nachdem sie wegen Ladendiebstahls verurteilt wurde, schon bald in ein Heim für schwer erziehbare Kinder einweisen ließ. Doch Sinéad hatte Glück: Die Nonnen schenkten dem verstörten Teenager eine Gitarre, weil sie ahnten, dass Sinéad wohl größte Probleme bekommen würde, wenn sie nicht irgendein Ventil fände, um sich auszudrücken.

Nach der Schule dachte sie sich kleine Lieder aus, fand heraus, dass das Singen „die einzige Chance" war, „sich von diesem Schmerz zu befreien", und machte die Erfahrung, dass Kreativität und Schmerz miteinander verbunden sind: „Die Kreativität eines Menschen entsteht aus seinen Leiden."

Es dauerte allerdings noch weitere acht Jahre, bis sie sich mit dem Song „Fire In Babylon" ihren Schmerz von der Seele singen und ihrer Mutter, die bei einem Autounfall ums Leben gekommen war, verzeihen konnte. Der Song war ein einziger Schrei nach Liebe – so eindringlich, emotional und berührend hatte sich selten zuvor jemand offenbart.

In Interviews wies Sinéad O'Connor unermüdlich darauf hin, dass „alle Mörder, alle Vergewaltiger, alle Alkoholiker, alle Drogenabhängigen, alle Kriegshetzer als Kinder missbraucht worden" seien. Ob Adolf Hitler oder Saddam Hussein – „alle Menschen, die anderen Schmerzen zufügen", täten das nur, weil sie in ihrer Kindheit misshandelt und damit nicht fertig geworden seien.

Durch die Hölle gegangen war auch Traci Lords, die ein Jahr später, 1995, ihr Debütalbum *1000 Fires* vorstellte. Mit zehn hatte sie bereits wie eine Sechzehnjährige ausgesehen, und von den Jungs war sie angestarrt worden, „als wäre ich die Schulhure". Als sie zwölf war, ließ sich ihre Mutter von ihrem alkoholkranken Mann scheiden und zog mit ihren vier Töchtern nach Kalifornien. Im gelobten Land wurde die fünfzehnjährige Traci aber schon bald zum Junkie und landete im Pornogeschäft. In siebzig Filmen mit Titeln wie *Beverly Hills Copulator* war Traci Lords zu sehen, bevor das FBI dem Treiben ein Ende bereitete, die Ex-Porno-Queen ins seriöse Fach überwechselte und in TV-Serien mitspielen durfte.

Im Song „Father's Field" berichtete sie, wie sie im Alter von zehn Jahren von einem Jungen aus ihrer Schule vergewaltigt wurde: „Ich hörte, wie meine Kleider zerrissen wurden. Seine Hand auf meinem Mund. Ich sagte nichts. Ich fühlte nichts." Und sie ließ sich auch nicht anmerken, dass in ihr eine Welt zerbrochen war, sondern saugte sich mit Pop-Songs voll und vertraute sich ihrem Tagebuch an.

Der Ex-Trio-Sänger Stephan Remmler hatte da schon eine glücklichere Kindheit. Als er 1996 mit „Schweinekopf" einen Pop-Song zum Thema Kinderprostitution veröffentlichte, in dem ein kleines Mädchen beschreibt, wie es seine Freier wahrnimmt, fiel aber auch er durch den Raster. Zeilen wie „Wenn du meine kleinen Titten hältst, will ich was von deinem Schweinegeld" wollte niemand hören. Da half es auch nicht, dass die Veröffentlichung seines Albums *Amnesia* vorgezogen wurde, als bekannt wurde, dass in Belgien Kinder nicht nur sexuell missbraucht, sondern anschließend auch getötet wurden. Spätestens dadurch, musste Remmler erkennen, war „das Thema so belastet, dass der sarkastische Unterton nicht wahrgenommen" wurde. Kreativität könne eben manchmal auch so schmerzhaft sein, dass die Fans sich am liebsten die Ohren zuhielten und davon nichts mehr hören wollten.

KAPITEL 13

Let's Talk About Sex

Minnie Maus wird erwachsen

WENN TEENIE-STARS älter werden und plötzlich ihre bis dahin eher im Verborgenen schlummernde Sexualität entdecken, eröffnet das zwar, wie Simone Neldau im November 2000 im *WOM-Journal* schrieb, beispielsweise dem Oldie-Magazin *Rolling Stone* die Chance, auch mal „ein paar Brocken nur wenig abgehangenen Fleisches zu zeigen". Doch der Spagat zwischen den Fantasien kleiner Mädchen, die sich mit ihrem Idol identifizieren, und den verko(r)ksten Träumen alter Männer und frühzeitig vergreister Jungredakteure gelingt nicht immer.

So soll die Teenie-Queen Britney Spears, glaubt man Gerüchten, die im Internet kursieren, zusammen mit dem Rapper LL Cool J den Song „That's My Ass" für sein Album *G.O.A.T.* aufgenommen haben, was ihrer Mutter Lynne allerdings „zu sexy" geklungen habe. Und keineswegs begeistert soll auch Justin Timberlake von der Boygroup 'N Sync gewesen sein, als er sah, wie seine Britney, die öffentlich gelobte, bis zur Hochzeit mit ihm Jungfrau zu bleiben, mit dem Tänzer Bryce Durand rummachte – allerdings nur im Video zu dem Song „Don't Let Me Be The Last To Know".

Die Fassung, über die es dem Vernehmen nach zum Streit zwischen Britney und Justin kam, weil er ihr vorhielt, nicht an ihr Publikum zu denken und es zu versauen – diese Fassung hätte man wirklich gern mal gesehen. Doch man bekam sie nie zu Gesicht. Denn Mutter Spears soll von der erotischen Britney ebenso entsetzt gewesen sein wie ihr designierter Bräutigam und den von Herb Ritts gedrehten Clip nachträglich entschärft haben.

Ob es im Hause Spears zum handfesten Krach kam oder alles nur Promotion war, damit sie auch bei einem etwas älteren Publikum ankommt, bleibt allerdings im Dunkeln. Wenn Britney Spears den Stones-Hit „(I Can't Get No) Satisfaction" sang, sich als Eminem-Fan outete oder als Stargast der Super Bowl im nagelneuen, aber an der richtigen Stelle zerfetzten Aerosmith-T-Shirt auftrat, dann konnte man das durchaus als Versuch ansehen, der Enge ihres christlich-kleinbürgerlichen Elternhauses zu entfliehen. Andererseits kamen so auch potenzielle ältere Fans ins Grübeln, die Britney Spears bislang ignoriert hatten, weil sie früher mal den *Micky-*

Maus-Club moderierte: Vielleicht hat Steven Tyler ja doch Recht, wenn er Britney bescheinigt, „cool" zu sein?

Von einem ganz anderen Kaliber sind da jedenfalls die Promo-Aktivitäten der Riot-Grrl-Band L7. Mal ließ Sängerin Suzi Gardner ihren Busen von Cynthia Plaster Caster in Gips abdrucken, die damit ihre Sammlung von Gipsschwänzen prominenter Rockstars wie Jimi Hendrix, Jello Biafra oder Frank Zappa ergänzte. Und mal verlosten L7 ihre Schlagzeugerin – für einen One-Night-Stand.

Für eine Nacht voller Seligkeit

Nachdem Britney Spears erklärt hatte, dass sie bis zu ihrer Hochzeit Jungfrau bleiben wolle, erhielt sie gleich mehrere unmoralische Angebote. Knapp fünfundzwanzig Millionen Mark wollte angeblich ein nicht genannter amerikanischer Geschäftsmann für eine Nacht mit dem All American Girl zahlen. Die Techno-Metal-Band Pitchshifter bot ihr zwanzig britische Pfund, wenn sie sich ihre Jungfräulichkeit bewahre, machte aber zur Bedingung, dass sie sich aus dem Musikgeschäft zurückziehe. Und ganz versessen auf Britney war auch der niederländische Hacker Dimitri van Giessen, der gleich zweimal in das Microsoft-Netzwerk einbrach. Postierte er beim ersten Mal noch die Botschaft „Hackt den Planeten" auf dem Server, so hinterließ er bei seinem zweiten Besuch ein File mit dem Titel „oopsididitagain.htm".

Van Giessen, dem Vernehmen nach ein neunzehnjähriger Student, wollte so beweisen, dass Microsoft sich nicht um die Sicherheit des Systems kümmert, hackte aber nicht ganz uneigennützig. Als Gegenleistung für die Herausgabe einer Passwort-Datei der Microsoft-Server verlangte er Telefonsex mit Britney Spears.

Coitus interruptus

ALS DAVID BYRNE von einem Freund dabei überrascht wurde, wie er gerade dessen Freundin vögelte, fühlten sich die beiden Männer total elend. Der eine, weil ihn nicht nur seine Freundin betrogen, sondern auch noch sein Freund hintergangen hatte; und Byrne, weil ihm das alles unendlich peinlich war. Nur das Objekt beider Begierden fand's irre komisch.

Dass die Männerfreundschaft trotz dieses Zwischenfalls bestehen blieb, hat Byrne möglicherweise seinem Talent zu verdanken. Nur wenig später schrieb er über den Coitus interruptus einen Song, der so großartig war, dass man Byrne alles verziehen hätte: „Psycho Killer".

Stand By Your Man

AUFGEWACHSEN INMITTEN von Baumwollfeldern im US-Bundesstaat Mississippi, jobbte Tammy Wynette als Bardame, in Fabriken und als Kosmetikerin, bevor sie mit „Stand By Your Man", ihrem ersten Nummer-eins-Hit, alle Ehefrauen zum Durchhalten aufforderte. Sie selbst glaubte allerdings nicht an ewige Liebe und Treue bis zum Tod – die First Lady der Countrymusic hatte es auf fünf Ehen gebracht, als sie im April 1998 in Nashville, Tennessee, starb.

Unrühmliches Ende einer Affäre

Verleumdet fühlte sich Kirk Brandon, einst Sänger der Band Theatre Of Hate, von Boy George, als der ihm im Song „Unfinished Business" vorwarf, untreu gewesen zu sein, und im Booklet des Albums *Cheapness And Beauty* ein Polaroidfoto abbildete, auf dem Brandon und Boy George sich küssen. Um die Veröffentlichung von Song, Foto und Boy Georges Autobiografie *Take It Like A Man* zu stoppen, zog Brandon, mittlerweile verheiratet und Vater eines Kindes, 1995 vor Gericht.

Im Prozess vor dem High Court argumentierte Brandon, sie hätten zwar das Bett geteilt, aber keine Beziehung gehabt. Richter Douglas Brown bestätigte zwar, dass die beiden Kontrahenten „keinen analen Geschlechtsverkehr" praktiziert, sich aber geküsst und gegenseitig befriedigt hätten und auch oralen Sex miteinander hatten. Brown schlussfolgerte, dass Brandon und Boy George sehr wohl „eine kurze, leidenschaftliche und turbulente homosexuelle Affäre" hatten, und wies die Klage ab. Die Gerichts- und Anwaltskosten in Höhe von zweihunderttausend Pfund wurden Brandon auferlegt, der daraufhin pleite ging.

Ironie am Rande: Als Kirk Brandon noch bei Theatre Of Hate sang, hatte er einen Song über Boy George verfasst: „Original Sin".

Der erste Hit der Glimmer Twins

Anlässlich seines fünfzigsten Geburtstags erinnerte sich Mick Jagger 1993 an einen seiner ersten Hits: „Wenn ich mir heute ‚As Tears Go By' anhöre, dann finde ich, dass das auch ganz schön traurig klingt, ziemlich alt, im Sinne von reif – obwohl ich erst einundzwanzig war, als ich den Song geschrieben habe. Da sind wir wieder beim Alter: Ein Gefühl in einem Lied zu vermitteln ist keine Frage des Alters. Es kann mit einundzwanzig genauso gut oder schlecht gelingen wie mit fünfzig."

„As Tears Go By" verdankt seine Entstehung einem Zufall. Kurz nachdem man Marianne Faithfull auf einer Party dem Stones-Manager Andrew Loog Oldham vorgestellt hatte („mit einem solchen Namen sollten Sie Platten machen"), nahm der sie unter Vertrag. Für ihre erste Platte sollte Lionel Bart, der Andrew Lloyd Webber der Sechzigerjahre, einen Song komponieren, wurde jedoch nicht rechtzeitig fertig damit. Daraufhin sprach Oldham Mick Jagger und Keith Richards an, die zuvor nicht gerade als begnadete Komponisten aufgefallen waren: „Ich sagte ihnen, dass Marianne aus einer Klosterschule kam. Und dass ich einen Song wolle, der rundum von Backsteinmauern umgeben sei, mit hohen Fenstern und ohne jeden Sex."

„As Time Goes By", wie der Song zunächst hieß, wurde der erste Hit des Songwriter-Duos Jagger/Richards, worüber niemand mehr verblüfft war als die beiden. Wochenlang zerbrachen sie sich darüber die Köpfe, wie „As Tears Go By" eigentlich zustande gekommen war. „Doch ihre Bemühungen", so Stones-Biograf Philip Norman, „etwas vergleichbar Gutes zu schreiben, blieben fruchtlos."

Liebe ist …

Mike Mills war gerade mal siebzehn Jahre alt, als 10cc „I'm Not In Love“ veröffentlichten. Wie kein anderes Lied zuvor entsprach dieser Song, in dem Liebe nicht romantisch verklärt, sondern als mysteriöse, schmerzvolle und verwirrende Erfahrung beschrieben wird, seiner jugendlichen Gemütslage.

10cc hatten nur drei Stunden benötigt, um „I'm Not In Love“ zu schreiben. Die Idee dazu war Eric Stewart gekommen, als er seinem Kumpel Graham Gouldman anvertraute, dass der Satz „Ich liebe dich“ in seiner Ehe an Bedeutung verloren hatte. Stewart und Gouldman listeten daraufhin alle möglichen Gründe auf, warum man trotzdem weiterhin verliebt sein könne, auch wenn ihnen der magische Satz nicht mehr über die Lippen komme.

Inspiriert von „I'm Not In Love“ schrieb Mills später, als er längst bei R.E.M. spielte, den Song „Star Me Kitten“, der ihm ebenfalls leicht von der Hand ging.

In einem Konferenzgespräch, das er auf Betreiben des englischen *Mojo*-Magazins mit Stewart und Gouldman führte, erläuterte er 1995, dass R.E.M. es nie wieder geschafft hätten, den Song so wie im Studio zu spielen. Mills' Eingeständnis kam für Stewart einem Déjà-vu gleich – genauso sei es seinerzeit auch 10cc ergangen. Ähnlich wie R.E.M., die eine Acht-Spur-Cassette mit dem Gesang von Mills dazumischten, wenn sie „Star Me Kitten“ live spielten, hätten auch 10cc „I'm Not In Love“ auf der Bühne zu einem Tape gesungen. Es sei eben einfach unpraktikabel gewesen, mit zweihundertsechsundfünfzig Gesangsstimmen auf Tournee zu gehen.

Wenn Kommunisten sentimental werden

ALS PEGGY SEEGER zum ersten Mal „The First Time Ever I Saw Your Face“ sang, kam sie sich total entblößt vor. Der Song stammte von Ewan MacColl, einem im englischen Beckenham lebenden kommunistischen Folksänger, der es stets ablehnte, auf der Bühne Emotionen zu zeigen, mit dem 1957 geschriebenen Lied aber das Herz von Peggy Seeger eroberte, für die er sich zwei Jahre später sogar scheiden ließ.

Harry Belafonte nahm den sentimentalen Lovesong 1967 auf, und Roberta Flack sang ihn 1969. Erst als Clint Eastwood den Titel 1972 für den Soundtrack seines Films *Play Misty For Me* verwendete, wurde daraus aber ein Hit, für den Roberta Flack sogar einen Grammy erhielt.

MacColl, inzwischen Mitte fünfzig, hatte bis dahin von der Hand in den Mund gelebt und war stolz darauf, dass er keine Kompromisse eingegangen war. Nun flossen die Tantiemen, doch das ließ ihn kalt. Seine Sammlung der Coverversionen nannte er „The Chamber of Horror“, und er hasste sie alle. Engelbert Humperdincks Aufnahme empfand er als theatralische Karikatur. Mantovani und dem Londoner Sinfonieorchester fehlte es an jeglicher Würde. Die Versionen der Temptations und von Isaac Hayes waren seiner Meinung nach überproduziert, zu lang und zu melodramatisch. Und Elvis Presleys Interpretation hörte sich für ihn so an, als gestehe Romeo seine Liebe zu Julia in einem Postamt.

Das hielt jedoch niemanden davon ab, das Lied weiterhin zu singen. In den Achtzigerjahren tauchte es in Werbespots für Oil of Olaz wieder auf, 1990 erschien eine Danceversion von Joanna Law, und 1999 wählte es George Michael für sein Album *Songs From The Last Century* aus. Nur Peggy Seeger singt den Song nicht mehr, seit Ewan MacColl 1989 gestorben ist.

KAPITEL 14

Eight Miles High

Unüblicher Konsum

Die Debatte, ob der Konsum von Drogen legalisiert werden sollte, ist so alt wie die Prohibition. Schon Louis Armstrong setzte sich dafür ein. Bob Dylan forderte im Song „Rainy Day Women # 12 & 35“: „Everybody must get stoned.“ Witthüser & Westrupp rieten ihren Fans: „Nimm einen Joint, mein Freund, that spends all Leut Freud.“ Und Wolfgang Neuss, der Mann mit der Pauke, gab die Parole aus: „Auf deutschem Boden darf nie wieder ein Joint ausgehen.“

„Es ist gut gegen Grippe, es ist gut gegen Asthma, gut gegen Tuberkulose“, beschrieb Peter Tosh 1976 die medizinischen Wirkungen des Rasta-Krauts. „Ärzte rauchen es, Pflegerinnen rauchen es, Richter rauchen es, sogar die Rechtsanwälte“, folglich sollte Grass nicht länger kritisiert werden: „Legalize It“.

Das gleichnamige Album war bereits vier Jahre auf dem Markt, da wurde es von der Bundesprüfstelle für jugendgefährdende Schriften 1980 auf den Index gesetzt; es war das erste Popalbum, das nur noch unterm Ladentisch verkauft werden durfte. Drei Jahre später wurde Peter Tosh von der Münchner Stadtverwaltung gar mit Konzertverbot belegt, „weil bei seinen Konzerten Rauschgiftkonsum und -handel über das Übliche“ hinausgingen.

Die Polizei, dein Freund und Helfer

Gewöhnlich wird „Let's Spend The Night Together" von den Rolling Stones als Aufforderung zum Sex verstanden. So durften sie den Titel 1967 in der amerikanischen Ed-Sullivan-TV-Show nur spielen, weil Jagger sich einverstanden erklärte, „let's spend some time" statt „let's spend the night" zu singen (er nuschelte dann jedoch, ohne dass es jemandem auffiel: „let's fuck some time").

Der Song besitzt jedoch eine hintergründige Ironie, wenn Andrew Loog Oldhams Darstellung des Tohuwabohus bei den Aufnahmen korrekt ist. „Alle waren im Regieraum und rauchten Dope. Von dort aus konnte man die gesamte Länge des Studios überblicken, und das war ein reichlich großer Raum. Plötzlich sah ich am entgegengesetzten Ende etwa acht Polizisten, die durch eine Tür traten und quer durch das Studio auf uns zukamen. Ich bin sofort aus dem Regieraum gerannt und habe die beiden Ersten angehalten. ‚Macht schnell', sagte ich. ‚Habt ihr Knüppel?' Beide holten daraufhin ihre Knüppel raus. ‚Genau', sagte ich. ‚Und jetzt schlagt sie gegeneinander.' Die Bullen schlugen ihre Knüppel gegeneinander. ‚Perfekt', sagte ich. ‚Das ist genau das, was wir für die Nummer brauchen. Könnten Sie sich bitte hierhin setzen und das während der Aufnahme tun?' Sie setzten sich alle völlig verunsichert hin, vergaßen ganz, dass sie uns hochgehen lassen wollten, und wir haben aufgenommen, wie zwei von ihnen ihre Knüppel gegeneinander schlugen. Ich glaube, das ist sogar auf der endgültigen Aufnahme mit drauf."

Schon bist du ein Verfassungsfeind

Wie ein Staatsfeind wurde John Lennon 1971 behandelt, nachdem er in Michigan ein Benefizkonzert für den Studenten John Sinclair gegeben hatte, der wegen zweier Joints für fünf Jahre in den Knast sollte. Der Ex-Beatle, der 1965 auf einer Toilette des Buckingham-Palasts Grass geraucht hatte, bevor ihm die Queen den Orden „Member of the British Empire" verlieh, wurde sechs Monate lang rund um die Uhr vom FBI überwacht. US-Präsident Richard Nixon ließ dabei dieselben „dirty tricks" anwenden wie in der Watergate-Affäre, über die er schließlich stürzte.

Die stärkste Waffe des FBI im Kampf gegen Lennons Anti-Vietnamkrieg-Kampagne war, so Professor Wiener von der University of California nach dem Studium der fünfzehn Kilogramm wiegenden Lennon-Akten, „eine geradezu zelebrierte Schwerfälligkeit der Bürokratie". Auf diese Weise sei Lennon gezwungen worden, „gegen den gegen ihn erwirkten Deportationsbeschluss vorzugehen".

Der „wegen nationaler Verteidigung oder Außenpolitik" als vertraulich eingestufte Bericht enthält unter anderem den Text des Lennon-Songs „John Sinclair", der laut FBI „nicht den üblichen Standard Lennons" erreiche. Keine allzu hohe Meinung hatte Nixons anonymer Popkritiker auch von Lennons Frau Yoko Ono. Die könne, heißt es in dem Dossier, „nicht einmal den Ton halten".

Im Gegensatz zu John Lennon hatte der Alkoholiker Pete Townshend (The Who) kein Erbarmen mit dem inhaftierten Kiffer Sinclair. Als der Yippie-Führer Abbie Hoffman auf dem legendären Woodstock-Festival im LSD-Rausch das Publikum aufforderte, loszumarschieren und John Sinclair aus dem Knast zu befreien, zog Townshend ihm, erbost über die Unterbrechung, seine Gitarre über den Schädel.

Pancho Villas Geheimwaffe

Als Pancho Villa im April 1913 mit acht Kameraden, drei Pferden, je zwei Pfund Zucker und Kaffee und einem Pfund Salz in El Paso, Texas, aufbrach, um Mexiko von der Militärdiktatur zu befreien, wurde er zum Helden eines der heute bekanntesten Volkslieder der Welt: „La Cucaracha". In immer wieder aktualisierten Strophen pries das Lied die militärischen Erfolge der „Küchenschabe", wie Villa liebevoll genannt wurde. Die gesungene Info-Illustrierte klärte das Volk aber auch darüber auf, warum der General bei seinem Marsch nach Mexico City immer wieder Pausen einlegte: „Die Küchenschabe, die Küchenschabe kann nicht mehr marschieren, denn sie hat kein, denn sie hat kein Marihuana zu rauchen."

In der Tat half Marihuana Pancho Villas Armee, die Strapazen des Kriegs zu ertragen (wie auch die Franzosen in Indochina und die Amerikaner in Vietnam sich mit Grass zudröhnten, um nicht völlig auf den Horror zu kommen). Als im März 1914 das letzte Hindernis auf dem Weg in die Kapitale, das Städtchen Torreón, genommen werden sollte, musste der Angriff jedoch verschoben werden, weil der General plötzlich verschwunden war. Erst drei Tage später kehrte La Cucaracha von der Hochzeitsfeier eines Freundes zurück – völlig verkatert und mit geröteten Augen. Der Krieg konnte weitergehen.

Das Ende der Animals

Als The Animals, die ewigen Zweiten, „It's My Life“ aufnahmen, schworen sie, sich aufzulösen, wenn die Single nicht Nummer eins würde. Doch dann kam zeitgleich „Hey Jude“ von den Beatles raus, und die Animals landeten wieder nur auf dem zweiten Platz der britischen Charts. Eric Burdon verließ daraufhin die Band. Es wäre sicherlich einfach, den Wahrheitsgehalt dieser Anekdote nachzuprüfen. Aber diese Geschichte erzähle ich schon seit zwanzig Jahren, und bislang hat sie noch jeder bereitwillig geglaubt.

KAPITEL 15

The Great Gig In The Sky

Apocalypse Now!

DREISSIG JAHRE LANG WAR Woodstock das Symbol schlechthin für Friede, Freude, Eierkuchen. Seitdem sich 1969 fünfhunderttausend Hippies auf Max Yasgurs Farm im Staat New York getroffen hatten, um sich drei Tage lang friedlich wie die Ferkel im Schlamm zu suhlen, wurde stets der Geist von Woodstock beschworen, wenn auf irgendeinem Acker ein Openairfestival stattfand. Denn Woodstock stand für den Aufbruch von weißen Mittelstandsjugendlichen ins Nirwana und markierte den Höhepunkt einer Gegenkultur, die bereits in den Siebzigerjahren wieder den Weg des Machbaren ging.

Dass Woodstock zum Mythos wurde, verdankte das Festival vor allem einem Konzertfilm, der ein paar Jahre später in die Kinos kam und die Realität – miese Verpflegung, miese Drogen und ein mieser Sound – zu einem sinnlichen Erlebnis „verdichtete". Aber auch Joni Mitchell, die auf dem Weg dorthin im Stau stecken geblieben war, strickte eifrig mit am Mythos und textete: „By the time we got to Woodstock we were half a million strong and everywhere was a song and a celebration."

Musik satt gab's auch bei der zweiten Wiederaufbereitung des legendärsten Rockfestivals aller Zeiten, das 1999 auf einem stillgelegten Luftwaffenstützpunkt bei Rome, US-Bundesstaat New York, über die Bühne ging. Das Hippie-Motto „Love and Peace" wurde allerdings in sein Gegenteil verkehrt. Statt die Kerzen, die von den Red Hot Chili Peppers während ihres Auftritts am letzten Abend verteilt wurden, verträumt in den Himmel zu halten und so die verbindende Kraft des alten Woodstock zu spüren, steckten Besucher damit Souvenirstände, Wohnwagen und Lautsprechertürme in Brand. Als die Band zur Zugabe, einer Coverversion von „Fire" von Jimi Hendrix, wieder die Bühne betrat, raunte ihr Frontman Anthony Kiedis: „Heilige Scheiße! Da draußen sieht's aus wie in *Apocalypse Now* ..."

Am Ende des viertägigen, wesentlich professioneller organisierten Festivals entlud sich die aufgestaute Wut der zweihundertfünfundzwanzigtausend Fans in einem Akt der Gewalt. Als endlich fünfhundert Polizisten in voller Kampfmontur am Ort des Aufruhrs eintrafen, sahen sie sich mit

Kids konfrontiert, die im Schein brennender Benzintanks tanzten oder wie besessen dazu auf ausgebrannten Autowracks Schlagzeug spielten. Bei Temperaturen von zweiunddreißig Grad Celsius hatten Händler deren Not schamlos ausgenutzt und vier Dollar für eine Flasche Wasser verlangt – nun schlugen die Fans zurück und zogen plündernd und brandschatzend über das Festivalgelände.

Auch sonst blieb vom Woodstock-Mythos nichts mehr übrig. Berichten zufolge sollen State Troopers mit barbusigen Mädchen für Fotografen posiert und sie zum Striptease ermuntert haben. Ein Mädchen wurde an einer nahen Tankstelle vergewaltigt, ein anderes, das aus Pittsburgh angereist war, um „Love, Peace & Music“ zu erleben, während des Auftritts der Band Limp Bizkit.

Dass insgesamt nur vier Vergewaltigungen aktenkundig wurden, mochte Sheryl Crow kaum glauben. Hatte sie doch von der Bühne aus beobachten können, wie Frauen begrapscht wurden, ohne dass irgendjemand einschritt.

Obwohl das aufgebrachte Publikum den Woodstock-Mythos endgültig beerdigte, ist bereits eine Fortsetzung anberaumt. Das nächste Mal soll Woodstock im Jahr 2004 stattfinden, fünfunddreißig Jahre, nachdem es zum Symbol für Frieden, Liebe und Freiheit wurde – und nicht für Wucher, Brandstiftung und Vergewaltigung.

Angst essen Seele auf

Bevor The Band im Februar 1969 nach dreijähriger Abstinenz in San Franciscos *Winterland* die Bühne betrat, ließ Robbie Robertson sich hypnotisieren. Die Symptome deuteten zwar auf eine Grippe hin, doch Robertson hatte schlicht Angst davor, auf die Bühne zu gehen, so groß war der Druck, der auf ihm lastete. Anschließend verarbeitete er sein Lampenfieber im Song „Stage Fright", in dem ihm ein Doktor riet: „You can make it in your disguise / Just never show the fear when it's in your eyes."

Robertson war, im Gegensatz zu so manchem Kollegen, noch mal glimpflich davongekommen und musste sich künftig nicht mehr vor jedem Auftritt übergeben wie Cher, John Lydon oder Johnny Marr von The Smiths.

Mitunter kann Lampenfieber extrem dramatische Ausmaße annehmen. Der Beach Boy Brian Wilson wurde von dem Stress mit seinem Vater und seinen Brüdern, die ihn gedrängt hatten, in nur zwei Jahren Songs für sieben Alben zu schreiben, nicht nur auf einem Ohr taub, sondern schloss sich schließlich auch in seinem Hotelzimmer ein, um nicht auf die Bühne gezerrt zu werden. Barbra Streisand trat siebenundzwanzig Jahre lang nicht mehr auf, weil angeblich einhundertfünfunddreißigtausend Zuschauer zugesehen hatten, als sie einmal einen Fehler machte. Und die englische New-Wave-Band XTC musste sich gar nach einem Konzert in San Diego auflösen, weil Andy Partridge sich live immer hundeelend fühlte und dachte, er würde gleich sterben.

Auch wenn sich Bühnenangst bei jedem Künstler anders äußert, so ist doch kaum jemand davor gefeit. So hing John Lennon vor seinem letzten Auftritt mit Elton John im Madison Square Garden 1974 mit dem Kopf über der Kloschüssel, und Chaka Khan passierte gar das Malheur, sich während eines Konzerts zu übergeben – die Frau in der ersten Reihe, die alles abbekam, soll davon nicht gerade begeistert gewesen sein.

Um das Lampenfieber zu überwinden, erscheint jedes Mittel recht. So aßen die Ramones vor jedem Gig scharfe Currygerichte, was allerdings nicht bei allen die gewünschte Wirkung erzielte. Ihr Bassist Dee Dee übergab sich trotzdem regelmäßig auf der Bühne, sodass in seiner Nähe stets ein Eimer bereit stand, in den er sich erleichtern konnte.

Mehr Glück hatte da schon der Schlagzeuger der New-Wave-Band Shed Seven. Um sein Lampenfieber zu überwinden, lief er vor einem Konzert in Luzern nackt über die Bühne. Offensichtlich erfolgreich – Alan Leech schwört, dass er seitdem nie wieder Probleme damit gehabt habe und sein Magen ein Ozean der Ruhe sei.

Tod eines Straßenmusikers

„Ich habe noch nie einen Mord aus so einem nichtigen Grund gesehen", begründete der texanische Bezirksstaatsanwalt Mark Skurka seinen Antrag, den achtundvierzigjährigen Ramon Cabrera zu neunundneunzig Jahren Haft zu verknacken. Cabrera hatte zusammen mit dem neun Jahre älteren David Saenz auf der Straße gesessen und Bier getrunken, als der zur Gitarre griff und für seine Nachbarn ein paar Songs klimperte. Wiederholt bat Cabrera ihn, sein Lieblingslied „El Pavo" (Der Truthahn) zu spielen, erhielt jedoch jedes Mal einen Korb, weil Saenz den Text nicht kannte. Cabrera ging daraufhin nachhause, holte eine Pistole und erschoss den Straßenmusiker vor den Augen seiner Nachbarn.

Null Bock auf Major Tom

David Bowie hat schon seit langem keine Lust mehr, seinen wohl bekanntesten Hit „Space Oddity" zu singen, schon gar nicht „dreihundertmal im Jahr und das dreißig Jahre lang". Die Rolling Stones könnten so einen Song „mit großem Enthusiasmus zelebrieren oder diesen Enthusiasmus wenigstens vortäuschen", gestand er dem *Spiegel,* ihm käme das Publikum jedoch schon sehr bald „auf die Schliche". Denn wenn er sich langweile, würde man ihm das sofort ansehen. Weshalb er das Stück aus dem Jahr 1969 höchstens noch in einer Privatvorstellung für seine Frau Iman singt – „damit sie etwas zu lachen hat".

Zu dem Song hatte Bowie ein altes Theaterplakat inspiriert, das einen Auftritt des Zirkusclowns Tom Major alias Abraham Thomas Ball im Londoner Stadtteil Brixton ankündigte. Wie das *Q*-Magazin recherchierte, hat sich Major in den Fünfzigerjahren tatsächlich in der Gegend um Brixton aufgehalten. In den Sechzigern habe Tom Major seinen Lebensunterhalt allerdings nicht mehr mit Zirkusauftritten verdient. Zur fraglichen Zeit, in der sich Bowie von dem Clown zu seinem berühmten Major Tom inspirieren ließ, produzierte das Vorbild mit seiner Frau Kate längst Gartenzwerge.

Offenbar sehr erfolgreich: Ein nach den Gnomen des Paars geratener Politiker, John Major, brachte es später sogar zum englischen Premierminister.

Horrorschau in Ochsenzoll

Als die Düsseldorfer Fortuna noch in der ersten Fußball-Bundesliga spielte, begrüßten die Fans ihren Trainer Aleksandar Ristic stets mit einem Lied der Toten Hosen: „Hier kommt Alex“. Obwohl die Hosen kaum ein Spiel der Fortuna versäumten und dem Verein sogar einhundertfünfzigtausend Mark gespendet hatten, damit der sich den Spieler Anthony Baffoe kaufen konnte, war das Lied beileibe kein Fußball-Song. Vielmehr hatten sie „Hier kommt Alex“ für eine Aufführung des Romans *A Clockwork Orange* von Anthony Burgess in den Bonner Kammerspielen geschrieben, in der sie auch selbst mitspielten.

In dem Song erzählen die Toten Hosen, frei nach Burgess, die Geschichte des fünfzehnjährigen Alex, der abends mit seinen Kumpels loszieht und nicht nur die Zeit totschlägt. Alex und seine Droogs, die mitunter die Züge von Skinheads, Neonazis oder Crash Kids tragen, terrorisieren ihre Umgebung, „klatschen“ Penner und nötigen einen Schriftsteller, auch noch Zeuge der Vergewaltigung seiner Ehefrau zu sein. Von seinen Freunden verraten, landet der Beethoven-Fan Alex schließlich im Knast, wo er sich einer umstrittenen Resozialisierungstherapie als Versuchskaninchen zur Verfügung stellt, um früher rauszukommen. Mit der „Ludovico-Therapie“ will der von Burgess abstrakt gehaltene Innenminister in den Gefängnissen Platz für politische Gefangene schaffen; dabei werden Täter einer Gehirnwäsche unterzogen, die aus ihnen nach der Entlassung potenzielle Opfer macht. Alex wird „zum Guten getrieben, sobald ihn böse Absichten bewegen“. Schon beim Gedanken an gewalttätige Aktionen wird ihm schlecht, sodass er Angriffen und Racheaktionen hilflos ausgeliefert ist.

Mit seiner Parabel sprach sich Burgess für „eine Welt der Gewalt bei vollem Bewusstsein“ aus, im Gegensatz zu „einer Welt, die darauf abgerichtet ist, gut oder harmlos zu sein“. Gerade im Bösen sah Burgess eine theologische Notwendigkeit: Menschen, die keine Wahl hätten, könnten auch keine freien moralischen Entscheidungen treffen. Gewalt rechtfertige folglich keinen so rigorosen Eingriff des Staates wie Gehirnwäsche.

Wie wenig der 1962 geschriebene Roman an visionärer Aussagekraft eingebüßt hatte, zeigte sich einunddreißig Jahre später, als der mit lila

Totenköpfen verzierte Tourbus der Toten Hosen vor der Psychiatrischen Abteilung des Allgemeinen Krankenhauses Hamburg-Ochsenzoll hielt. Zwei Insassen der Anstalt, „Schizo-Thorsten“ und „Manic Mike“, hatten im Radio gehört, dass Deutschlands Punkband Nummer eins wieder mal auf „Magical Mystery Tour“ ging, und sich um einen Auftritt beworben. Daran geglaubt, dass die Gruppe tatsächlich kommen würde, hatten sie allerdings nicht so recht.

In den Tagen zuvor hatten die Toten Hosen im Kloster der Englischen Fräulein in Altötting, auf der eintausendachthundert Meter hoch gelegenen und nur zu Fuß erreichbaren Raxalpe bei Wien, in der vierzig Quadratmeter großen Wohnung einer Düsseldorfer Studentin und auf einer Hochzeit in Hannover gespielt. Doch das waren „normale“ Konzerte im Vergleich zu dem gewesen, was ihnen nun in der Psychiatrie Ochsenzoll bevorstand.

Die meisten Patienten saßen apathisch herum und beäugten skeptisch, wie die Gitarristen Breiti und Kuddel in die Saiten griffen, Andi den Bass zupfte, Wölli auf die Felle haute und Campino sich die Seele aus dem Leib schrie. Als würde sie das alles nicht interessieren. Als Band kommt man sich in so einer Situation ganz schön nackt vor und würde am liebsten erst mal die Pillen einwerfen, die man ihnen im Tausch gegen Dosenbier angeboten hatte.

Nur durch eine weiße Linie auf dem Boden waren die Patienten von der Band getrennt, doch die Barriere schien unüberwindbar. Bis Campino den Raum verließ und auf dem Flur „Hier kommt Alex“ weitersang: „In einer Zeit, in der man nur noch lebt, damit man täglich roboten geht, ist die größte Aufregung, die es noch gibt, das allabendliche Fernsehbild. Jeder Mensch ist wie ein Uhrwerk, wie ein Computer programmiert. Keiner, der sich dagegen wehrt, nur ein paar Jugendliche sind frustriert.“

Einen Moment lang waren da all die Psychosen und Neurosen vergessen, überwanden Punks und Patienten gemeinsam ihre Berührungsängste. Oberarzt Birger Dulz sah denn auch gerade darin einen nicht zu unterschätzenden therapeutischen Effekt: „Wenn wir alle Einflüsse fern halten, führt das nur zur Hospitalisierung. Wir wollen aber dazu beitragen, dass unsere Patienten draußen leben können, dass sie ihre Interessen vertreten und sinnvoll handeln.“ Was so „ein kleines bisschen Horrorschau“ eben manchmal ausmacht: Auch wenn die Toten Hosen die Einladung, „in unserer Wutgruppe“ einzuchecken, nicht annehmen konnten, trugen sie doch dazu bei, dass sich die Angst der Insassen vor Beziehungen wenigstens punktuell oder zeitweise veränderte.

Kündigungsgrund

Eine Woche, nachdem die Gruppe Velvet Underground ihr Live-Debüt im Vorprogramm von The Myddle Class gegeben hatte, erhielt sie ein zweiwöchiges Engagement im *Café Bizarre* in Manhattans Mac Dougal Street. Beim Publikum kamen sie ähnlich gut an wie bei ihrem Debütkonzert in der Vorort-Highschool, wo sie den Saalräumer gespielt hatten – sehr zum Verdruss der Hauptattraktion des Abends, The Myddle Class, die vor nahezu leeren Rängen auftreten mussten.

Die Touristen, die das *Café Bizarre* frequentierten und lediglich in aller Ruhe ein paar Ansichtskarten schreiben wollten, guckten jedenfalls reichlich verstört auf, wenn Lou Reed sang: „Heroin – it's my life and it's my wife." Und die Frau des Geschäftsführers setzte ihnen nach ein paar Abenden die Pistole auf die Brust – wenn Velvet Underground noch einmal „The Black Angel's Death Song" spielten, könnten sie sich ihren Vertrag in die Haare schmieren.

Bevor sie die Herausforderung annehmen konnten, machte ihnen glücklicherweise jedoch Andy Warhol samt seinem Hofstaat die Aufwartung. Während sie „Venus In Furs" spielten, führte der Dichter Gérard Malanga mit einer Peitsche aus Reptilleder einen sehr ausgefallenen Tanz in dem Café auf und sorgte so zum ersten Mal für eine Atmosphäre, die der Band zusagte. Von einer vorzeitigen Beendigung des Engagements war nach dem Besuch des Pop-Art-Papsts natürlich nicht mehr die Rede.

Wohnzimmer der Subkultur

Der New-Yorker *Mudd Club* existierte nur sechs Jahre lang, doch in dieser relativ kurzen Zeit schaffte es Steve Mass, aus dem schmucklosen Laden eine Legende zu machen. Unterhalb der Canal Street, im damals noch berüchtigten Stadtteil Tribeca gelegen, bestand der Raum praktisch nur aus einer Bar, an der man auch sitzen konnte, und einer Tanzfläche aus Parkett, die Wände waren weiß getüncht, und das Licht war grell und bunt. Ähnlich wie Kippenbergers *SO 36* in Berlin-Kreuzberg, spiegelte der *Mudd Club* die neue harte (Punk-)Zeit, in der nur der Kontrast zählte.

Kurz nach der Eröffnung 1978 spielten dort Bands wie Blondie oder die B-52's. Kathy Acker und Lydia Lunch trugen erste Texte vor. Jim Jarmusch lud zur Filmpremiere. Jenny Holzer stellte aus. Calvin Klein bat zur Modenschau. Keith Haring jobbte als Türsteher. Und mittendrin stand Frank Zappa, der später in seinem „Mudd Club"-Song jenen Abend unsterblich werden ließ, an dem der Maler Jean-Michel Basquiat „mit blauem Irokesenschnitt" und „in schwerem Leder, schwarzen Sackkleidern und auf zwanzig Zentimeter hohen Absätzen" hereingeschneit kam.

In der Downtown-Szene New Yorks wurde der Klubbesitzer Steve Mass schon bald nur noch „Dr. Mudd" genannt, in Anspielung an Dr. Samuel Alex Mudd, der John Wilkes Booth nach seinem Attentat auf Präsident Abraham Lincoln verarztet hatte. Je populärer der Klub wurde, desto mehr verflachte allerdings auch das Programm. Immer häufiger traten auch normale Rockbands wie U2 in dem Underground-Treff auf, bis es im Orwell-Jahr 1984 ganz vorbei war mit der subkulturellen Pracht und Herrlichkeit. Die New Wave war versandet, der Türsteher des *Mudd Club* ein international gefragter Künstler, und die Karawane war weitergezogen in einen anderen Klub, die *Danceteria,* wo ein Liftgirl namens Madonna gerade ihre Karriere startete.

Ruhe in Frieden

Als Madonna im Mai 2001 zwei Konzerte in der *Kölnarena* wegen technischer Probleme ersatzlos streichen ließ, waren all jene Fans stinksauer, die stundenlang nach Karten angestanden hatten, sie aber nun wieder zurückgeben konnten. Manch einer machte seinem Ärger per Leserbrief an *Die Welt* Luft und drohte, den Popstar nun ebenfalls ersatzlos zu streichen – aus dem Repertoire seiner Lieblingsmusiker. Allein *Welt*-Leser Ulrich Clauss hielt Madonna weiterhin für „ersatzlos" und erinnerte sich in diesem Zusammenhang an ein Neil-Young-Konzert, das im Chaos zu enden drohte, weil der Künstler „indisponiert" war.

Nachdem das Publikum zwei Stunden lang vergebens auf Neil Young gewartet hatte, witterte es Betrug und drängte zur Bühne. Um die brenzlige Situation zu entschärfen, ergriff der Veranstalter eine außergewöhnliche Maßnahme. Ein Roadie wurde auf eine Bahre aus Mikrofonständern verfrachtet, über seine gekreuzten Arme legte man ihm eine Gitarre, und sein Gesicht wurde mit purpurfarbenen Handtüchern bedeckt. Als die Bahre durch das Publikum getragen wurde, während der Gitarrist von Neil Youngs Band den Refrain von „Hey Hey, My My, Rock 'n' Roll Will Never Die" spielte, folgte die eben noch aufgebrachte Menge dem „Corpus" in ehrfürchtigem Abstand aus dem Saal. Dass es nicht Neil Young war, der da hinaustransportiert wurde, bekam Gott sei Dank niemand mit. Statt die Halle auseinander zu nehmen, weil Neil Young so lange auf sich warten ließ, hätten die Fans daraufhin seinen Song mitgesungen und seien friedlich nachhause gegangen, berichtete *Welt*-Leser Ulrich Clauss.

Stones aus der Konserve

Klein beigeben musste *Der Spiegel* 1996, nachdem er im Jahr zuvor in einem groß aufgemachten Bericht ausgerechnet die Rolling Stones des Playbacks bezichtigt hatte. Ein vermeintlicher Patzer beim Song „Rock And A Hard Place", der nicht nur beim Konzert am 20. Juni 1995 im Müngersdorfer Stadion in Köln das mitklatschende Publikum aus dem Takt gebracht habe, sondern auch auf Bootlegs von vier weiteren Konzerten ihrer *Voodoo Lounge*-Welttournee dokumentiert sei, hatte die Enthüllungsspezialisten von der Hamburger Brandstwiete Blut lecken lassen. Der „immer wiederkehrende" angebliche Fehler in „Rock And A Hard Place" war den *Spiegel*-Redakteuren so gravierend erschienen, dass sie den bei Konzerten in Köln und Schüttorf mitgeschnittenen Song per Computer analysieren ließen. Ergebnis des Tonvergleichs: Die Aufnahmen wiesen „einen verblüffenden Synchronismus innerhalb einzelner Songpassagen" auf. Für den *Spiegel* erhärtete sich damit der Verdacht, dass die Stones, „die als letzte Verfechter von ehrlicher, handgemachter Musik gegen die Invasion des glatten Computersounds galten", ihre Fans „über größere Strecken mit vorproduzierten Klängen aus der elektronischen Konserve beschallt" hätten.

Michael Philip Jagger, Keith Richards, Charles Robert Watts und Ronald Wood reagierten umgehend. Im Oktober 1995 musste der *Spiegel* ihre Gegendarstellung abdrucken, in der sie beteuerten: „Bei keiner Gelegenheit unserer *Voodoo Lounge*-Welttournee hat ein Mitglied unserer Gruppe auch nur irgendeinen Teil seiner Darbietung zu vorproduzierter Musik imitiert." Und Keith Richards drohte den *Spiegel*-Chefs mit einer Schadenersatzklage: „Die haben sich den falschen Typen ausgesucht. Diese Sache wird sie etwas kosten."

Eine Klage wegen Rufschädigung konnten die *Spiegel*-Justiziare offenbar nach langwierigen Verhandlungen mit einem redaktionellen Kniefall abwenden. Ein gutes Jahr später – der lächerliche Vorwurf war fast vergessen – gestand man zerknirscht ein, die Stones „zu Unrecht" des Playbacks verdächtigt zu haben: „Tatsächlich hat der Toningenieur der Band, Benjamin L. Lefevre, den Soundeffekt bei der fraglichen Stelle des Songs

‚Rock And A Hard Place' jeweils dadurch erzielt, dass er an seinem Mischpult die Mikrofone und Instrumentenausgänge für die Band mit Ausnahme des Mikrofons von Mick Jagger jeweils von Hand für einige Sekunden schloss und dann wieder öffnete." Bei den meisten Gruppen, entschuldigte sich das Magazin, würden „solche Einsätze bei Liveauftritten schon seit Jahren von einem computergesteuerten Mischpult erledigt". Anders bei den Stones: Sie spielten „eben wirklich live".

Um seinen guten Ruf sorgte sich auch das Elektronik-Duo Pet Shop Boys. Allerdings nicht, weil man ihm vorgeworfen hätte, nicht wirklich live zu spielen, sondern weil der britische Autor Roger Scruton in seinem Buch *An Intelligent Person's Guide To Modern Culture* behauptete, „der Beitrag der Pet Shop Boys zu ihrer eigenen Musik" sei „eher minimal". Neil Tennant und Chris Lowe strengten daraufhin eine Verleumdungsklage gegen Scruton an – und gewannen. Scruton musste seine Behauptung zurückziehen, die Musik der Pet Shop Boys sei fast ausschließlich das Werk von Toningenieuren. Wie dessen Anwältin Jane Phillips mitteilte, seien die Vorwürfe „völlig unbegründet" gewesen, weshalb ihr Mandant den Pet Shop Boys die Anwaltskosten erstatten und außerdem Schadenersatz leisten werde.

Bizarres Duo

Iggy Pop, der Altmeister des Punkrock, käme nie auf die Idee, sagt er, einen Song von Britney Spears zu singen, denn „die stinken zum Himmel." Andererseits will er es aber auch nicht ausschließen, mal gemeinsam mit ihr aufzutreten. Allerdings müsste sie dann schon einen seiner Songs trällern: „Wenn Britney den Refrain zu ‚I Wanna Be Your Dog' singt, ist sie jederzeit willkommen."

KAPITEL 16

Samples

Ohne Elvis läuft nichts mehr

Der japanische Ministerpräsident Junichiro Koizumi outete sich vor Parlamentariern als Fan von Elvis Presley und der Heavy-Metal-Band X Japan, die er noch immer in den eigenen vier Papierwänden höre, obwohl sie sich längst aufgelöst habe. „Das Herrlichste" sei es für ihn jedoch, in die Oper zu gehen. Koizumi, dessen vorrangigste Aufgabe darin bestand, den japanischen Staatshaushalt zu sanieren, hielt auch mit seiner Sympathie für den Märchenkönig Ludwig II. nicht hinterm Berg. Darauf anspielend, dass der Bayern-Kini den Komponisten Richard Wagner so massiv gesponsert habe, dass sein Königreich fast pleite gegangen wäre, gestand er den verblüfften Abgeordneten: „Wenn es nur nach mir ginge, würde ich genauso handeln."

Ohne Elvis kommt auch der thailändische Ministerpräsident Thaksin Shinawatra nicht mehr aus. Weil ein Golfball nicht allzu weit fliegt, wenn man ihn zu hart schlägt, summt er beim Abschlag immer Presleys Rock 'n' Roll-Schnulze „Love Me Tender", um ihn besonders gefühlvoll zu treffen.

Eingebung oder harte Arbeit?

Als Texte noch mehr wahrgenommen wurden als heute, traf der Keyboarder Ray Manzarek am Strand von Venice Beach einen gewissen Jim Morrison, der ihm den Song „Moonlight Drive“ vorsang. Manzarek begriff sofort, dass das ein wunderbares Lied war, und gründete zusammen mit Morrison The Doors.

Nicht jedem fliegen die Texte allerdings so zu wie Morrison, der nicht nur ein herausragender Sänger war, sondern auch ein Poet, und der als solcher auch in Frankreich verehrt und mit Rimbaud oder Lautréamont verglichen wird. Für Marius Müller-Westernhagen zumindest ist das Schreiben eines Texts nicht gerade ein Zuckerschlecken. Oft hat er ein Bild im Kopf, zu dem er frei assoziiert, und manchmal erfasst er einen Text intellektuell sogar erst, „wenn er fertig ist“. Dass ihm das Schreiben eines Texts leicht von der Hand geht, kann er wirklich nicht behaupten: „Die erste Zeile ist Eingebung, ab dann ist es harte Arbeit.“

Besser flutschte es da schon für Bruce Springsteen, als er sein Album *Born In The USA* aufnahm. Springsteen hatte dafür ungefähr siebzig Songs geschrieben, doch als die Platte fast fertig war, kam es zwischen ihm und seinem Manager Jon Landau zu einer ihrer sehr seltenen Auseinandersetzungen. Landau vermisste noch eine Hit-Single, und so setzte der Boss sich hin und schrieb „Dancing In The Dark“. Der Song handelt von der frustrierenden Unfähigkeit, eine Hit-Single zu komponieren, und landete später auf Platz zwei der US-Charts.

Berühmt für fünf Minuten

Als der ehemalige Postangestellte Bob Hewson im Alter von fünfundsiebzig Jahren an Krebs starb, stand sein Sohn, der U2-Sänger Bono Vox, gerade in London auf der Bühne. An den vorangegangenen Abenden der *Elevation 2001*-Tournee war Bono stets sofort nach Konzertende von England nach Dublin geflogen, um seinem Vater in den letzten Stunden beizustehen. Doch an diesem Tag wollte Bob Hewson nicht warten, bis die Show zu Ende ist.

Die Nachricht vom Tod seines Vaters erreichte Bono mitten im Konzert. U2 widmeten Bob Hewson daraufhin den Song „Kite“ von ihrem aktuellen Album *All That You Can't Leave Behind*. Und Bono nahm öffentlich Abschied: „Er war ein großartiger Tenor und hat immer gesagt, wenn ich seine Stimme hätte, wer weiß, was dann aus mir geworden wäre.“

Fünf Minuten lang berühmt wurde auch der achtunddreißigjährige Arbeitslose Gordon Roy aus Wishaw, Lancashire. Als sein Freund Donald von einem Bus überfahren wurde und starb, überlegte er angestrengt, wie er ihm am besten posthum seine Reverenz erweisen könne. Es dauerte fünf Jahre, doch dann kam Roy die richtige Idee. In einer dreistündigen Sitzung ließ er sich zum Preis von fünfundsechzig englischen Pfund den gesamten Text von Led Zeppelins Hochzeitshymne und Beerdigungslied „Stairway To Heaven“ auf den Rücken tätowieren.

Frank Zappa und das Bäuerchen einer Masseuse

Wenn Dot Stein loslegt, werden auch die härtesten Rockstars weich wie Butter. Denn die in Berlin lebende Amerikanerin wird immer dann gerufen, wenn Musiker über verspannte Rückenmuskeln oder steife Hälse klagen, was angesichts zugiger Hallen und Tourneebusse häufiger vorkommt, als man denkt.

Zu den ersten Patienten der gelernten Masseurin gehörten die Grateful Dead, mit den Stones tourte sie zwei Monate lang durch Europa, und Noel Gallagher von Oasis prophezeite ihr schon, dass sie ihn eines Tages massieren würde, als er noch Roadie bei den Inspiral Carpets war. Ihre Erlebnisse mit Sting, David Bowie oder The Who verarbeitete die Lady mit den heilenden Händen, die sich mittlerweile Dr. Dot nennt, bereits zu einem Buch. Und sogar auf einer Platte ist sie zu hören.

Als Frank Zappa sie einst rülpsen hörte, wollte er das Bäuerchen unbedingt aufnehmen. Nach einer Flasche Cola Light war es schließlich so weit. Dot Steins Rülpser ist in Zappas Song „A Few Moments With Brother A. West“ zu hören.

HipHop goes to Hollywood

SATTE ANDERTHALB MILLIONEN MARK kostete die Produktion eines Videoclips des Wu-Tang Clan, das 1997 in Los Angeles gedreht wurde, aber in New York spielt, wo die East-Coast-Rapper auch leben. Der Löwenanteil der Kosten ging zwar für Spezialeffekte und Nachbearbeitungen drauf, doch der Aufwand, der für den fünfeinhalbminütigen Clip betrieben wurde, war durchaus mit dem vergleichbar, der bei einem Spielfilm notwendig ist.

Dementsprechend divenhaft verhielten sich auch die Mitglieder des Clans. Gleich am zweiten Drehtag, berichtete der *Spiegel,* warteten die vierzig Techniker und dreißig Statisten stundenlang auf den Clan-Gründer RZA, der den Trip ins ferne L. A. nutzte, um mit einer Plattenfirma zu verhandeln. Als er endlich auftauchte, wollte Kollege Method Man sich nicht ohne schwarze Timberland-Schuhe filmen lassen. Dann verließen zwei andere Clan-Mitglieder mitten im Dreh den Set, weil sie ihren Flieger zurück nach New York nicht verpassen wollten. Und gar nicht erst an Land kam ihr Ol' Dirty Bastard, den Tourmanager Papa Wu doubeln musste.

Reichlich genervt äußerte sich denn auch Brett Ratner, der Regisseur der kruden und kryptischen Story über den Angriff von Killerbienen, die in New York die Macht übernehmen und alles Negative vernichten: „Die wollen das tollste Video der Musikgeschichte machen, dabei könnte ich sie vor eine Wand stellen, und der Film wäre ein Hit." Das hätte, so Ratner, auch gereicht, und es hätte die Plattenfirma höchstens vierzigtausend Dollar gekostet.

Pop im Zeitalter seiner technischen Reproduzierbarkeit

Mat Osman von der David-Bowie-Revival-Band Suede hat offenbar Walter Benjamins Studie über „Das Kunstwerk im Zeitalter seiner technischen Reproduzierbarkeit“ gelesen: „Musik ist nicht wie Kunst, wo du vierzig Meilen fahren musst, um eine Ausstellung zu sehen, oder wo du ein paar tausend Pfund bezahlen musst. Musik ist jedem zugänglich. Niemand ist daran interessiert, das original Masterband von *Sergeant Pepper* zu besitzen, jede blöde Cassettenaufnahme ist genauso wunderbar.“

Osman irrte gewaltig. Die erste Schallplatte der Beatles, die je im Radio lief, der 1962 entstandene Song „Love Me Do“, wurde im November 1994 vom Londoner Auktionshaus Bonhams für siebenundzwanzigtausend Mark versteigert. Seitdem hängt die Scheibe, schön gerahmt, im Büro des spanischen Musikverlegers Mikel Barsa.

Zehnmal so hoch bewertet das britische Magazin *Record Collector* gar die Ballade „In Spite Of All The Danger“ von Paul McCartney und George Harrison, die sich nur auf einer einzigen Schallplatte dreht – mit achtundsiebzig Umdrehungen in der Minute. Sie wurde 1958, als die Beatles sich noch The Quarrymen nannten, mit einem tragbaren „Disc Cutter“ aufgenommen. Dass sie diesen Preis je bei einer Auktion erzielen wird, gilt jedoch als unwahrscheinlich – sie befindet sich im Besitz von Paul McCartney.

Doch, doch, er ist ein Rockstar

Bei den Rolling Stones stand Bill Wyman stets im Schatten von Mick Jagger und Keith Richards. Fast alle Songs schrieben die Glimmer Twins, und dementsprechend niedrig waren die Erwartungen, die man 1982 an sein drittes Soloalbum knüpfte. Zur großen Überraschung des Stones-Sängers landete Wyman mit der daraus ausgekoppelten Single „(Si si) Je suis un rock star" jedoch einen kleinen Hit, der es in einigen Ländern sogar bis in die Top Five der Charts schaffte. Während Richards ihm gratulierte („Well done, Bill"), stänkerte Jagger öffentlich über den seiner Meinung nach albernen Song.

Der stoische Stones-Bassist ließ sich davon allerdings nicht aus der Ruhe bringen und merkte lediglich an, dass Jagger wohl etwas enttäuscht sei, weil seine eigene Soloperformance so hochkarätig gefloppt war. Jagger hatte für sein Album *She's The Boss* eine Million Dollar und für Videos eine weitere Million ausgegeben. Wyman hingegen hatte den Song in knapp anderthalb Stunden geschrieben und für nur fünftausend englische Pfund ein Video dazu aufgenommen.

Radio Gaga

Eric „Slowhand“ Clapton erhielt im November 2000 in London den Robert Musel Award, weil kein anderer Song so oft von britischen Radio- und Fernsehsendern gesendet wurde wie sein „My Father's Eyes“. Dass er über Gebühr auch in amerikanischen Radios zu hören ist, verdankt Clapton hingegen einem Song, mit dem er einst George Harrisons Frau Patti Boyd ins Bett lockte: „Layla“ wurde allein im zwanzigsten Jahrhundert mehr als vier Millionen Mal von US-Sendern ausgestrahlt und kam so auf eine Gesamtsendezeit von dreiundzwanzig Jahren.

Claptons Freund und Kollege Phil Collins ist ähnlich häufig im Radio zu hören, Rundfunkleuten bisweilen aber auch ein Dorn im Auge. So warben amerikanische Radiostationen in den Achtzigerjahren für sich, indem sie ihren Hörern „Phil-Collins-freie Wochenenden“ versprachen.

Thank Tha Police

Wegen „Staatsbeleidigung" wurde die französische Rap-Gruppe NTM 1997 von einem Gericht in Toulon zu drei Monaten Haft und einem sechsmonatigen Auftrittsverbot verurteilt, nachdem eine Gruppe von Polizisten sie verklagt hatte, weil sie sich von dem Lied „Je nique la police" (Ich ficke die Polizei) verunglimpft fühlte. Interessanterweise wurde erst Anklage erhoben, nachdem ihr Album *Paris sous les bombes* in Frankreich bereits zweihunderttausend Kopien verkauft hatte und NTM bei einer antifaschistischen Veranstaltung in Gardanne bei Toulon aufgetreten waren. Toulon ist eine von drei französischen Städten, deren Bürgermeister der Nationalen Front von Jean-Marie Le Pen angehörten. NTM, eine Abkürzung für „Nique ta mère" (Fick deine Mutter), waren die ersten Künstler, die wegen Staatsbeleidigung angeklagt wurden, seitdem ein Gericht 1954 Boris Vian verboten hatte, sein Chanson „Le déserteur" zu singen.

„Fuck Tha Police" hatten acht Jahre zuvor auch die Niggaz With Attitude (NWA) – Dr. Dre, Ice Cube, Easy-E, MC Ren und DJ Yella – auf ihrem Album *Straight Outta Compton* gefordert, mit dem sie ein neues Genre kreierten: den Gangsta-Rap. Als das Police Department von Redondo Beach zehn Jahre später dem dank seiner Soloalben zu Wohlstand gelangten Ice Cube Gegenstände im Wert von anderthalb Millionen Dollar aushändigte, die man ihm gestohlen hatte, konnte sich Sergeant Phil Keenan einen Kommentar nicht verkneifen: „Wir sind gespannt, ob sein neuer Song ‚Thank Tha Police' heißen wird."

Wetten, dass ...?

Zu Beginn ihrer Karriere trieben sich die Toten Hosen keineswegs nur in düsteren Punkschuppen oder in der Fankurve von Fortuna Düsseldorf herum, sondern auch auf den Pferderennbahnen des Rheinlands. Die Hosen steckten damals, 1984, in einer tiefen finanziellen Misere, mit Punkrock war noch kein Geld zu verdienen, und so beschlossen sie, ihren letzten Hunderter auf einen krassen Außenseiter zu setzen, dessen genialer Name, „Liebesspieler", es ihnen angetan hatte. „Dummerweise", erinnerte sich Sänger Campino später, „kam Breiti, der fürs Geld verantwortlich war, mit dem Einsatz Sekunden zu spät zum Wettschalter, sodass das Rennen ohne uns lief. ‚Liebesspieler' gewann und lieferte eine Mörderquote."

Ganz umsonst war der Ausflug allerdings nicht gewesen. Die Hosen schrieben daraufhin den Song „Liebesspieler" und wurden anschließend vom englischen Kult-Diskjockey John Peel zu einer Session eingeladen.

Mehr Glück beim Wetten hatte allerdings Pete Waterman, einst Teil des überaus erfolgreichen Produzenten-Trios Stock/Aitken/Waterman. Bereits im Sommer 1999 setzte er fünfhundert Pfund darauf, dass die Teenie-Band Westlife mit einem Remake des ABBA-Hits „I Have A Dream" Ende des Jahres auf Platz eins der britischen Charts stehen würde. Als Westlife kurz vor Weihnachten endlich Cliff Richards „Millennium Prayer" von der Spitze verdrängten, kassierte Waterman achttausend Pfund.

Um ganz andere Summen ging es da schon bei einer Wette zwischen Madonna und dem Plattenmogul David Geffen. Madonna verschätzte sich bei der Größe des TV-Serien-Schauspielers Luke Perry *(Beverly Hills 90210)* um drei Zentimeter – und verlor eine Million Dollar.

Ballermann ist überall

Alles fing damit an, dass eine Marching-Band bei Heimspielen des Footballklubs Frankfurt Galaxy einen Song von Bruce Channel aus dem Jahr 1962 spielte: „Hey Baby". Weil sich das Lied so gut zum Mitsingen eignete, ertönte es schon bald auch in den Stadien der beiden anderen deutschen NFL-Europe-Teams, Rhein Fire und Berlin Thunder. Irgendwo, irgendwie, irgendwann muss es jedenfalls auch DJ Ötzi gehört haben, der mit seinem „Anton aus Tirol" den Pausenclown bei Fußballspielen gab. Er möbelte den Kultsong der NFLE Ballermann-mäßig auf und machte daraus einen Ohrwurm, den vor allem die Briten noch auf den Lippen hatten, als sie längst aus dem Mallorca-Urlaub zurückgekehrt waren.

Der Sommer war noch nicht vorbei, da stand „Hey Baby" bereits an der Spitze der irischen Hitparade, kurz darauf sogar auf Platz eins der englischen Charts. DJ Ötzi war stolz darauf, dass die nach dem Terroranschlag vom 11. September auf Ground Zero eingesetzten New-Yorker Feuerwehrleute mit seiner Version „angeheizt" wurden. Und der Berliner Radiosender 94,3 r.s.2 ließ den Hit von den fünf Spitzenkandidaten für die Senatswahl im Oktober 2000 „verunstalten" *(kress report)*. Mehr oder weniger gekonnt riefen sie die Berliner dazu auf, doch bitte, bitte wählen zu gehen: „Hier ist Frank Steffel, CDU, bitte hören Sie genau zu. Ich möchte, dass Sie wählen geh'n. 'n Kreuz bei mir wär doppelt schön!"

Allein das „Gemeinschaftsforum der Hey-Baby-Gegröl-Gegner der NFLE" rief im Internet zum Boykott von DJ Ötzi auf: „Wir verwehren uns gegen jedes in Bierlaune dahingeschmetterte ‚Hey Baby' in der Öffentlichkeit, da dies zum Zeichen deutscher Besäufnislaune und Ideenlosigkeit geworden ist."

Encore!

Die besten US-Songs des zwanzigsten Jahrhunderts

Der Verband der amerikanischen Tonträger-Industrie (RIAA – Recording Industry Association of America) ermittelte in Zusammenarbeit mit der Nationalen Stiftung der Künste der Vereinigten Staaten „eine großartige Liste für Menschen, die zu Baseballspielen gehen", wie der Direktor des Archivs für zeitgenössische Musik, Bob George, spottete. Die von zweihundert Musikern, Kritikern, Managern und Fans erstellte Hitparade umfasse fast ausschließlich Songs, die nur wahrnehme, wer weiß und alt sei und der Mittelschicht angehöre. Bereits in der Vorauswahl – den Stimmzetteln war eine Liste mit eintausendeinhundert Songs beigelegt worden, über die abgestimmt werden musste – seien aktuellere Musikstile wie Punkrock, Techno oder Hip-Hop unterrepräsentiert gewesen. Der höchstnotierte Rapsong war denn auch „Rapper's Delight" von der Sugar Hill Gang – auf Platz einhundertzweiundsechzig.

Nicht viel besser schnitt der Rock 'n' Roll ab: Bill Haleys „Rock Around The Clock" kam immerhin auf Platz zwölf, Elvis Presley hingegen tauchte erst auf Platz achtundsechzig auf – mit „Don't Be Cruel"(!).

1. Over The Rainbow – Judy Garland
2. White Christmas – Bing Crosby
3. This Land Is Your Land – Woody Guthrie
4. Respect – Aretha Franklin
5. American Pie – Don McLean
6. Boogie Woogie Bugle Boy – The Andrew Sisters
7. West Side Story (das Album) – Original Broadway-Besetzung
8. Take Me Out To The Ball Game – Billy Murray
9. You've Lost That Lovin' Feelin' – The Righteous Brothers
10. The Entertainer – Scott Joplin

Quelle: www.yahoo.com

Der größte Hit aller Zeiten

Gesponsert von Heineken, der zweitgrößten Bierbrauerei der Welt, ermittelte die Rock 'n' Roll Hall of Fame in Cleveland, Ohio, im Herbst 2000 ihre „Greatest Hits". An der Umfrage durfte jeder teilnehmen; zur Auswahl standen allerdings nur magere dreißig Songs.

1. Stairway To Heaven – Led Zeppelin
2. (I Can't Get No) Satisfaction – The Rolling Stones
3. Layla – Derek & The Dominoes
4. Light My Fire – The Doors
5. Purple Haze – Jimi Hendrix
6. Yesterday – The Beatles
7. Imagine – John Lennon
8. Johnny B. Goode – Chuck Berry
9. My Generation – The Who
10. Like A Rolling Stone – Bob Dylan

Quelle: www.rockhall.com

100 Greatest ...

Als „ultimative Playlist" versteht der amerikanische Musikkanal VH-1 seine Liste der hundert größten Rock 'n' Roll-Songs aller Zeiten.

1. (I Can't Get No) Satisfaction – The Rolling Stones
2. Respect – Aretha Franklin
3. Stairway To Heaven – Led Zeppelin
4. Like A Rolling Stone – Bob Dylan
5. Born To Run – Bruce Springsteen
6. Hotel California – The Eagles
7. Light My Fire – The Doors
8. Good Vibrations – The Beach Boys
9. Hey Jude – The Beatles
10. Imagine – John Lennon

Quelle: www.vh1.com

VH-1 Germany

Die meistgespielten Videoclips bei VH-1 Deutschland von 1995 bis 2000.

1. Under The Bridge – Red Hot Chili Peppers
2. I Can't Dance – Genesis
3. Cream – Prince & The New Power Generation
4. Losing My Religion – R.E.M.
5. Layla – Eric Clapton
6. Are You Gonna Go My Way – Lenny Kravitz
7. 7 Seconds – Youssou N'Dour & Neneh Cherry
8. I Don't Wanna Miss A Thing – Aerosmith
9. Don't Let Go – En Vogue
10. Sledgehammer – Peter Gabriel

Quelle: www.mme.de

Top Ten to die for

Der britische Bestattungskonzern Co Op Funeral ermittelte 1999 eine eigene Hitparade jener Songs, die am häufigsten bei Beerdigungen gespielt werden. Warum diese Top-Ten-Liste so sehr von den zehn meistgespielten Titeln bei allen britischen Beerdigungen (siehe *In A Da Da Da Vida 1*) abweicht, ist nicht bekannt.

1. My Heart Will Go On – Céline Dion
2. Candle In The Wind – Elton John
3. Wind Beneath My Wings – Bette Midler
4. The Elegant Sofa/Search For The Hero – M People
5. My Way – Frank Sinatra
6. You'll Never Walk Alone – Gerry And The Pacemakers
7. Release Me – Engelbert Humperdinck
8. Memory – Elaine Page
9. Stranger In The Night – Frank Sinatra
10. Bright Eyes – Art Garfunkel

Quelle: www.pop100.com

Welcher Song hat dein Leben verändert?

Mit dreizehn hat man noch Träume. Mit siebzehn sowieso. Und manchmal auch noch mit fünfundzwanzig oder siebenundvierzig. Doch dann hörst du im Radio, bei einem Freund oder auf einer Party einen Song, und plötzlich ist nichts mehr, wie es einmal war. Alles, was dir bis dahin wichtig erschien, wird über den Haufen geworfen, und du denkst, dein Leben beginnt noch mal von vorn – diesmal aber so, wie du es willst. Musiker und Manager, Kritiker und Künstler, Fans und Freunde haben für dieses Buch in ihrem Gedächtnis gekramt und erzählen, welche Songs in ihrem Leben eine Hauptrolle gespielt haben.

Heinz Canibol (President EMI Music): Wahrscheinlich waren es mehrere, aber „Hey Joe" von Jimi Hendrix im *Beatclub* hat mich damals mental total durchfrisiert. Aus dem bisherigen Hobby wurde eine Besessenheit, der ich mittlerweile seit knapp fünfundzwanzig Jahren beruflich fröne.

Der Doktor (Webdesigner): Mein Leben änderte sich, als ich zum ersten Mal im *Dornbusch,* einer legendären Disko bei Husum, war. Dort lernte ich den Rock 'n' Roll mit all seinen Höhen und Tiefen kennen und lieben. Das erste Lied, das ich beim DJ erfragte, war – passend! – „The Passenger" von Iggy Pop.

Claus Fabian (Weser Label): Auf dem Weg zum Krautrock-Konzert von Kraan bin ich Mitte der Siebziger im Schnee stecken geblieben und habe „Blitzkrieg Bop" von den Ramones im Sechs-Volt-Käfer gehört und alles über Bord geworfen. „Für immer Punk" von den Goldenen Zitronen half mir dann, einen Platz für mein Dasein auf diesem Planeten zu finden.

Helmut Fiebig (Chefredakteur *Cinema*): Irgendwann in den späten Sechzigern geriet bei der Aufnahme eines obskuren britischen Army-Radio-Programms „Brown Shoes Don't Make It" von den Mothers Of Invention auf mein Telefunken-Vierspur-Mono-Tonbandgerät. Von da an war ich kein stinknormaler Popfan mehr, sondern mein Leben war an Zappa, Beefheart, Jefferson Airplane, Grateful Dead & Co. verloren. Und mein Leben hat sich ab da auch auf eher unkonventionellen Pfaden entwickelt.

Lothar Gorris (*Spex*-Gründer): „Look Of Love" von ABC. Was für ein Versprechen: Die Welt ist schön! Martin Fry sagte: „Es ist sinnvoller, das Leben zu umarmen, als es zu bekämpfen." Er hat wahrscheinlich Recht.

Kai Havaii (ex-Extrabreit): 1967, ich war zehn, bekam ich zu Weihnachten *Sergeant Pepper's* von den Beatles, eine Platte, die mich insgesamt sehr beeindruckte. Besonders hingerissen war ich aber von „A Day In The Life", einem Song, dessen filmische Atmosphäre und gepflegte Melancholie auf ganz neue Art meine Seele berührte, natürlich ohne dass ich dies damals in Worten hätte ausdrücken können. Zwei Jahre später fesselte mich „Space Oddity" von David Bowie aus den gleichen Gründen, etwas später auch „Riders On The Storm" von den Doors. Obwohl auf den ersten Blick vielleicht nicht erkennbar, besteht für mich eine Verbindung zwischen diesen verschiedenen Liedern: der zeitlose Ausdruck der Einsamkeit des Individuums, das in die Welt geworfen ist („... into this world we're thrown like a dog without a bone ..."), wie auch seine staunende und mystische Verbindung damit – das war das, was mir bereits in jenem zarten Alter wahr und irgendwie ewig erschien. Dieses Weltgefühl in einem Pop-Song – seit damals ist es für mich immer wieder faszinierend.

Jäki „Eldorado" Hildisch („Mutter ist die beste"-Management): Nicht wirklich überraschend – „Walk On The Wild Side" von Lou Reed. Ich ging zu meinem Blockflötenunterricht in der Volkshochschule Charlottenburg. Auf dem Weg dahin passiert man einen kleinen Musikalienfachhandel. Im Schaufenster lag besagte Single. Das war das letzte Mal, dass ich zum Blockflötenunterricht gegangen bin. Der Rest ist Geschichte.

Ernst Hofacker *(musikexpress):* Zum ersten Mal habe ich „Me & Bobby McGee" von Janis Joplin im Sommer 1971 im Pkw auf der Rückfahrt von den Leichtathletik-Westfalenmeisterschaften gehört, bei denen ich im Hochsprung mit einem Meter achtzig Sechster geworden war. Ich war damals vierzehn Jahre alt, und der süffige Klang, die eigenartige Stimme und der unwiderstehliche Boogie am Ende klangen wie ein großes Versprechen, sodass ich auf der Stelle meinen bisherigen Favoriten Neil Diamond vergaß. Mitten im Schlussteil stellte die Chauffeurin, die Mutter einer Sportkameradin, allerdings das Radio aus – sie fand die Musik grauenhaft.

Guildo Horn (Deutscher Schlagermeister 1998): Ich kann eigentlich gar nicht sagen, dass sich mein Leben jemals durch ein Lied geändert hat; vielmehr sehe ich mich zwischen einigen Songs, die mir in meinem Leben begegnet sind, hin und her eiern. Zuerst einmal war da „Der lachende Vagabund“ von Fred Bertelmann, dann „Child In Time“ von Deep Purple und „In Trance“ von den Scorpions, gepaart mit „TV Glotzer“, „Kicked In The Teeth“ von AC/DC und „Mendocino“ von Michael Holm und, nicht zu vergessen, „Auf der Alm, da steht 'ne Kuh, halleluja“ (ich glaube, ein Traditional) nebst der „Missa Brevis“ in h-Moll von Johann Sebastian Bach ... und, und, und immer noch eiere ich umher! So ist das halt.

Petra Husemann (Geschäftsführerin Motor Music): „Lady Bump“ von Penny McLean. Erster Spaß in der Dorfdisko *Black Horse,* ein neuer Lebensabschnitt begann – von der Landpomeranze zum Disco Chick.

Uwe Killing (Chefredakteur *FHM-Magazin*): „L. A. Woman“ von den Doors muss ich zum ersten Mal mit fünfzehn oder sechzehn Jahren gehört haben. Dieser Song hat mich elektrisiert und mir schlaflose Nächte bereitet. Ich dachte damals überhaupt nicht an Los Angeles, vermutete hinter L. A. eine mysteriöse Abkürzung, und die Kraft des Songs war eine Verheißung: Du musst diese Frau und diesen Ort suchen. Die folgende Jim-Morrison-Phase hielt mich monatelang in Atem: alle Platten bis zum Exzess durchgespielt, Pilgerausflug zum Pariser Grab et cetera. Es gibt schlimmere Pubertätswehen, denke ich. Und heute bin ich überzeugt: Ohne „L. A. Woman“ hätte ich wohl eine andere Lebensspur eingeschlagen.

Michael O. R. Kröher *(manager magazin):* Zwei Songs haben mein Leben verändert. Der eine war „Let It Bleed“ von den Stones. In den Siebzigern kam „The Passenger“ von Iggy Pop hinzu. Danach wurde ich zu alt, mein Leben zu gefestigt, um von solch flüchtigen Substanzen wie Songs wirklich verändert zu werden. Nichtsdestoweniger gibt's sicher noch etwa ein Dutzend, die maßgebliche Rollen gespielt haben für den Verlauf bestimmter Lebenssituationen. Angefangen von „I Want To Hold Your Hand“ von den Beatles in den frühen Sechzigern bis zu „Heartbreak Hotel“ von Elvis in der Phase meiner Scheidung Mitte der Neunziger.

Klaus Maeck (Freibank Musikverlag): „Anarchy In The UK“ und andere Sex-Pistols-Klassiker waren nicht nur eine Provokation für die ganze Kulturindustrie, sondern auch für einige Freunde, die ich bis dahin für intelligent gehalten hatte. Die so genannten undogmatischen Gruppen verachteten die verrückten, unpolitischen Stachelhaarigen, obwohl deren Lebensphilosophie zumindest anfangs anarchistischer war als alle sozialrevolutionären Theorien, die ich bis dahin in den Sponti-Gruppen favorisiert hatte. An den Sex Pistols schieden sich die Geister: Die Kommunarden hielten es weiter mit ihren orchestralen Hippie-Hymnen, ich verabschiedete mich von den Genossen zuhause und ging an die Punk-Front, um bei der Revolution dabei zu sein.

Norbert Masch (Geschäftsführer Warner-Chappell): „Riders On The Storm" von den Doors. Ich fühlte mich immer wie vor einer riesigen Flutwelle und freute mich, dass Jim mir über die Schaumkrone half.

Michael Reinboth (Compost Records): „Numbers" von Kraftwerk hat mir auf krasseste Art und Weise gezeigt, dass Musik (auch Jazz!) Mathematik ist und dass mathematische, technische Strukturen Funk, Jazz oder Soul (nennen wir es Spirit) besitzen, wenn die Menschen, die sich dahinter verbergen, Freigeister sind und offenherzig, unpolitisch und spielerisch, aber respektvoll mit der Materie umgehen. „Numbers" waren für mich schreiende Seelen, die sich von einem selbst begleitenden Computerprogramm, von einem Preset, einer Doktrin oder gleichgeschalteter Disko absetzen wollten, und ich fand es weit radikaler und deeper als jedes politische Geblöke, jenes Hipster-Getue, jenen Fashion-Hype, den Punk zur gleichen Zeit veranstaltete. Ich bin über Kraftwerk zu Electro, frühem HipHop, Garage und zu allen weiteren Facetten schwarzer Musik gekommen. Und das hat mein Leben so enorm verändert, dass jedes Detail davon stark ins Berufliche und vor allem auch Private reicht.

Tim Renner (President Universal Music): Die unbeholfenen, von einer gewissen Hysterie meiner Mutter begleiteten Blockflötenversuche meines älteren Bruders hatten mich den Glauben an die Musik verlieren lassen. Der erste elektronische Pop-Song – „Popcorn" von Hot Butter – brachte ihn mir auf wundersame Weise im zarten Alter von sieben zurück!

Michael Roemer (Videoclip-Akquisiteur für MME und MTV Pop): Es gibt zwar keinen Song, der mein Leben verändert hat – das ist ein permanenter Prozess, der immer noch andauert –, aber ein Stück, bei dem ich erste Reaktionen gezeigt habe: Nach Berichten meiner Familie habe ich immer, wenn im Radio die Erkennungsmelodie der Radiosendung *Jetzt hat der Sport das Wort* erklang, mich in meinem Laufstall wie ein Irrer benommen, sodass dieser Titel als meine „Hoppel-Musik“ in die Geschichte eingegangen ist.

Hilke Rosenboom (Schriftstellerin): Der Soundtrack von „Pokémon 2“ hat mein Leben total verändert, von leise auf laut, weil meine Kinder das seit Monaten den ganzen Tag lang hören. Ich hätte nie gedacht, dass es Menschen gibt, die ernste Romane schreiben können, während im Hintergrund „Pokémon 2 – schnapp sie dir alle!“ läuft. Diese Erkenntnis hat mir die Zuversicht gegeben, dass ich alles, aber auch alles aushalten kann.

Jochen Siemens *(stern):* Wenn man älter wird, sind Pop-Songs nicht mehr Parolen, sondern Weisheiten. Man hört ihnen zu, um danach irgendetwas in seinem Leben anders zu machen. Man hat die Macht, sein eigenes Leben zu bestimmen, vorher war es nur der Wunsch. „Something Changed“ von Pulp hat mich verführt, klüger zu werden.

Jürgen Stark (Jahrbuch *pop & kommunikation*): Im Alter von vierzehn Jahren erhielt ich Gitarrenunterricht von Kalle Pop, dem damaligen Tourneegitarristen von Alexis Korner. Wir saßen im Sachsenwald (am Rande von Hamburg), die Vögel zwitscherten, mein Lehrer rauchte eine merkwürdig riechende Tabaksorte, zwei akustische Gitarren zwischen uns, die Blue Notes konnte ich bereits, Kalle spielte auf der Akustischen „All Along The Watchtower“ in der Hendrix-Fassung. Der Wald wurde zum Tempel, die Bäume erstarrten andächtig zu Säulen, mir rasten wohlige Schauer über den Rücken. Das Leben war wunderschön. Dann durfte ich zur Akkordfolge von G-Dur – a-Moll – G-Dur – F-Dur improvisieren, auf den Spuren von Hendrix. Das Weltall schien sich vor meinen Augen zu öffnen, vor meinen Ohren zu swingen, das Leben war nun auf anderen Bahnen. Nichts war mehr wie vorher, eine Lehre als Bankangestellter nun ausgeschlossen. Meine weitere Jugend verbrachte ich mit Girls, Bands and Beers, mit meiner Frischlingskapelle On The Rocks spielte ich auf Bikertreffen, entschied mich letztlich allerdings gegen einen Lebensweg à la Charles Bukowski und wurde Musikjournalist.

Siegfried Tesche (James-Bond-Experte): Es war ganz sicher „School“ von Supertramp. Damals, etwa 1971, brachte mich ein Bekannter in der Tanzschule darauf, mal vom drögen NDR 2 zu WDR 2 zu wechseln und dort Sendungen von Mel Sandock oder *Schwingungen* mit Roger Hunt und

Wolfgang Neumann zu hören. Als ich das tat, entdeckte ich Supertramp und elektronische Musik, die ich noch immer schätze. Stellt sich nur die Frage: Wohin wechselt man heutzutage bei dem Einheitshitmegabrei?

Willy Theobald *(Financial Times Deutschland):* „My Generation" von den Who. Die Urgewalt, mit der eine Band diese drei (?) Akkorde auf Vinyl donnerte, ließ meinen Atem stocken und verschaffte mir ein völlig neues Selbstbewusstsein. Damals wurde mir zum ersten Mal klar, dass man auch hässlich sein kann, beim Singen stottern darf und trotzdem als Popstar berühmt werden kann. Leider haben die nachfolgenden Versuche, mein Leben zu verändern und selbst Popstar zu werden, nichts genützt.

Farin Urlaub (Die Ärzte): „Gottseidank nicht in England" von den Fehlfarben und „God Save The Queen" von den Sex Pistols. Wegen Peter Hein und „Monarchie und Alltag" singe ich Deutsch, und wegen Johnny Rotten bin ich Punkrocker geworden.

Lilo Wanders (Diva): Die Frage nach dem Song, der mein Leben verändert hat, ist zu hoch gegriffen. Aber ich erinnere mich an eine meiner ersten Platten: „Ode To Billy Joe" von Bobby Gentry. Schon damals habe ich gedacht, dass ich den Song gern selber mal singen würde, in Deutsch, mit der Refrainzeile: „Ich gehe niemals mehr zurück in dieses Dorf, aus dem ich einmal kam." Und siehe da – keine fünfundzwanzig Jahre später hat mir Edith Jeske einen Text auf die Musik geschrieben mit eben dieser Titelzeile. Ansonsten gibt es immer wieder Songs, die mich berühren, die ich für eine gewisse Zeit immer wieder höre und in denen ich etwas von mir finde, zum Beispiel „I Try" von Macy Gray.

Update

Anmerkungen und Ergänzungen zu Geschichten aus
In A Da Da Da Vida 1

Sex in der Puppenstube

Nach Britney Spears und den Spice Girls drängen nun auch andere Rock- und Popstars verstärkt auf den von Mattels „Barbie" dominierten Puppenmarkt. Christina Aguilera gibt es beispielsweise, als Puppe, gleich in zwei Ausführungen: „The Singing Doll" singt ihren Hit „Genie In A Bottle", wenn man auf ihren Bauch drückt, und „The Fashion Doll" ist so gekleidet wie das Original – also irgendwo zwischen H & M und Beate Uhse.

Für einen Umsturz im Kinderzimmer sorgt hingegen der amerikanische Spielwarenfabrikant McFarlane Toys, für dessen Gummipuppen AC/DC, Metallica und Iron Maiden Modell standen; entworfen wurden die Figuren von Todd McFarlane, der auch die Beatles, Kiss, Ozzy Osbourne und Jim Morrison von den Doors naturgetreu nachgebildet hat.

Fehlen dürfen da natürlich nicht Die Ärzte, die beste Puppen-Band der Welt. Diverse Grateful-Dead-Fanseiten bieten im Internet eine kuschelige „Jerry Garcia Doll" an – zum Preis von 36,95 Dollar. Und die 'N-Sync-Fan-Edition enthält neben der obligatorischen CD auch eine Barbie im 'N-Sync-T-Shirt samt Autogrammheft und „I Love 'N Sync"-Fähnchen.

Wer's lieber martialisch mag, kommt ebenfalls auf seine Kosten: Die New-Yorker Spielzeugfirma Art Asylum bringt Eminem gleich in zwei Ausführungen auf den Markt, bei denen selbst dessen Tattoos detailgetreu reproduziert wurden: in Rapper-Pose und als „The Real Slim Shady" – mit einer Kettensäge in der Hand. Bevor die Figuren überhaupt auf dem Markt waren, kündigten zwei der größten englischen Handelsketten, Woolworth und Hamleys, jedoch schon an, dass sie die Eminem-Doubles nicht verkaufen wollten, da sie nicht in ihr Angebot passten.

Um nicht ins Hintertreffen zu geraten, unterzog deshalb auch der Marktführer Mattel seine Barbie einem Relaunch. Pünktlich zum Weihnachtsfest 2000 brachte Mattel die „Juwelen-Barbie" auf den Markt. Die Klunker-Puppe lächelt wie Britney Spears und hat sogar einen „lebensechten Bauchnabel", der allerdings nicht gepierct ist. Außerdem bietet Mattel zum Preis von vierzig Dollar eine Cher-Puppe in einem gewagten, lavendelfarbenen Kleid sowie Elvis Presley in Uniform an.

Der wilde Hund von Reichenhall

Der bayrische Rasta Hans Söllner lässt sich auch weiterhin nichts gefallen. Nachdem er vom Freistaat mit Prozessen wegen Beleidigung von Staatsorganen überzogen und sein Haus mehrmals durchsucht wurde, beantragte er beim Bundesverwaltungsgericht in Berlin, Hanf anbauen zu dürfen. In freier Ausübung seiner Religion als Rasta brauche er den Rau(s)ch, um den Geist zu öffnen und zu Weisheit und Frieden zu gelangen, begründete der Liedermacher seinen Antrag: „Ich bin Familienvater und will mich nicht auf Bahnhofsklos rumsuhlen müssen und dort Marihuana kaufen."

Obwohl das Bundesverwaltungsgericht anerkannte, dass Anbau und Konsum von Hanf religiöse Handlungen darstellten, wies es den Antrag ab. Söllner erstattete daraufhin noch am selben Abend Anzeige gegen sich, weil er 0,7 Gramm Hanf selbst angebaut habe. Einen Tag später, am 22. Dezember 2000, durchsuchten erneut sechs Beamte sein Haus und fanden sechs Gramm Hanf sowie 1,2 Kilo THC-freie Hanfblätter, die es überall legal zu kaufen gibt.

Das Bundesverwaltungsgericht hatte Söllners Antrag unter anderem deshalb abschlägig beschieden, weil „nach der Rechtsprechung des Bundesverfassungsgerichts nicht jeder Verstoß gegen das Betäubungsmittelgesetz strafrechtlich verfolgt" werde. Ausgestellt worden war der Hausdurchsuchungsbefehl vom zuständigen Traunsteiner Amtsgericht bereits am 19. Dezember 2000 – also zwei Tage, bevor das Bundesverwaltungsgericht über Söllners Antrag befand. Der Volkssänger kündigte an, er werde mit seinem Begehren vor das Bundesverfassungsgericht ziehen.

Nice in Nice

In den Sicherheitsgraben der Stuttgarter Hanns-Martin-Schleyer-Halle stürzte Robbie Williams, als ihn im Februar 2001 ein geistig verwirrter Zwanzigjähriger auf der Bühne attackierte. Der Angreifer wollte Williams zur Rede stellen, weil er ihn für ein geklontes Wesen hielt.

Super Freaks

Seitdem er zu vier Monaten Haft verurteilt worden ist, weil er Kinderpornos auf der Festplatte seines Computers gespeichert hatte, kommt Gary Glitter nicht mehr zur Ruhe. Als im August 2000 bekannt wurde, dass sich der Glamrocker wieder in seinem Haus in London aufhielt, versammelte sich eine wütende Menge davor und beschimpfte ihn so lange, bis die von Glitter zu Hilfe gerufene Polizei die Spontandemo auflöste.

Wegen sexueller Belästigung muss sich die „Sex Machine" James Brown vor Gericht verantworten. Der Godfather of Soul wurde von seiner ehemaligen Angestellten Lisa Agbalaya im Mai 2000 verklagt, weil er sie gefeuert hatte, nachdem sie es abgelehnt habe, sich von ihm massieren zu lassen und eine Hose im Zebramuster anzuziehen; laut MTV habe sich Brown gegenüber Angestellten auch damit gebrüstet, „Stierhoden" zu haben. Die Backgroundsängerin Lisa Rushton beschuldigte ihn drei Monate später, er habe sie bereits 1994 um „sexuelle Handlungen" gebeten und ihr Gehalt gekürzt, als sie sich ihm verweigerte. Browns Anwälte waren jedoch zuversichtlich, dass sich auch diese Klage als haltlos erweisen wird.

Cool Britannia

Nachdem die britischen Konservativen 1996 bereits versucht hatten, die Spice Girls zu vereinnahmen, zogen sie im September 2000 den Zorn von Massive Attack auf sich. Auf einer Pressekonferenz hatten die Tories ihren Song „Man Next Door" ohne deren Einwilligung gespielt, weshalb sich die Band empörte: „Wie können sie es wagen, unsere Musik für ihren Mist zu missbrauchen?" Massive Attack kündigten an, „auf die unerlaubte Verwendung ihrer Musik in der denkbar härtesten Weise" zu reagieren. Ein Sprecher der Tories versuchte hingegen, den Vorfall runterzuspielen. Die Drohung von Massive Attack sei „eine massive Attacke gegen nichts".

Der erste MTV-Tote

Wie zuvor schon R.E.M., Pearl Jam, Neil Young und die Residents hat nun auch Cher einen Song über Nirvanas Kurt Cobain geschrieben. Cher wurde dazu inspiriert, als sie an einem von Miles Copeland organisierten Songwriter-Workshop teilnahm, auf dem sie Bruce Roberts und Pat McDonald von Timbuk 3 kennen lernte. Die beiden führten ihr auch beim Schreiben von „The Fall" das Händchen.

Rock 'n' Roll & Rinderwahnsinn

Nicht nur die Songs von Michael Jackson halten Wildschweine davon ab, die ganze Ernte aufzufressen, wie der Fall eines indischen Bauern zeigte, sondern auch die von Britney Spears. Nachdem die Borstenviecher seine Maisfelder niedergetrampelt und mit ihren „Steckdosennasen" gepflügt hatten, beschallte der Jäger Rudi Morgen laut *BamS* die Felder mit Britneys „Oops … I Did It Again" und schlug so die Schweine in die Flucht. Sollten sie noch einmal seinen schönen Wald in einen Schweinestall verwandeln, will er noch härter zurückschlagen – mit Britneys „Baby One More Time".

Doktorspiele mit Michael Jackson?

Kontroverse Debatten und Auftritte umstrittener Redner gehören zur Tradition des Diskussionsklubs Oxford Union. Nach O. J. Simpson, der des Mordes an seiner Frau angeklagt, aber freigesprochen wurde, lud der Laberverein im März 2001 auch Michael Jackson ein, der 1993 offenbar zu Unrecht angeklagt wurde, den minderjährigen Jordan Chandler sexuell missbraucht zu haben. Vor fünfhundert Studenten der Universität von Oxford dozierte Jacko ausgerechnet zum Thema Kinderfürsorge. „Ich stehe hier nicht als Popikone, sondern als Ikone einer Generation, die nicht mehr weiß, was es heißt, Kind zu sein", erklärte Jackson, der sich selbst als „Produkt einer nie gelebten Kindheit" bezeichnete. Sein Vater Joseph, der erst kurz zuvor Eltern empfohlen hatte, ihre Kinder von Zeit zu Zeit zu verprügeln, sei darauf fixiert gewesen, aus den Jackson Five Stars zu machen. „Aber alles, was ich wollte, war ein Papa."

Die von Jackson gegründete Stiftung „Heal The Kids" soll Kindern helfen, „Liebe, Aufmerksamkeit und Zeit von ihren Eltern zu bekommen, ohne sie sich erst verdienen zu müssen".

Falscher Knastbruder

Irrtümlich festgenommen wurde Lenny Kravitz im November 2000 in Florida, weil man ihn für einen Bankräuber hielt. Zwar entschuldigten sich die Polizisten später für die Verwechslung, doch Kravitz zeigte sich unversöhnlich: „Wenn ich nicht Lenny Kravitz wäre, hätten sie es nicht getan." Auf seinem Album *Lenny* warf er den Beamten latenten Rassismus vor: „Do you think that I am the one that did it? Just because I'm tan?"

Billige Clips

GERADE MAL ZWANZIG SEKUNDEN dauerten die Dreharbeiten zum R.E.M.-Clip „Imitation Of Life“. Mehr Material benötigte Regisseur Garth Jennings nicht, um – sehr surreal – zu schildern, was die einzelnen Gäste einer Party erlebten. Der Aufbau der dafür benötigten Kulissen hatte allerdings wesentlich länger gedauert.

Echte Maden

DIE SERIE VON UNFÄLLEN bei Dreharbeiten für Videoclips reißt nicht ab. So erlitt Britney Spears bei Aufnahmen zu „Oops … I Did It Again“ eine Gehirnerschütterung, als ihr eine Kamera auf den Kopf fiel; die Wunde musste mit vier Stichen genäht werden. Es war bereits ihr zweiter Unfall. Als sie den Clip zu „Born To Make You Happy“ aufnahm, war die eiserne Jungfrau aus einem Bett gefallen – bei einer Kissenschlacht, wohlgemerkt.

„Neueste Erfindung in Sachen Selbstzensur“

GEMEINSAM mit Tipper Gore, der Ehefrau des US-Vizepräsidenten Al Gore, nahm Frank Zappas jüngste Tochter Diva für ihr Debütalbum den Song „When The Ball Drops“ auf. „Sie ist eine gute Freundin meiner Mutter“, verteidigte Diva Muffin die Zusammenarbeit mit der Exschlagzeugerin der Wildcats. Tipper Gore hatte in den Achtzigern mit ihrer Elterninitiative PMRC die Plattenfirmen genötigt, Alben mit anzüglichen Texten zu kennzeichnen; Frank Zappa hatte daraufhin seine Platten mit eigenen Aufklebern versehen: „Achtung! In einigen rückständigen Gebieten wollen religiöse Fanatiker Ihr Recht auf Meinungsfreiheit verletzen.“ Auch wenn ihr Vater und Tipper Gore beim Thema Zensur unterschiedlicher Meinung waren, so habe er sie letztlich doch für „smart“ gehalten.

Verbannt ins Nachtprogramm

Clips des schwedischen Videoregisseurs Jonas Åkerlund werden von MTV auch weiterhin nur dann eingesetzt, wenn sie kaum jemand sieht – spät nachts. Nachdem Åkerlund bereits Clips für The Prodigy, die Cardigans und Madonna nachträglich entschärfen musste, stieß sich MTV auch an der Schluss-Szene des Roxette-Videos zum Song „The Center Of The Heart", in der ein Mann einer breitbeinig dasitzenden Frau einen Golfball zwischen die Beine schlägt. Juristen hätten dem Sender geraten, den Clip nicht tagsüber zu zeigen, gab der schwedische MTV-Programmchef Mats Jankell zu Protokoll. Außerdem sei er „erniedrigend für Frauen".

Nur nachts gespielt wurde auch Madonnas „What It Feels Like For A Girl", weil man im Hause MTV befürchtete, das Video könne Jugendliche zur Nachahmung anregen. Der von ihrem Ehemann Guy Ritchie („Snatch") gedrehte Clip erzählt die Geschichte einer Frau, die als Kind sexuell missbraucht wurde und offenbar Selbstmord begeht, indem sie vorsätzlich einen Unfall baut. Madonnas Pressesprecherin bezeichnete den Clip als „ziemlich heftig" und kritisierte MTV äußerst diplomatisch: „Es ist wohl nicht das Letzte, was man sehen möchte, bevor man schlafen geht."

Nicht ins Vorabendprogramm gehörte ebenfalls das Video zur Faithless-Single „We Become 1", in dem Polizisten zu sehen waren, die auf Demonstranten einprügelten. Weil Faithless es sich, im Gegensatz zu Madonna, aber nicht leisten konnten, auf eine Ausstrahlung des Clips zu verzichten, beugten sie sich dem Votum der englischen Rundfunkwächter und entfernten die Szenen des Anstoßes. Und damit ihr Clip zum Song „Hash Pipe" von MTV nicht nur abends gesendet wird, mussten Weezer nicht nur den Text umschreiben, sondern sich auch einen neuen Titel ausdenken. Aus der „Hash Pipe" wurde so eine „Half Pipe".

Nimm hin die Welt

Heavy-Metal-Fans sind offensichtlich nicht nur besonders anfällig für Selbstmorde, wie Prozesse gegen Ozzy Osbourne oder Judas Priest vermuten ließen. In Kalifornien musste sich im Januar 2001 auch die Schwermetall-Band Slayer (auf Deutsch: Mörder) vor Gericht verantworten, weil sie von den Eltern eines ermordeten Mädchens für deren Tod verantwortlich gemacht wurden. Die Fünfzehnjährige war 1996 von drei Teenagern in ein Waldstück verschleppt und mit einem Jagdmesser erstochen worden. Die Täter hatten angegeben, die Musik von Slayer hätte sie zu dem Ritualmord inspiriert. Der zuständige Richter mochte indes keinen Zusammenhang zwischen der Musik und dem Mord erkennen und sprach Slayer frei.

Eine moralische Mitschuld schob dagegen der Staatsanwalt Hamish Turner dem Rapper Eminem in die Schuhe, nachdem sich der siebzehnjährige Elektrikerlehrling David Hurcombe vor einen Zug geworfen hatte. In seinem Papierkorb fand man später den Text von Eminems Song „Rock Bottom", in dem es heißt: „Ich muss gehen, sonst verpasse ich meinen Zug. Wir sehen uns in der Hölle." Dazu Turner: „Es ist schwierig zu sagen, was für eine Wirkung der Text auf den Jungen hatte. Jedenfalls sind diese Zeilen ziemlich übles Zeug."

Wie schreibe ich einen Pop-Song?

Die Machart und Struktur eines Pop-Songs können englische Schüler anhand von Robbie Williams' Stück „Angel" analysieren. Das Lied ist, neben Werken von Richard Strauss und Johannes Brahms, seit Mai 2001 offizieller Bestandteil des Musikunterrichts. Diese Ehre war bislang nur den Beatles und Emerson, Lake & Palmer zuteil geworden.

Pythagoras und Public Enemy

Für die „rohrreinigerblaue“ Serie *Arbeitstexte für den Unterricht* des Stuttgarter Reclam-Verlags hat Sascha Verlan „Rap-Texte“ zusammengestellt, denen es, so Julia Voss in der *Frankfurter Allgemeinen Sonntagszeitung,* weder an inhaltlicher noch formaler Qualität mangle, „um das Repertoire einer regulären Deutschstunde zu bespielen“. So könne man mühelos den Freundeskreis-Songtext von „leg dein ohr auf die schiene der geschichte“ in „Gattungen wie politische Lyrik, Bänkelgesang oder Sonett verstauen, das Reimschema aufdröseln, den Unterschied zwischen Chiffre und Metapher erklären, die Häkchen und Bögelchen über die Zeilen malen, die Daktylus, Trochäus oder Jambus markieren, und die Schüler in der Klassenarbeit auf die Suche nach dem ‚fiktiven Ich‘ der Strophen schicken“. Das pädagogische Ansinnen („Samy Deluxe statt Schiller!“) und den Vorschlag, Rap-Texte im Unterricht zu behandeln, findet sie allerdings grotesk, weil so „der Lehrer plötzlich etwas lehren soll, wofür in jeder Klasse mindestens zehn Experten sitzen und wovon er selbst keine Ahnung hat“. Als Lehrer mache man sich da einfach nur lächerlich, und so was fördere bekanntlich nicht gerade die Lernbereitschaft der Schüler.

Everybody's Darling

Sophie Marceau kann froh sein, dass es Julien Clerc war, der ihren Busen besang – und nicht Eminem. Der rappte auf seiner Single „The Real Slim Shady“ über Christina Aguileras sexuelle Freizügigkeit, was die Exmoderatorin des *Micky-Maus-Clubs* denn auch als „abscheulich und ekelhaft“ empfand.

Fäkalische Verse

Seitdem die Leipziger A-cappella-Gruppe Die Prinzen nicht mehr von Annette Humpe produziert wird, vergreift sie sich immer häufiger im Ton. Mal versuchte sie, mit einem schlüpfrigen Lied über die Kanzlergattin Doris Köpf wieder ins Geschäft zu kommen, dann wiederum zog sie sich den Zorn von Thüringens Kultusminister Michael Krapp (CDU) zu, der den Text ihrer Single „Deutschland" als „pubertäres Gestammel" bezeichnete. In dem Lied zogen Die Prinzen über Männer her, die ihre Autos mehr liebten als ihre Frauen, Ausländer als „Kanaken" beschimpften, aber in Thailand Sexurlaub machten und besonders gut im „Auf-die-Fresse-Hau'n" seien: „Wir steh'n auf Ordnung und Sauberkeit, wir sind jederzeit für 'nen Krieg bereit." Obwohl die Olympiasiegerin im Kugelstoßen Astrid Kumbernuss ihnen bescheinigte, nur die Wahrheit zu sagen, verstand Sänger Sebastian Krumbiegel die ganze Aufregung nicht und entschuldigte sich für den plakativen Pop-Song: „Es ist doch ironisch gemeint. Wir wollen das Land nicht anpissen."

Triebfeder der Menschheit

Percy Sledge trägt weiterhin zur Legendenbildung bei. Den zwei in *In A Da Da Da Vida 1* geschilderten Versionen, wie sein größter Hit „When A Man Loves A Woman" zustande kam, fügte er im Sommer 2000 eine dritte hinzu. Danach habe er den Song geschrieben, nachdem er von seiner Freundin wegen eines anderen Mannes verlassen wurde. Jahre später habe er sie dann in New York aufgesucht und erfahren, dass sie die Geschichte mit dem Nebenbuhler nur erfunden habe, um ihm die Trennung zu erleichtern. „Schuld" sei nur ein neuer Job gewesen.

... und alles nur, weil er sie liebt (aber nicht weiß, wie er's ihr sagen soll)

Die Ami-Rock-Band Kiss hat ihr Angebot an Merchandising-Artikeln um einen Sarg erweitert, der sich zu Lebzeiten auch als Kühlbox nutzen lässt. Der wasserdichte Sarg ist mit dem Band-Logo, Fotos der Musiker und dem Slogan „Kiss Forever" verziert und enthält auch eine Tonbandschleife, die dem Toten eine Woche lang ununterbrochen „I Was Made For Lovin' You, Baby" vorspielt.

An die Zeit danach denken auch schon Die Toten Hosen, die sich im Sommer 2001 eine Familiengruft auf einem Düsseldorfer Friedhof sicherten, damit der Tod sie nicht scheide. Die letzte Ruhestätte bietet genug Platz für die Bandmitglieder, ihren Manager und jeweils eine weitere Person. Dem Vorhaben, neben der Gruft einen Bierautomaten aufzustellen, erteilte die Friedhofsverwaltung allerdings eine Absage.

Yes, Only Love Can Break Your Heart

Kate Winslet hatte sich eben erst von ihrem Ehemann Jim Threapleton getrennt, da stand sie bereits im Studio, um die Single „What If" aufzunehmen, einen Song über das Scheitern einer großen Liebe. Was manch einer für einen geschickten Marketinggag hielt, entpuppte sich jedoch als reiner Zufall. Der Song habe nichts mit dem Privatleben des *Titanic*-Stars zu tun, dementierte Winslets Management entsprechende Gerüchte, sondern sei vielmehr für den Zeichentrickfilm *Christman Carol* aufgenommen worden. Darin habe Winslet einem der Charaktere ihre Stimme geliehen, ohne dabei an ihren (Ex-)Mann zu denken.

Die längste Single der Welt und andere Rekorde

Lou Reed, der seinen Song „Perfect Day" am 29. Mai 2000 gemeinsam mit tausenden von Kollegen, darunter auch Van Morrison, Elton John und Tony Bennett, darbieten wollte, drängte es ins *Guinness Buch der Rekorde*. Ob es ihm gelungen ist, den alten Rekord zu brechen, kann man in der Sparte „Einen Song mit so vielen Leuten wie möglich singen" überprüfen.

Einen Rekord ganz anderer Art stellte die Plattenfirma des 1997 mit dem Flugzeug abgestürzten John Denver auf. Wie bei einer Überprüfung seiner Abrechnungen festgestellt wurde, waren rund neunzehn Millionen (!) verkaufter Tonträger „nicht berücksichtigt" worden. Natürlich versehentlich.

Scrambled Eggs

Paul McCartneys „Yesterday" wurde nicht nur mehr als dreitausendmal von anderen Künstlern interpretiert, sondern vom Musikkanal MTV und der Zeitschrift *Rolling Stone* im November 2000 auch zum größten Pop-Song aller Zeiten gewählt. Obwohl Paul McCartney ihn ganz allein geschrieben hat, muss er sich aber auch künftig die Tantiemen mit den Erben John Lennons teilen, der als Koautor angegeben wird. Was ihm immer wieder bitter aufstößt. So bat er die Lennon-Witwe Yoko Ono, dass wenigstens auf der Beatles-*Anthology* sein Name vor dem von Lennon aufgeführt werden dürfe, was die ihm aber verwehrte. Vor Gericht gehen will McCartney deshalb jedoch nicht: Das Leben sei viel zu kurz, begründete er seinen Verzicht, um sich mit Yoko Ono darüber zu streiten.

Liebling, ich bin wieder zuhause

ALS „PSYCHOPATHISCHE Funsportart einer Celebrity-versessenen Gesellschaft“ bezeichnete der *musikexpress* das Phänomen des „Stalking“. In dem Bericht, der auf Recherchen des englischen Musikmagazins *Q* beruhte, wurde auch der Professor für klinische Psychiatrie an der UCLA School of Medicine Dr. Park Dietz zitiert, demzufolge Stalker sich durch einen „Mangel an Persönlichkeit“ auszeichnen: „Genau wie der Bankräuber dahin geht, wo Geld ist, geht der Stalker dahin, wo Persönlichkeit ist.“

Dietz hatte den Begriff „Stalking“ im Fall der Serienschauspielerin Rebecca Shaeffer juristisch etabliert, die 1989 vor ihrer Haustür von einem Fan ermordet wurde, der sie zwei Jahre lang verfolgt hatte. Zu den Opfern aufdringlicher Fans zählen prominente Rock- und Popstars wie Linda Ronstadt, Michael Jackson oder Axl Rose. So wurde Bernard Ortiz, der wegen seiner Obsession bereits mehrfach im Knast saß, im Mai 2000 in Phoenix, Arizona, verhaftet, weil er wieder mal Linda Ronstadt verfolgt hatte. Und Karen McNeil musste im selben Monat hinter Gitter, weil sie zum wiederholten Mal versucht hatte, in das Haus von Axl Rose einzudringen. Die Vierzigjährige behauptet bereits seit Jahren, sie sei mit dem Sänger von Guns N' Roses verheiratet und stehe mit ihm in telepathischem Kontakt: „Wenn er nicht mir gehört, gehört er auch niemand anderem.“ Rose hatte ihr 1996 verbieten lassen, sich seinem Anwesen in Malibu auf weniger als hundert Meter zu nähern.

Bis in die Küche von Michael Jacksons gut bewachter Neverland Ranch schaffte es hingegen Lavon Muhammed bei ihrem achten Hausfriedensbruch. „Ich gehöre zur Familie!“, rief sie einer überraschten Haushälterin zu und schmierte sich seelenruhig ein Sandwich; vor Gericht gab sie an, mit Michael Jackson verheiratet zu sein und mit ihm vier Kinder zu haben. Doch was ist das schon gegen Whitney Houston, die Mitte der Neunzigerjahre gleich zwanzig Stalker der Polizei meldete, nachdem sie in dem Film *Bodyguard* einen von Stalkern verfolgten Star gespielt hatte?

Das Phänomen des Stalking beschränkt sich jedoch längst nicht mehr auf die USA. Colin Scholey, ein Fan des britischen DJs Fatboy Slim, wurde im Januar 2000 mehrmals von der Polizei aufgegriffen und darf sich seither auf richterliche Anweisung nicht mehr dem Haus des von ihm verehrten Stars nähern.

Und auch Campino von den Toten Hosen und Herbert Grönemeyer werden ihre aufdringlichen Fans bisweilen nicht mehr los. Allein Nicole Appleton von All Saints fand eine wirkungsvolle Methode, um einen von ihr besessenen Fan loszuwerden: Appleton rückte dem Kerl, der sogar versucht hatte, sie in ihrem Jeep von der Straße zu drängen, selbst auf die Pelle, indem sie ihm bis zu seiner Haustür folgte und ihn zur Rede stellte.

Dr. Park Dietz hält das allerdings nicht gerade für einen cleveren Schachzug. Eine solche Begegnung könne Stalker zu körperlicher Gewalt verleiten oder aus einem vergleichsweise harmlosen Fan einen geisteskranken Stalker machen, der selbst tätliche Angriffe als Bestätigung seiner Beziehung zu dem Star verstehe. So half es beispielsweise auch nicht, dass Madonnas Ehemann Guy Ritchie einen Stalker verprügelte, der seiner Frau wochenlang aufgelauert hatte. Der zwanzigjährige Madonna-Fan erstattete gegen ihn Anzeige wegen Körperverletzung.

Campino und die Nacht von Belgrad

Obwohl der FC Bayern München gar nicht mit von der Partie war, hallten beim Endspiel um den DFB-Pokal zwischen Union Berlin und Schalke 04 Sprechchöre durch das Berliner Olympiastadion, die den Schmäh-Hit „Zieht den Bayern die Lederhosen aus" variierten: „Schiebt den Bayern die Schale in den Arsch!" Die Schalke-Fans machten so ihrem Unmut darüber Luft, dass der FC Bayern durch ein Tor von Patrick Andersson in der Nachspielzeit doch noch deutscher Meister geworden war und DFB-Präsident Gerhard Mayer-Vorfelder die Bayern-Präsidenten Franz Beckenbauer und Karl Heinz Rummenigge daraufhin freudig umarmt hatte. Insbesondere Torwart Olli Reck war das negativ aufgestoßen: „Ein DFB-Präsident darf nicht mit den Bayern jubeln." Als Mayer-Vorfelder später bei der Feier im *Hotel Steigenberger* den Knappen zum Pokalsieg gratulieren wollte, brandete ihm der Schmähgesang erneut entgegen – bis Schalkes Manager Rudi Assauer lautstark verkündete: „Ich will dieses Lied nie mehr hören."

Der eigentliche Skandal um Milli Vanilli

„Na bitte, der Junge kann es doch", wurde Fabrice Morvan von einem Moderator gelobt, als er seine Neuaufnahme des Milli-Vanilli-Hits „Blame It On The Rain" in amerikanischen Radiosendern vorstellte, zu dem er seinerzeit nur die Lippen bewegt hatte. Ähnlich beeindruckt war auch die Firma Malibu Rum, die Morvan als Moderator für ihre Karaoke-Show engagierte. Unter der „Showerpalooza"-Dusche sang Morvan alte Milli-Vanilli-Hits und animierte so die Zuschauer, es ihm nachzumachen.

Alles nur geklaut?

Das Oberste Gericht der USA lehnte im Januar 2001 Michael Boltons Antrag ab, Urteile untergeordneter Instanzen wieder aufzuheben. Bolton war zu einer Zahlung von 5,4 Millionen Dollar verdonnert worden, weil er und sein Koautor Andrew Goldmark von den Isley Brothers nicht nur die Melodie, sondern auch gleich noch den Songtitel – „Love Is A Wonderful Thing" – geklaut hatten.

Tief in die Tasche greifen muss auch Lauryn Hill, die sich außergerichtlich mit vier Musikern einigte, nachdem es ein Gericht in New Jersey für erwiesen hielt, dass die New Ark Entertainment Crew maßgeblich am Erfolgsalbum *The Miseducation Of Lauryn Hill* beteiligt war. Die Ex-Frontfrau der Fugees wurde außerdem von dem Bassisten Vere Isaac verklagt, der behauptete, er habe die Melodie des Songs „A Rose Is Still A Rose" geschrieben, den Hill im Duett mit Aretha Franklin gesungen hat.

Neben Lauryn Hill nimmt sich Mariah Carey wie eine Serientäterin aus – wenn denn was dran ist an den Vorwürfen, die seit Mitte der Neunzigerjahre immer wieder gegen sie erhoben werden. Zuletzt warf ihr das Komponisten-Duo Seth Swirsky und Warren Campbell vor, sie habe den Hit „Thank God I Found You" von seinem Stück „One Of Those Love Songs" abgekupfert, das die R&B-Band Xscape bereits 1998 aufgenommen hat. Mariah Carey nahm's zur Kenntnis: „Sollen sie mich und meinen Produzenten Terry Lewis verklagen, wir haben uns nichts vorzuwerfen.“ Als Swirsky und Campbell das dann auch taten, trug ihnen ein kalifornischer Bezirksrichter erst einmal auf zu prüfen, inwiefern ihnen überhaupt ein Schaden entstanden sei.

Bessere Berater hatte da wohl Bobby Martin. Den Schaden, der ihm entstanden ist, weil Guns N' Roses den Hit „Don't Cry“ von 1991 von seinem Song „Show Me How To Love“ abgeschrieben hätten, bezifferte er vor Gericht auf zwölf Millionen Dollar. Martin gab außerdem an, sein bereits 1978 (laut *Doc Rock Show* und *backpage*) beziehungsweise 1987 (laut dpa) entstandener Song sei unter dem Titel „Ensename a Amar“ auf einem Album veröffentlicht worden, das in Süd- und Mittelamerika in den Charts notiert wurde. Erst im Jahr 2000 habe er zufällig „Don't Cry“ gehört, weil er sich für Rockmusik im Allgemeinen und für Guns N' Roses wegen ihres schlechten Rufs nicht interessiere. Das erkläre auch, warum er die Band erst neun Jahre später verklagt habe. Martin rechnete Guns N' Roses allerdings hoch an, „gute Arbeit mit dem Song geleistet“ zu haben: „Aber ich will dafür das Geld haben, das mir rechtmäßig zusteht. Und das werde ich auch bekommen.“

Noch länger benötigte sogar Shuna Shelley, bis bei ihr der Groschen fiel. Erst im Sommer 2000 erkannte sie in einem Werbespot einen Text wieder, den sie, zumindest zur Hälfte, bereits 1974 geschrieben haben will. Die dichtende Hausfrau will damals David Bowie ein Gedicht geschickt haben, weil sie ihn für den „Prince of Pop“ hielt und fest daran glaubte, sie beide könnten König und Königin werden, wenn sie ihre Talente miteinander kombinierten. Dass die Hälfte des Texts von „Heroes“ von ihr stamme, könne sie mithilfe ihres Tagebuchs beweisen. Bowie war nach eigener Auskunft zu dem Song von einem Liebespaar inspiriert worden, das sich an der Berliner Mauer traf. Laut *Q* soll es sich bei dem turtelnden Pärchen um den Produzenten Tony Visconti und die Backgroundsängerin Antonia Maass gehandelt haben, die Bowies Text ins Deutsche übersetzte. Warum Shuna Shelley den Song erst dreiundzwanzig Jahre später hörte, erklärte die Mutter von vier Kindern damit, dass sie das Interesse an Bowie verloren habe, als der dieses „Adolf-Hitler-Superstar-Ding“ abzog.

Nicht allzu ernst nehmen darf man wohl auch die Vorwürfe, die Mark Gaillard und Mary Anderson erheben. Das Songwriter-Ehepaar verklagte die Rolling Stones auf eine Million Dollar Schadenersatz, weil sie sich für den Song „Saints Of Me“ bei seinem „Oh Yeah“ bedient hätten. Den Song wollen die beiden bereits 1979 geschrieben, aber erst 1996 aufgenommen haben. Toningenieur sei John Bernard gewesen, der kurz darauf auch an Sessions für das Stones-Album *Bridges To Babylon* beteiligt war. Die Stones ließen dazu lediglich mitteilen, dass Mick Jagger und Keith Richards den Song „Saints Of Me“ zwei Jahre, bevor die Stones ihn aufnahmen, geschrieben hätten.

Zwei Jahre alt war auch bereits die CD *Nich lang snaken* der norddeutschen Mundart-Gruppe Gnadenlos Platt, als der Big Brother Zlatko mit „Ich vermiss' Dich (wie die Hölle)“ die Charts stürmte. Sänger Peter Ahrens erkannte sofort: „Das ist doch unser Lied!“ Zwar hieß es nicht mehr „Bit de Arzt kümmt wüdd wi fiern“; Ahrens erwog jedoch eine Schadenersatzklage und versprach, dem Star, der aus dem Container kam, die Hölle heiß zu machen: „Den machen wir platt. Wir werden ihm die Leviten lesen, bit de Arzt kümmt!“ Seitdem hat man von der plattdeutsch singenden Rockband nichts mehr gehört.

„In seiner musikalischen Ehre gekränkt“ fühlte sich hingegen der Rheinländer Luke Herzog, als er die Expo-Hymne „Moment Of Glory“ von den Scorpions hörte. Herzog, der zehn Jahre lang mit der Heavy-Metal-Band zusammengearbeitet haben will, verklagte im August 2001 den Scorpions-Sänger Klaus Meine, der ihm einen Teil einer Melodie („zehn bis fünfzehn Töne“) zur Vervollständigung überreicht, ihn aber nicht als Koautor angegeben habe. Meine wies den Vorwurf empört zurück: Herzog habe lediglich einen Arrangemententwurf geschrieben, der bezahlt, aber nicht verwendet worden sei. Außerdem sei Herzog dabei gewesen, als die Scorpions den Song im Rahmen der Expo aufgeführt hatten, und habe mit ihnen gefeiert, ohne Einwände zu erheben oder Ansprüche geltend zu machen.

Literaturverzeichnis

Barth, Ariane – *Die Reeperbahn* (Spiegel Buchverlag, 1999)
Behr, Hans-Georg – *Von Hanf ist die Rede* (Zweitausendeins, 1995)
Bockris, Victor – *Lou Reed. Walk On The Wild Side* (Hannibal, 1995)
Cale, John, und Bockris, Victor – *What's Welsh For Zen* (Bloomsbury, 1999)
De Lisle, Tim (Hg.) – *Lives Of The Great Songs* (Pavilion Books, 1994)
Deicke, Joachim/Rausch, Burghard – *Stationen* (Ullstein, 1987)
Eminem – *Weiße Wut* (Hannibal 2001)
Fields, Danny – *Linda McCartney – Porträt einer unbekannten Frau* (Hannibal, 2001)
Gerhards/Rauch/Schirmbeck – *Volkserziehung in Portugal* (Rowohlt, 1976)
Herman, Gary – *Rock 'n' Roll Babylon* (Hannibal, 1996)
Jones, Jack – *„Ich bin der Fänger im Roggen"* (Goldmann, 1993)
Kirsch, Hans-Christian – *Route 66. Auf der Straße der Träume von Chicago nach L. A.* (Goldmann, 1997)
Kraus, Peter J. – *Route 66. Geschichten und Musik entlang des Highways* (Christoph Links, 1997)
Laar, Kalle – *Liner Notes zu „La Paloma" Vol. 1–4* (Trikont, 1995–2000)
Lindenberg, Udo – *El Panico* (Goldmann, 1989)
Magerl, Sabine – *Rap den Orff* (in: *Die Zeit* 21/99)
Malan, Rian – *Von Löwen und anderen Raubtieren* (in: *Rolling Stone* 6/00)
Manson, Marilyn, mit Strauss, Neil – *The Long Hard Road Out Of Hell* (Hannibal, 2000)
Marcus, Greil, und Brown, Cecil – *The Murder Mystery* (in: *Mojo* 1/96)
Max & Moritz (Hg.) – *Schlager, die wir nie vergessen* (Reclam Leipzig, 1997)
Norman, Philip – *The Rolling Stones. Die Geschichte einer Rock-Legende* (Knaur, 1987)
Reiser, Rio – *König von Deutschland* (Kiepenheuer & Witsch, 1994)
Siemens, Jochen – *Auf der Suche nach dem verschwundenen Dichter* (in: *stern* vom 9. Oktober 1997)
Stern, Jane & Michael – *Elvis lebt* (Droemer Knaur, 1987)
Toten Hosen, Die – *Bis zum bitteren Ende …* (Kiepenheuer & Witsch, 1996)

Turner, Steve – *A Hard Day's Write. The stories behind every Beatles' Song* (Edition Olms, 1994)
Wellershoff, Marianne – *Die Rache des Ghettos* (in: *Der Spiegel* 24/97)
Williams, Byron „Big Naz" – *Ich war Eminems Bodyguard* (Hannibal, 2001)

Quellenangaben

Für Anregungen und Informationen danke ich folgenden Magazinen, Websites, Zeitungen, Zeitschriften und TV-Sendungen: allpop.com, backpage, Computer Welt, dkay.com, Doc Rock Show, Europäisches Segel-Informationssystem (ESYS), F@acts, FAZ.net, heise.de, History of Banned Music, Internet World, mme.de, MTV News, napster.com, Netzeitung, newvox.com, Online Today, peta.de, pop100.com, pro7.de, rockhall.com, slammsd.com, smokinggun.com, Spiegel Online, vh1.com, Die Welt Online, wu-wien.ac.at, yahoo.com. Berliner Morgenpost, Berliner Zeitung, Bild-Zeitung, Financial Times Deutschland, Frankfurter Allgemeine (Sonntags-) Zeitung, Hamburger Abendblatt, Hamburger Morgenpost, Hannoversche Allgemeine Zeitung, Los Angeles Times, The Sun, Tages-Anzeiger, Der Tagesspiegel, die tageszeitung, Die Welt. Bild am Sonntag, Deutsches Allgemeines Sonntagsblatt, Independent On Sunday, Jetzt, New Musical Express, Die Woche, Die Zeit, Audio live, Die Bunte, Comet, Crazy Diamond, FHM, Focus, Gala, Grow!, Kultur!News, Makro Markt, manager magazin, Mojo, musikexpress, MusikWoche/musikwoche.de, No Fun, Notes, Playboy, Q, Rolling Stone, Spex, Der Spiegel, Spiegel Reporter, Spin, stern, Tempo, tip, WOM-Journal. Boulevard Bio, Harald Schmidt Show, Viva Text.

Der Text „Oh, Baby, Baby, balla, balla“ erschien erstmals in der hannoverschen Stadtillustrierten *Schädelspalter* 1/97.

„Die Gitarre und das Meer“ wurde unter dem Titel „Sing ein Lied für den Ozean“ erstmals in *mare* 6/98 veröffentlicht.

Eine erste Fassung von „Keine Zähne im Maul, aber La Paloma pfeifen …“ erschien unter dem Titel „Auf, Matrosen, ohé! In die wogende See!“ in *mare* 2–3/99.

Alle Künstler von A bis Z

A

B

C

D

E

J

K

L

M

N

O

P

T

U

V

W

X

Y

Z

Alle Songs von A bis Z

E

F

G

H

R

S

T

Hollow Skai

In A Da Da Da Vida

Hannibal-Originalausgabe
Broschur, 352 Seiten
ISBN 3-85445-185-7

Wie Bob Dylan den Beatles das Kiffen beibrachte, Robert Johnson seine Seele dem Teufel verkaufte und Tupac Shakur erschossen wurde. Warum Frank Farian Milli Vanilli verpfiff, Brian Eno keine Lovesongs schreibt und Sinéad O'Connor ein Papstbild zerriss. Das alles und noch viel mehr erzählt Hollow Skai in seinem ebenso unterhaltsamen wie ungewöhnlichen Songbook. Die Storys über Paul McCartneys angeblichen Tod, Bob Marleys Pakt mit der Atomindustrie, über Rock 'n' Roll und Rinderwahnsinn, Pop und Payola, Nena und Nirvana sind auf kein Genre beschränkt, an keine Generation gebunden und enthalten so manche Überraschung, die den Leser schmunzeln lässt oder nachdenklich stimmt. Diese einmalige und sorgfältig recherchierte Sammlung von Geschichten und Gerüchten, die Schlagzeilen machten, ist nicht nur eine köstliche Bett-, Urlaubs- oder Wartezimmerlektüre, sondern erklärt zugleich die Welt der Popmusik in all ihren Facetten und mit all ihren Mysterien – von A wie Auto bis Z wie Zensur.

„Reichlich Stoff, der so manche Wissenslücke innerhalb der großen Pop-Gemeinde stopfen wird." ***Süddeutsche Zeitung***

Im Hannibal Verlag sind folgende Musikbücher erschienen:

OASIS, Die Arroganz der Gosse
Von Paolo Hewitt. Broschur, 400 Seiten, 16 Seiten S/W-Fotos, Diskografie
ISBN 3-85445-145-8

BLUR – 3862 TAGE, Die offizielle Chronik
Von Stuart Maconie. Broschur, 320 Seiten, 8 Seiten S/W- und 8 Seiten Farbabbildungen
ISBN 3-85445-176-8

STING, Die definitive Biografie
Von Christopher Sandford. Broschur, 408 Seiten, 16 Seiten S/W-Fotos, Chronologie, Diskografie
ISBN 3-85445-180-6

SHADY BIZZNESS – LINKE TOUREN, Ich war Eminems Bodyguard
Von Byron Big Naz Williams. Broschur, 200 Seiten mit zahlreichen S/W-Fotos durchgehend illustriert. ISBN 3-85445-198-9

2000 SCHALLPLATTEN 1979–1999
Von Diedrich Diederichsen. Broschur, Großformat, 448 Seiten mit über 1000 Kritiken von Schallplatten, Essays und Register
ISBN 3-85445-175-X

MARILYN MANSON, The Long Hard Road Out Of Hell
Von Marilyn Manson & Neil Strauss. Gebunden mit Schutzumschlag, durchgehend illustriert, 16 Seiten Farbfotos, Tour-Tagebuch
ISBN 3-85445-182-2

THE DIRT, Sie wollten Sex & Drugs & Rock 'n' Roll – Die aberwitzige Geschichte von Mötley Crüe
Von Mötley Crüe und Neil Strauss. Gebunden mit Schutzumschlag, 16 Seiten Farbfotos
ISBN 3-85445-214-4

DIE DOORS, Jim Morrison und ich
Von Ray Manzarek. Gebunden, 336 Seiten, 16 Seiten S/W-Fotos, Diskografie, Liste der Soloplatten und CDs. ISBN 3-85445-165-2

THE DOORS, Riders On The Storm
Von John Densmore. Broschur, 304 Seiten, 32 Seiten S/W-Fotos. ISBN 3-85445-066-4

BOB MARLEY
Von Timothy White. Broschur, 468 Seiten, 150 S/W-Abbildungen
ISBN 3-85445-077-X

MADE IN GERMANY, Die 100 besten deutschen Platten
Broschur mit Klappe, 240 Seiten, durchgehend färbig illustriert, Interviews mit den Künstlern und Essays zu Stilrichtungen und Trends. Ein *Musikexpress*-Buch
ISBN 3-85445-206-3
Deluxe-Edition inklusive Doppel-CD
ISBN 3-85445-212-8

LISTEN-REICH, Die ultimativen Rock-, Pop- und Schlager-Tabellen
Von Bernd Matheja. Broschur, Großformat, 220 Seiten. Eine Hannibal-Originalausgabe
ISBN 3-85445-195-4

STERNENHIMMEL, Polydor – Die Chronik einer deutschen Schallplattenmarke
Von Bettina Greve. Gebunden, Großformat, 264 Seiten, durchgehend färbig illustriert
ISBN 3-85445-205-5

NIRVANA, Die wahre Kurt-Cobain-Story
Von Michael Azerrad. Broschur, 384 Seiten, 90 S/W-Fotos, Diskografie
ISBN 3-85445-099-0

EMINEM, Weiße Wut – Angry Blonde
Von Eminem (Marshall Mathers III). Gebunden mit Schutzumschlag, 272 Seiten, Songtexte im Original und in der deutschen Übertragung, durchgehend illustriert, 8 Seiten Farbfotos
ISBN 3-85445-194-6

20 JAHRE HIPHOP IN DEUTSCHLAND
Von Sascha Verlan & Hannes Loh. Broschur, 368 Seiten, 16 Seiten Farbfotos, Diskografie. Eine Hannibal-Originalausgabe.
ISBN 3-85445-184-9

KANAK PLANET, HipHop zwischen Weltmusik und Nazi-Rap
Von Hannes Loh & Murat Güngör. Broschur, Diskografie. ISBN 3-85445-210-1

hannibal

Kataloge kostenlos im Buchhandel – oder direkt beim Verlag bestellen:
Verlagsgruppe Koch Ges.m.b.H./Hannibal
Lochhamer Straße 9, D-82152 Planegg
www.hannibal-verlag.de